DIANA
VERLAG

Theresa Maggio

# Mattanza

*Liebe, Tod und das Meer.*
*Ein sizilianisches Ritual*

Aus dem Amerikanischen
von Marie Rahn

Diana Verlag
München Zürich

Die Originalausgabe erschien unter dem Titel
*Mattanza. Love and Death in the Sea of Sicily*
bei Perseus Books, Cambridge, Massachusetts

1. Auflage


Satz: Filmsatz Schröter, München
Druck und Bindung: GGP Media, Pößneck
Printed in Germany



ISBN 3-8284-5036-9

*In Erinnerung an meine Mutter,*
*Dorothy Augusta Botzenmayer Maggio*

# *Inhalt*

# *Anmerkung der Verfasserin*

Reduziert auf das Wesentliche heißt Leben Töten und Verzehren; mit diesem großen Mysterium befassen sich die Mythen«, schreibt Joseph Campbell in *Die Kraft der Mythen*. In der Altsteinzeit wurden »die wilden Tiere als Boten aus einer Welt angesehen, die jenseits des Sichtbaren lag« und Campbell mutmaßt, dass sich »ein magisches, wunderbares Einverständnis« zwischen dem Jäger und dem Gejagten entwickelte, so als wären sie in einem »mystischen, zeitlosen« Zyklus von Tod, Bestattung und Auferstehung eingeschlossen.

Mythen gewähren uns Zugang zum »gleichermaßen schrecklichen und faszinierenden Wunder, das der Mensch und das Universum darstellen. Die einzige Mythologie, die heute noch Bestand haben könnte, ist eine Mythologie des Planeten Erde – und so eine Mythologie haben wir nicht«, sagt Campbell.

Doch ich fand einen solchen Mythos, der auf einer kleinen Insel mitten im Mittelmeer fortbestand.

*1*

# *Taufe*

Piero, der mich sehr liebte, brachte mich als Erster nach Favignana. Er war achtunddreißig, ein Fischer aus Mondello bei Palermo. Ein guter Mann in einem aussterbenden Beruf, Fischer mit Leib und Seele. Das Boot, die Netze und das Meer waren sein Leben.

Ich hatte Piero ein paar Jahre zuvor kennen gelernt, als mein Vater und ich eine Reise nach Sizilien unternahmen. Vater ist der jüngste Sohn italienischer Immigranten aus Santa Margherita Belice, einem sizilianischen Bergdorf, das als Donnafugata aus dem Roman *Der Leopard* von Giuseppe Lampedusa bekannt wurde. Wir waren auf dem Weg in Vaters Heimatort, beschlossen jedoch, ein paar Tage in Mondello, einem Dorf am Meer, Halt zu machen, wo er im Zweiten Weltkrieg gedient hatte.

Zu der Zeit war ich dreiunddreißig und verfasste als Wissenschaftsjournalistin Artikel für das Hausorgan des Kernforschungslabors in Los Alamos. Ich schrieb über Physik, Materialwissenschaft, Chemie, die Plutoniumanlage, über Supercomputer, Laserfusion und Chaostheorie, über den »Krieg der Sterne« und unterirdische Testzündungen von Nuklearwaffen. Manchmal verfasste ich auch Geschichten zum Thema »Bombenbauer: Menschen wie du und ich«, die die Moral heben sollten und von Fotos begleitet waren, welche Wissenschaftler in Jeans zeigten, die ihre Angel bestücken, selbst gebrautes Bier in Flaschen abfüllen oder im Supermarkt einen Strauß Blumen kaufen. Ich mochte meine Arbeit, weil ich durch sie die Möglichkeit hatte, große wissenschaftliche Entwicklungen persönlich mitzuerleben, denn ohne meinen Sonderausweis hätte ich bestimmte Dinge niemals zu sehen bekommen. Einmal konnte ich von einem Kontrollraum, der vierundzwanzig Kilometer vom Feld Null auf dem Testgelände in Nevada entfernt war, beobachten, wie eine Atombombe unter der Erde explodierte.

Aber nach ein paar Jahren wurde Los Alamos von der Furcht vor dem Terrorismus ergriffen. Ich durfte nicht länger die menschlichen Seiten eines Bombenkonstrukteurs zeigen, indem ich die Namen seiner Kinder preisgab, da sie gekidnappt werden konnten. Zur selben Zeit brachten die Sicherheitskräfte des Labors riesige, als Blumenkästen getarnte Panzersperren aus Stahlbeton am Eingang des Verwaltungsgebäudes an.

In den Ferien auf Sizilien konnte ich all das leicht vergessen. Vater und ich nahmen uns ein Zimmer in der Pensione Esplanade und durften somit den für Touristen reservierten Privatstrand nutzen. Der Strand war zweieinhalb Kilometer lang. Ich hatte keine Ahnung, wohin wir gehen sollten. Doch sah ich einen Mann, der vor uns herging; ich tippte ihm auf die Schulter. Er hatte sich sein T-Shirt wie einen Schal um den Hals geschlungen und mein Finger grub sich in seine warme, braune Haut. Es war Piero. Ich zeigte ihm unsere Strandausweise. Er bedeutete uns, ihm zu folgen.

Im Sommer, wenn es nicht viel zu fischen gab, arbeitete Piero als Rettungsschwimmer am Touristenstrand. Er war anmaßend und stolzierte herum wie ein Gockel. Er hatte eine große Nase, doch die hatte ich auch. Seine Stimme dröhnte wie eine Pauke. An diesem Tag verliebte er sich in mich, ich weiß nicht, wie oder warum. Und ich glaubte, ich liebte ihn auch.

Ich glaubte, ich liebte Piero, aber in Wahrheit liebte ich Sizilien. Im Herbst kam ich zurück, um ihn zu sehen, und noch einmal im Sommer darauf. Er wollte, dass ich zu ihm zöge. Einmal, im Sommer, fragte ich ihn am kornblumenblauen Meer: »Aber was würden wir im Winter machen?« Er sagte: »Wir bleiben zu Hause, kochen Pasta und bringen die Fenster zum Beschlagen.« Ich ging zurück nach Los Alamos, kündigte mit einer Frist von sechs Monaten und zählte die Tage, bis ich zurück nach Sizilien konnte.

Ich habe irgendwo einmal gelesen, dass Frauen den Ort lieben und den Mann heiraten. Zwar habe ich Piero nicht geheiratet, aber zwei Jahre nach unserem Kennenlernen zog ich in seine Wohnung, die in einem Ort an der Nordküste von Sizilien lag, in einer Gasse mit Kopfsteinpflaster. Piero verdiente seinen Lebensunterhalt auf ganz einfache Weise: Er holte mit einem Netz und einem kleinen, offenen Boot namens *Francesca* Fisch aus dem Meer. An dem einen Ende unserer schmalen Straße lag ein Berg und am anderen Ende konnte man, wenn man auf dem

Balkon stand, zwischen den dreistöckigen Häusern einen Streifen vom blauen Meer sehen.

Piero stand im Dunkeln auf, um sein Netz einzuholen, und ich begleitete ihn mit einem Kissen unter dem Arm, um auf dem Meer noch ein bisschen schlafen zu können. Die *Francesca* schaukelte sanft. Piero zog bedächtig sein mit Algen behangenes Netz ein. Er legte die beschädigten Abschnitte des Netzes auf einen Haufen und die mit Fischen gefüllten Abschnitte auf einen anderen. Der Haufen mit den zerrissenen Abschnitten war immer der größere. Delphine bohrten auf der Suche nach Fischen Löcher hinein und manchmal verfingen sich die Netze an einem Felsen und rissen.

Die meiste Zeit verbrachte Piero mit seinen Netzen, knüpfte sie, flickte sie und färbte sie, damit die Fische sie nicht sehen konnten. Es waren empfindliche Gebilde. Die Schnüre mussten dünn und die Knüpfung weit genug sein, dass die Strömung das Netz nicht mit sich riss. Sie mussten stark sein, doch leicht genug, dass er sie allein auswerfen und einholen konnte. Er fischte in der großen, blauen Bucht von Mondello, die sich wie ein Hufeisen zwischen Sand und Berge schmiegt.

So sah die Ausbeute eines Morgens aus: sechs oder sieben Große Drachenköpfe; ein paar Seeigel; Fischgerippe; drei oder vier Meerjunkern; ein paar halb zerfressene Fische; ab und an ein Hummer, und ein Kilo wertloses Plankton. Sein Fang füllte kaum die Hälfte eines hellblauen Eimers.

Piero versprach mir im Februar, als ich bei ihm einzog, dass er mir im Mai etwas Wunderbares, etwas Unglaubliches zeigen würde. Etwas, das seine Augen zum Leuchten brachte, als er davon sprach.

Wir waren in unserer Küche und ich stand vor einem Topf mit kochendem Wasser. Es war am späten Nachmittag im Winter, also schon dunkel. Die Fenster waren schwarz und beschlagen.

Er gestikulierte wild vor mir herum, fuchtelte mit den Armen.

»Was ist es?«, fragte ich in meinem dürftigen Italienisch.

»Fische!«

Was sonst sollte es sein?

»Große Fische!« Er fuchtelte wieder. »Thunfische. Riesige Fische.« Dann fächelte er mit den Fingern beider Hände sehr schnell und lang vor seinem Gesicht. »La Mattanza.«

Mithilfe von Zeichensprache, sizilianischem Dialekt, meinem vollkommen nutzlosen Französisch und dem bisschen Italienisch, das ich mir selbst aus einem Lehrbuch meiner High School angeeignet hatte, reimte ich mir Folgendes zusammen: Piero wollte mit mir im Mai nach Favignana, einer Insel vor der Westseite von Sizilien, um zuzusehen, wie Männer riesige Thunfische töteten. Es würde eine feuchte Angelegenheit werden. Und ich würde nass werden, von oben bis unten.

Mit einem Sack Makrelen bezahlte Piero für meine Italienischstunden. Ich lernte schnell und nach nur drei Monaten schrieb ich schon für die monatlich erscheinende Lokalzeitung. Doch kaum beherrschte ich Pieros Sprache, fingen wir schon an zu streiten. Alles, worüber er nachdachte und sprach, waren Fische. Aber ich liebte Sizilien, also blieb ich bei ihm.

Im Mai erfuhr Piero ohne einen Telefonanruf, nur über die telepathische Verbindung zwischen Fischern, dass die Thunfischfalle von Favignana ausgelegt worden war. Ich hatte nie geglaubt, dass Piero je Mondello und seine Netze verlassen würde, aber am nächsten Morgen packten wir zwei kleine Taschen und brachen auf. Wir nahmen einen Bus nach Palermo, fuhren dann mit einem anderen zwei Stunden westwärts nach Tràpani, verbrachten die Nacht in einer Pension und nahmen am nächsten Morgen die erste Fähre. Um halb acht landeten wir in Favignana und nahmen uns ein Zimmer. Piero hatte mich hierher gebracht, damit wir bei einem Gemetzel zusehen konnten, mehr wusste ich nicht.

Wir warteten tagelang. Ein halbes Jahrhundert zuvor hatte Pieros Vater in Mondello Thunfisch gefangen, deshalb wusste er, was los war. »Sie warten, dass sich die Netze füllen«, sagte er.

Und so fand ich mich am zweiten Junitag des Jahres 1986 auf einem fünfundzwanzig Meter großen, offenen Boot ohne Motor wieder. »Es hatte noch nie einen Motor«, sagte Piero. Das Boot glänzte schwarz vom Teer und wurde ins offene Meer geschleppt. Dutzende Menschen drängten sich an Deck. Die Sonne war gelb und heiß, die See spiegelglatt. Eine Festung schien von einem Berggipfel aus auf uns herunterzublicken. Die Klippen der Insel glitten langsam vorbei, als wir aus dem Hafen gezogen wurden.

Nach zehn Minuten befanden wir uns zweieinhalb Kilometer vor der Küste. Die Boote bildeten drei Seiten eines Vierecks am Rande des Netzes, das irgendwo im Wasser unter uns lag. Ein paar Fischer hoben den Saum des Netzes an und befestigten ihn am Schandeck unseres Bootes. Die Taue, die das Netz oben hielten, waren ineinander gedrehte Kunststoffseile, aufgeraut, goldfarben und so dick wie der Unterarm eines Mannes. Hundert Meter weiter östlich schwankten Palmwedel auf einem Pfosten. Wir warteten, stundenlang.

Dann schlossen die Fischer in einem weiteren Langboot wie dem unseren dreißig Meter weiter im Osten das

Viereck. Schwarz zeichneten sich ihre Silhouetten vor der Sonne ab, während sie aufrecht stehend auf ihrer Seite das Netz einholten. Als sie es einholten, wechselte das Meer innerhalb der Begrenzung seine Farbe, von Marineblau zu Ultramarin und dann zu einem leuchtenden Türkis.

Nach einer Weile tauchten aus dem hellen Viereck riesige schwarze Formen empor. Ihr langsames Auftauchen war mystisch wie eine Geburt. Sie kamen höher. Rückenflossen sausten umher, wilde Kreaturen wurden aus der stillen Tiefe gezogen.

Sie waren riesig, über zwei Meter groß, manche größer, und es waren hunderte. Das Netz wurde straff gezogen und sie flitzen, schon zur Hälfte aus dem Wasser, vor uns herum. Ich blickte in ihre gläsernen schwarzen Augen. Die Fische waren so groß wie Menschen, einige von ihnen sogar viermal so groß. Wenn ihre Schwänze ins Wasser schlugen, spritzte die Gischt wie eine Säule hoch über unsere Köpfe. Ich erinnere mich noch an das Geräusch, den donnernden Fall des Wassers und an das frenetische Schlagen ihres Schwanzes. Sie sausten in die Ecken des Netzes, aber es gab keine Fluchtmöglichkeit.

Die Menschen gerieten in Aufruhr. Sie waren durchnässt, sie schrien und jubelten. Piero war außer sich vor Begeisterung. Diese Fischer waren seine Helden; ihr Netz war voller riesiger, kämpfender Thunfische. Davon hatte er geträumt, doch jetzt war er wach und es geschah wirklich. Piero versuchte, mich vom Bootsrand wegzuziehen, aber ich blieb dort wie angenagelt stehen. Die Fische wühlten das Meer zu weißem Schaum auf und dann färbte sich der Schaum rosa.

Als ihr Toben aufhörte, waren sie geschlagen, trieben blutend auf der Seite, doch sie lebten noch. Die Männer lehnten sich über eine Seite ihres Langboots und langten mit Haken nach den Thunfischen, um sie zu sich zu ziehen. Eine Gruppe Männer brachte einen riesigen Fisch an den Rand des Bootes und zog ihn mit dem Kopf nach oben aus dem Wasser. Das dauerte zehn Minuten. Als sie ihn am Haken hatten, zogen sie ihn senkrecht halb aus dem Wasser und verharrten so eine Weile.

Als der sterbende Thunfisch erzitterte, wurden die acht Männer, die ihn hielten, durchgeschüttelt. Der Fisch hatte die Form von einem perfekt geformten, nach oben spitz zulaufenden Ei. Seine Haut wirkte wie polierter Marmor, war blau wie die Erde vom Weltraum aus. Während er starb, wechselte er die Farbe. Wie ein Schleier legte sich schillerndes Rosa und Grün über ihn. Rotes Blut strömte aus einer klaffenden Wunde an seiner Seite. Die Männer bereiteten sich darauf vor, ihn aus dem Wasser zu ziehen.

Sie zählten bis zwei und hievten den Fisch aufs Schandeck, balancierten ihn auf der Stützwand und hielten ihn dort fest. Ein Mann packte die Rückenflosse, ein anderer die Bauchflosse, sodass sie, als der Fisch erneut seinen Schwanz hob, seine Wucht nutzen konnten, ihn kopfüber in den Lagerraum fallen zu lassen und so dem Schlag auszuweichen. Donnernd schlug sich der Fisch das Leben aus dem Leib.

Das Gemetzel dauerte eine Stunde; das blaue Viereck färbte sich rot. Als der letzte Fisch an Bord war, trieben das Blut und das milchige Wasser, die das Viereck getrübt hatten, davon. Nach fünf Minuten senkten die Fischer das Netz wieder in klares, blaues Wasser. Ihre langen, schwarzen Boote mit den toten Thunfischen wurden zu einer entfernten Küste gezogen, während wir Touristen zurück in den Hafen geschleppt wurden. Lange Zeit sprach niemand ein Wort. Was hatte ich da gesehen? Eine Eruption, einen Paroxysmus. Einen Born ursprünglicher Energie,

Schönheit und Qual und all das in einem winzigen Meeresabschnitt. Es war schockierend – und höchst ästhetisch.

Wir packten, nahmen die Fähre nach Tràpani, den Bus nach Palermo, dann den nach Mondello und gingen nach Hause.

Piero und ich trennten uns schließlich. Aber ich kehrte im Frühling wieder nach Favignana zurück. Zuerst wollte ich nur dieses sonderbar primitive Schauspiel sehen, die seltsam gegensätzlichen Gefühle spüren, die es in mir hervorrief. Dann wollte ich herausfinden, was nötig war, eine solch riesige Falle aufzustellen, und wie es dazu gekommen war, und ich kehrte Jahr um Jahr zurück, um dies zu erfahren.

Die Mattanza war Pieros kostbarstes Geschenk, der Traum eines Fischers und er gab ihn mir. Als Akt der Liebe zeigte er mir dieses Gemetzel, sodass ich nur dessen Schönheit sah.

## 2

# *Die Höhle des Thunfischs*

Die ältesten Malereien Italiens liegen tief verborgen in einer Höhle auf Levanzo, einer kleinen Insel fünf Kilometer vor der Nordküste von Favignana. Es sind viertausend Jahre alte, sepiafarbene Höhlenmalereien, die Menschen und Tiere zeigen: tanzende Männer und violinenförmige Frauen ohne Gliedmaßen; Pferde und Rinder, zwei Keiler, sechs Fische und ganz unten die unverwechselbare Rautenform eines mächtigen Thunfischs.

Regelmäßig jeden Frühling tauchen große Schwärme riesiger Thunfische im Golf von Cádiz vor der spanischen Küste auf und schwimmen zwischen den Säulen des Herakles hindurch, um im Mittelmeer zu laichen. Der *thun-*

*nus thynnus* mit blauem Rücken und Flanken in schimmerndem Silber schwimmt während seiner Wanderung im Frühjahr hundertsechzig Kilometer pro Tag. Einige von ihnen kommen aus unbekannten Gewässern im östlichen Atlantik, einige von der afrikanischen Westküste und einige wenige aus Nord-, Süd- und Mittelamerika. Thunfische werden zwischen zwanzig und dreißig Jahre alt; die größten unter ihnen können bis zu eintausendfünfhundert Pfund wiegen.

Früher waren sie zahllos. Für die am Mittelmeer ansässigen Menschen der Antike war der Thunfisch das, was der Büffel für die Indianer der amerikanischen Prärie war: ein jedes Jahr aufs Neue geschehendes Wunder, eine zuverlässige Proteinquelle von einem großen Tier, das sie anbeteten und das in solchen Mengen vorüberzog, dass ein ganzer Stamm zusammenarbeiten musste, um es zu töten und sein Fleisch zu erhalten. Rund um das Mittelmeer war der Thunfisch das Grundnahrungsmittel für ganze Völker.

Von Spanien bis zur Türkei wurden die Fische jedes Frühjahr von Männern erwartet, zuerst in Booten, die ihnen nachfuhren und sie in seichte Gewässer trieben, dann mit Harpunen und zunehmend raffinierten Fallen. Auf eigens zu diesem Zweck gebauten Türmen hielten die Menschen nach ihren Rückenflossen Ausschau. Die Griechen hatten ein Verb, das »nach Thunfisch Ausschau halten« bedeutete. Die Fallen aber besaßen alle dieselben Grundelemente: Begrenzungsnetze quer über der Wanderroute der Thunfische, die sie in die Öffnung eines Netzkäfigs unter Wasser lenken sollten. In Italien wird eine Thunfischfalle *tonnara* genannt, von *tonno*, dem italienischen Wort für Thunfisch.

Planung und Zusammenarbeit waren vonnöten, um genug Thunfische zu fangen, dass eine ganze Gemeinde ein Jahr lang davon leben konnte, also wurde ein Mann ausgewählt, der den Thunfischfang überwachen sollte. In den arabischen Ländern nannte man diesen Mann *Raìs* (ausgesprochen Ra-is, mit Betonung auf der zweiten Silbe), was »Anführer« oder »Fürst« heißt. Dieser Mann war gleichzeitig der erste Fischer und eine Art Schamane, jemand, so hoffte man, der mit den unsichtbaren Naturkräften auf freundschaftlichem Fuß stand. Später wurde der Titel des Raìs eine Zeit lang vom Vater auf den Sohn vererbt.

Dort, wo Thunfisch gejagt wurde, entstanden Städte. Auf alten Landkarten war überall die lateinische Bezeichnung für Thunfisch, *cete* – Riese, zu finden: in Cetaria, dem heutigen Scopello, und Terra Cetaria, das sich von Capo San Vito bis Segesta auf Sizilien erstreckte; in Cetaria Dimitiana, dem heutigen Porto Santo Stefano an der italienischen Küste nördlich von Rom, und in Cetara im Golf von Salerno, wo heute noch Thunfisch gejagt wird; in Cetabriga in Spanien, Cetabora in Portugal, in Ceuta an der Straße von Gibraltar und im südfranzösischen Sète.

Der Netzkäfig wurde zu einem Gebilde mit vielen Kammern, in dem die ankommenden Thunfische in Gruppen aufgeteilt und bis zum Tag des Tötens festgehalten werden konnten. *La mattanza*, das »Gemetzel« (vom spanischen Wort *matare* – töten), wurde mit Zeremonien und Gesang vollzogen. In allen Sprachen rund um das Mittelmeer hieß der letzte Abschnitt des Netzes *Kammer des Todes*.

Thunfische suchen zum Laichen ihren Geburtsort auf. Es ist gut möglich, dass einige der Thunfische, die in Favignana ins Netz gehen, ihr Leben dort begannen, wo ihre Eltern, in einem letzten Versuch, sich fortzupflanzen, Spermien und Eier absonderten, als sie getötet wurden. Das Viereck des Todes ist durchzogen von Wolken aus Samen und Eiern. Sex, Tod und die Mixtur der Fruchtbarkeit in diesem Meeresgefäß der Ursäfte.

In Italien gibt es nur noch eine Hand voll Tonnaras. Ihre Zahl wurde ständig geringer, ihre Traditionen und Riten ersetzt durch die verheerende Effizienz langer Fangleinen und großer Schleppnetze, der modernen Pendants der Repetiergewehre, welche die amerikanischen Pioniere im neunzehnten Jahrhundert benutzten. Als eine Hand voll Männer von einem Zugfenster aus hunderte von Büffeln töten konnte, wurde aus dem Sakrament der Indianer das Sakrileg des weißen Mannes.

Nur zwei Tonnaras bestehen noch in Sizilien, am Fuße Italiens. Die schönste ist die von Favignana, einer der beiden Nachbarinseln von Levanzo im Ägadischen Archipel. Die Festung auf dem Berggipfel von Favignana kann man vom Eingang der Höhle in Levanzo aus sehen. Zwischen diesen beiden Inseln hat der Thunfisch immer seinen Weg genommen.

Die Tonnara von Favignana wurde durch ihren Reichtum, durch ihre herbe Schönheit und die Sorgfalt, die man den Gebäuden zur Thunfischverarbeitung angedeihen ließ – wahren Palästen übrigens –, die Königin aller Tonnaras, das geistige Zentrum der Tonnara schlechthin.

Auf Favignana bauen die Thunfischjäger, die *tonnarotti*, ihre Falle immer noch jeden Frühling in der althergebrachten Reihenfolge auf. Sie befolgen die Rituale, sprechen die Gebete und singen die Lieder. Während die Falle, eine Art riesige Reuse, langsam Gestalt annimmt, werden die Tonnarotti angesteckt von der Energie, die von tausenden von Thunfischen ausgeht, die in der Tiefe auf sie zuschwimmen, um sich zu paaren.

Der zentrale Ritus der Tonnara, die Mattanza, ist Teil des Lebenszyklus von Jäger und Gejagtem geworden. Es ist ein blutiger Akt tragischer Schönheit, der sich seit der Steinzeit kaum geändert hat.

Doch lange wird diese Art zu leben nicht mehr bestehen können. In Favignana werden die Thunfische jedes Jahr kleiner und weniger. Die *ciurma*, die Mannschaft der Fischer, die vom Raìs angeführt wird, wurde zuerst von hundert Mann auf achtzig und nun auf dreiundsechzig reduziert. Schuld daran sind die Mechanisierung und der Zwang, zu sparen. Eines Tages wird es keine Thunfische und keine Thunfischfallen mehr geben. Doch im Moment wird die Reuse wie eh und je im April gebaut und jedes Frühjahr schließt sich auf dieser winzigen Insel der Kreis von Leben, Tod und Wiedergeburt aufs Neue.

Ein paar Jahre lang im Frühling erschien ich dort zusammen mit dem Thunfisch.

# 3

# *Ai-a-mola*

Nach meinem Jahr mit Piero kehrte ich in die Vereinigten Staaten zurück und nahm einen Job bei einer Zeitung in Vermont an. Zweimal legte ich meinen Urlaub ins Frühjahr, weil ich Fotos von der Mattanza machen wollte. Dann kündigte ich meine Stelle, um herumzureisen und zu schreiben.

Im Mai 1993 kam ich für zehn Tage wieder nach Favignana. Ich wohnte auf dem Campingplatz in einem Iglu aus weißem Beton und mietete mir ein Fahrrad bei Zu Isidoro in der Via Mazzini direkt hinter der Piazza. *Zu* heißt auf Sizilianisch »Onkel« und ist ein respektvoller Kosename für ältere Leute.

Der erste Mensch, mit dem ich mich anfreundete, war Caterina, ein zwölfjähriges Mädchen aus Marsala, dessen Vater für den Campingplatz zuständig war. Wenn Caterina ihn am Wochenende besuchen kam, fuhren wir mit dem Rad zusammen über die Insel.

Favignana hat die Form eines Schmetterlings, ist von Flügel zu Flügel nur neun Kilometer lang und besitzt einen Hafen nebst zugehörigem Ort in der schmalen Mitte. Die Landschaft ist im Sommer felsig, verbrannt und karg, doch im Winter, wenn es regnet, legt sich ein dünner, grüner Flaum über die Insel. Favignana ist flach bis auf einen dreihundert Meter hohen Berg, Santa Caterina, der in der Mitte der Insel aufragt. Die drei Gipfel des Berges sind wie vom Wind gepeitschte Wellen südwärts geneigt. Auf dem höchsten Kamm zeichnet sich bedrohlich eine Festung ab. Das Gestein des Berges ist aschgrau bis fahlrosa und nackt, abgesehen von ein paar dunkelgrünen Pinienhainen. Die Nord- und die Südwand fallen in dicken Faltungen zum Meer hinab. Das Wasser darunter funkelt wie blauer Edelstein. Hinter dem Berg wachsen Kaktusfeigen. Am östlichen Flügel der Insel hielten Caterina und ich oft an, um Kapern von den Büschen zu pflücken, die dort wild auf dem hervortretenden Berggestein und den rauen Felswänden wachsen.

Caterina begleitete mich, so oft sie konnte. Ich war froh darüber, denn sonst kannte ich auf der Insel niemanden. Sie saß häufig bei mir am Küchentisch und schrieb alle Wörter von »Vafanculo«, einem Popsong, in mein Notizbuch. Ihre Mutter schickte sie einmal mit zwei seltsamen Zitronen aus ihrem Garten zu mir. Es waren *limoni lunarie*, Mondzitronen, die geformt waren wie Mondsicheln und warzenartige Beulen aufwiesen. Caterina diktierte mir das Rezept ihrer Mutter für *limone conzato*: »Nimm einen Teller. Schneide die Zitronen auf und drücke den Saft auf den Teller. Füge Olivenöl, ein wenig Salz und etwas Wasser hinzu, bis der Teller voll ist. Tränke dann Brotscheiben in dem Saft und iss sie.«

Das Leben in Favignana erschien mir wie ein wahr gewordener Traum. Das Sonnenlicht ergoss sich wie Honig über die Insel und das Blau des Meeres war Balsam für meine Seele. Einmal erzählte ich Caterina einen Traum von mir und fragte sie, ob sie auch träumte. »Oh, ja«, sagte sie. »Mein Bett ist voller Träume.«

Caterinas Mutter erlaubte nicht, dass sie mit mir die Fischer bei der Arbeit beobachtete. Jeden Morgen um sieben versammelten sich die dreiundsechzig Tonnarotti vor der Camparia, einer Ansammlung von Sandsteingebäuden, in denen die Netze, die Schwimmer, die Taue, die Boote und die Ankerketten für die Reuse lagerten. Das Wort *camparia* kommt vom sizilianischen Verb *campare* – leben, und bevor die Touristen Favignana entdeckten, war die Camparia Favignanas Lebensnerv.

Die Fischer kamen mit Fahrrädern, Motorrollern, dreirädrigen Lieferwagen und schrottreifen Autos zur Arbeit. Sie standen in Grüppchen beieinander, die älteren in der Sonne, die jüngeren im Schatten der hohen Wände der Camparia, und warteten darauf, dass das Tor geöffnet wurde. Sie rauchten und schwatzten, scherzten und gestikulierten herum. Sie beäugten mich, aber niemand sprach mich an. Und ich war zu schüchtern, um sie anzusprechen.

Eines Morgens saß ich auf einer Holzkiste vor dem Tor und blätterte mein Notizbuch durch, versuchte, mir ein Herz zu fassen und den Raìs anzusprechen. Zu der Zeit war er zweiundvierzig Jahre alt. Als er sechs Jahre zuvor das Kommando übernommen hatte, genau in dem Jahr, als ich meine erste Mattanza sah, war er der jüngste Raìs seit Urzeiten. Ich hatte mir eine kurze Rede aufgeschrieben. Die las ich mir gerade durch, als ein Mann mit eisblauen Augen und ärmellosem Unterhemd auf mich zukam und mir ein schmales, grünes Blatt anbot. »Zerquetschen Sie es und riechen Sie mal daran«, sagte er. Ich tat es. Es war Zitronenmelisse und roch wie Zitrone. Um mich herum schnüffelten Furcht einflößende Männer an ihren Blättern.

»Was machen Sie hier?«, fragte Eisauge.

»Ich wollte den Raìs um die Erlaubnis bitten, mich mit Notizbuch und Fotoapparat den Männern anzuschließen. Wie heißt der Raìs?«

»Salvatore Spataro, genau wie ich, aber man nennt ihn nur Raìs.«

»Wir sind Cousins«, erklärte er, »beide erstgeborene Söhne, die nach dem Großvater väterlicherseits benannt wurden. Aber man nennt mich Occhiuzzi – ›kleine Augen‹.« Er sagte, er hätte diesen Spitznamen geerbt. Dann führte er mich durch das schmiedeeiserne Tor in den Hof.

Die Schwänze und Flossen von zwei Haien waren an dic Steinwand des Netzhauses genagelt, verschrumpelte Reste zweier großer, weißer Weibchen, die den Thunfischen in die Reuse gefolgt waren. Um mich herum waren an behaarten Brustkörben überall goldene Ketten mit Haifischzähnen zu sehen. Die Sonne beschien den staubigen, vollgestellten Hof; die über sechs Meter hohen Wände aus hellem Sandstein waren stellenweise von Wind und Regen ausgehöhlt worden. Bunte Plastikbojen und dicke Taurollen lagen überall auf dem Boden herum. Direkt vor mir befand sich das Netzhaus, dessen Tür sperrangelweit aufstand und in pechschwarze Finsternis wies.

Occhiuzzi nahm mich am Arm und führte mich zu einem anderen Mann, der mich höflich in das Büro des Raìs geleitete, das direkt links hinter dem Eingangstor lag. Der Raum war dunkel und roch nach Schimmel und feuchten Steinen. In dieser Düsternis saß hinter einem verschrammten Tisch aus Holz der Raìs.

Ich war eingeschüchtert; er war misstrauisch. Er klopfte mit einem Stift auf seinen Tisch und blickte mir in die Augen. Ich sah seine kurzen Beine, die er unter dem Tisch ausgestreckt hatte. Er flegelte sich scheinbar lässig in seinem Stuhl, doch strahlte er Anspannung aus wie ein Motor, der zu hoch im Leerlauf läuft. Sein Stoppelbart war meliert, sein dickes, schwarzes Haar wurde schon grau. Die Verantwortung hatte ihn altern lassen.

Ich stand vor ihm. Mit einer Handbewegung forderte er mich auf, Platz zu nehmen. Meine Augen gewöhnten sich an die Dunkelheit. Ich holte tief Luft und schnurrte meine Rede herunter, die ich auswendig gelernt hatte.

»Ich bin Journalistin. Meine erste Mattanza sah ich 1986, als mich ein Fischer aus Mondello hierher brachte. Seitdem habe ich noch zweimal eine Mattanza gesehen und ein paar Bücher darüber gelesen. Ich weiß, dass die Tonnara mehr ist als ein eintägiges Gemetzel. Ich möchte etwas aus erster Hand darüber erfahren. Deshalb bitte ich Sie um die Erlaubnis, den Männern bei der Arbeit zuzusehen und Notizen und Fotos zu machen.«

Er lächelte angesichts meiner Nervosität. Da saß ich, eine alleinstehende Frau Ende dreißig mit einem zerschlissenen Rucksack auf dem Rücken. Das war mein Taschenbüro mit meiner Pentax, meiner Daunenweste, zwei Objektiven, Schreibzeug, einem Film und einem italienischen Übungsheft. Er hätte verärgert sein können, entschloss sich aber, amüsiert zu sein. Dies war sein Reich und ich war ein Wesen vom anderen Stern, eine alleinstehende Frau, die tat, was ihr gefiel. Ich war direkt vom Himmel in seine Welt gefallen.

»Sie kommen Wochen zu spät, um das Auslegen der Reuse zu sehen«, sagte er. »Sie ist bereits im Wasser. Jetzt warten wir, dass sie sich füllt.« Ich war niedergeschmettert.

»Kommen Sie heute Nachmittag um halb zwei wieder«, sagte er. »Führ sie jetzt herum«, wies er dann den Mann an, der mich hereingebracht hatte. Wir gingen durch das leere Netzhaus, an einer Tischlerwerkstatt vorbei, durch eine Nische voller alter, schwarzer Eisenbojen, auf einen anderen, von vorne nicht einsehbaren Hof, der zum Meer hinausging. Links von mir befand sich ein riesiges Holzboot mit rundem Schiffskörper. Es wies überall Lecks auf, seine weiße Farbe blätterte ab und es lehnte mit einiger Schräglage im Trockendock. Wenn die Männer von der Arbeit aufsahen, beantwortete ich ihren Blick mit einem Nicken.

Mittags ging ich zum Hafen, holte meine Papiertüte mit Oliven, Brot und Käse aus dem Rucksack und aß am Rand des Wassers. Noch an diesem Nachmittag würde ich mit dem Raìs aufs Meer fahren, um die Reuse zu kontrollieren.

Ich kam zu früh und wartete vor dem Tor der Camparia auf den Raìs. Ganz allein stand ich im Pulk der Fischer, die zurück zur Arbeit wollten. Dann kam ein Mann auf mich zu, ein Riese. Bei meinen Besuchen im Frühling hatte ich viele Fotos von ihm gemacht, während er die größten Thunfische tötete. Er schien in den Fünfzigern zu sein, war zwei Meter groß, hatte einen schwarzen Vollbart, eine breite Brustpartie und eine freundliche Lücke zwischen seinen weißen, schiefen Zähnen. Er strahlte etwas ungeheuer Animalisches aus; die Luft um ihn herum knisterte. Er beugte sich zu mir herab und fragte vertraulich: »Was denken die Menschen in Amerika über die Mattanza?«

»Diejenigen, denen ich davon erzähle, halten sie für barbarisch«, antwortete ich. Er richtete sich zu seiner vollen Größe auf. »Mein Name ist Gioacchino Cataldo«, sagte er und wartete, bis ich das aufgeschrieben hatte.

»Sie können ihnen mal sagen, was barbarisch ist: ein Kalb aufzuziehen, es zu füttern und zu mästen, ihm vorzumachen, Sie seien sein Freund, und es eines Tages zu schlachten. Der Fisch, der Thunfisch kommt zu mir und ich nehme ihn mir. Aber ich habe den Thunfisch vorher nicht gekannt. Das Tier an Land brüllt, der Thunfisch nicht. Hier in Favignana gibt es einen Schlachter. Mittwochs und donnerstags nehme ich einen anderen Weg zur Arbeit, denn das sind die Tage, an denen er das Vieh schlachtet, und wenn ich dort vorbeifahre, erzittert mein Herz. Beim Thunfisch aber nicht.«

Der Raìs erschien. Ohne dass ein Wort gewechselt wurde, traten sechs Männer hinter ihm an und gingen zum Ende einer schwimmenden Mole, wo drei marineblaue Boote und das kleine graue Boot des Raìs sie erwarteten. Die blauen Boote hatten Namen von Planeten und Fischen, die mit weißer Farbe auf ihre Rümpfe gemalt worden waren. Das eine hieß *Marte*, ein anderes *Giove*. Aber auf dem grauen Boot des Raìs konnte ich keinen Namen finden. »Es hat keinen Namen«, erklärte er. »Das ist die *Musciara*.« Er stützte mich, als ich es betrat.

Einige Männer stiegen in die blauen Boote. Die Mannschaft der Musciara nahm dicke, unbehandelte Ruder auf, deren Ruderblatt nur so breit war wie eine Männerhand, und ruderte uns aufs offene Wasser. Die Hände der Männer waren übersät mit Schwielen und Narben. Die Boote bildeten Heck an Bug eine Linie und dann zog uns ein kleiner Schlepper, der als Einziger einen Motor hatte, in einer Reihe hinaus aufs Meer. Als er beschleunigte, zogen zwei Männer am Bug der Musciara eine schwarze Persenning hinter ihren Köpfen hoch, um uns von der Gischt abzuschirmen.

Wir hüpften über kleine Wellen. Ich hatte einen Kassettenrekorder mitgebracht und bat den Raìs, das Gebet zu sprechen, von dem ich gehört hatte, und dies aufnehmen zu dürfen. Die Fischer nahmen ihre Kopfbedeckungen ab und der Raìs begann, eine Litanei in die vorbeirauschende Luft zu rufen. Er betete in seinem Dialekt.

»Na sarvirriggina a matri ri diu ri Tràpani!«

Ein Ave-Maria für die Muttergottes von Tràpani. Zehn Sekunden Schweigen, die Zeit, um das Gebet im Stillen zu sprechen. Fünfmal schlug das Meer gegen unser Boot. Der Ort glitt vorüber. Aufs Neue rief der Raìs:

»Ein Ave-Maria für Unsere Liebe Frau vom Rosenkranz!« Die Gischt zischte.

»Ein Ave-Maria für die Mutter Gottes vom Kalvarienberg!«

»Ein Ave-Maria für die heilige Theresa!« Er schlitterte durch die Silben und presste mit Nachdruck die letzte heraus, dass der Name der Heiligen wie eine Glocke ertönte und sich dann verlor.

»Ein Ave-Maria für die Madonna von Fatima!« Der Fuß des Berges glitt vorüber.

»Ein Vaterunser für Joseph, unseren Schutzheiligen!

Ein Vaterunser für den heiligen Franziskus von Paola!

Ein Vaterunser für das heilige Herz Jesu!

Ein Vaterunser für den heiligen Antonius!«

Als wir die Spitze von Marettimo sehen konnten, senkte er seine Stimme und betete: »Ein Vaterunser für den heiligen Petrus, auf dass er beim Herrn um einen guten Fang bitte.«

Die Fischer riefen: »Möge Gott es gewähren.«

»Heiliger Schöpfer, wir bitten dich nach unserem Tod um ewigen Frieden. Einen gesegneten Tag«, sagte er dann zu seiner Mannschaft. Sie setzten sich ihre Mützen wieder auf und kurz darauf erreichten wir den Westrand der Reuse. Der Schlepper drosselte seinen Motor, um den Thunfisch nicht zu verscheuchen. Die Männer griffen erneut zu den Riemen und ruderten zu ihren Positionen über den östlichen Kammern der Reuse.

Die Fischer sagen, dass Thunfische das gleiche Verhalten aufweisen wie Schafe und dass ein Schäfer die erste Thunfischfalle entworfen hat. Die Männer machten ihre Boote an Ankerketten fest und öffneten Klappen, die die einzelnen Kammern der Reuse miteinander verbanden. Ein zusammenschiebbares Netztor befand sich in der Mitte jeder Wand zwischen den Unterwasserkammern. Wenn sie geschlossen werden sollten, wurde die Klappe straff Richtung Wasseroberfläche gezogen. Wurde sie geöffnet, sank sie hinab und rollte sich auf dem Meeresboden zusammen. Mithilfe von Seilen, die an der Klappe befestigt waren, konnten die Männer sie wieder zuziehen.

Jeden Morgen und jeden Nachmittag lösten sie die Seile und öffneten die Reuse. Ihre Aufgabe war es, die Fische zur *Bastardella* zu lotsen, der letzten Kammer vor der Kammer des Todes, und die Öffnung hinter ihnen wieder zu schließen.

Die Musciara war über der Bastardella festgemacht und schwebte über der Reuse. Dann breiteten die Männer eine Segeltuchplane über zwei Sitzbänken aus und entfernten ein Brett, das ein Glasfenster im Boden des Bootes bedeckte. Der Raìs kroch unter die Plane, um nach den Thunfischen Ausschau zu halten.

Wenn die Fische durch die Öffnung schwommen, mussten die Männer die Klappe über eine Strecke von dreißig Metern wieder hochziehen, und zwar schneller, als die Fische in Panik geraten und wieder umkehren konnten. Thunfische sind scheu, misstrauisch und blitzschnell, deshalb musste der mühsame Vorgang viele, viele Male wiederholt werden.

Die sechs Männer auf dem Boot vergaßen langsam, dass ich da war, und sprachen über Essen und Frauen, während ich versuchte, mich unsichtbar zu machen. Nach einer Weile ließ mich der Raìs selbst unter die Plane kriechen. Ich legte mich auf den Bauch und fühlte, wie sich die Rippen des schwankenden Boots gegen meine drückten. Mit dem Gesicht auf dem Fenster blickte ich staunend in die Tiefe. Das letzte Mal, dass ich ein solches Licht gesehen hatte, war im Kern eines Nuklearreaktors gewesen, wo die Tscherenkow-Strahlung das Kühlwasser blau erglühen ließ. Plötzlich glitten drei riesige Thunfische durch den neonblauen Bildschirm, von links nach rechts, eingetaucht in die milchige Strahlung. Es waren ruhige, schwarze Schatten, fremde Wesen ohne einen Blick für die Welt über ihnen. Die Fische kreisten gruppenweise in einer Tiefe von knapp zwanzig Metern im Uhrzeigersinn.

Viel zu schnell löste mich ein anderer Fischer unter der Plane ab. Ich kam heraus und blinzelte im Sonnenlicht. Es war Juni, die Luft war kühl, doch die Sonne machte uns schläfrig. Wolken wie Wattebäusche trieben über uns dahin. Ein paar der Männer rollten sich in der Krümmung des Bugs zusammen und machten ein Nickerchen, einer aber bezog immer Stellung am Fenster, um die Thunfische zu zählen.

»Was essen Thunfische?«, fragte ich den Raìs.

»Triglie«, sagte er. Das waren Meerbarben, wertvolle Fische, über die sich Piero, wenn er sie im Netz fand, immer sehr gefreut hatte. »Nein, schreiben Sie das nicht.« Er warf einen Blick in mein Notizbuch, um zu sehen, was ich geschrieben hatte. »Erzählen Sie ihnen, dass wir keine Barbaren sind«, sagte er. »Sagen Sie ihnen, wir haben weder unsere Nasen noch unsere Haare mit Knochen geschmückt. Wir sind zivilisierte Menschen.«

Dann sagte er, er hätte mit den Meerbarben nur einen Scherz machen wollen. »Thunfische fressen Meerbarben, wenn sie die Möglichkeit haben, aber sie fressen auch anderes. Es ist wahr, dass sie im Netz nicht viel Nahrung finden, aber sie denken im Moment auch nicht ans Fressen. Sie sind verliebt.«

Die Fischer bewahrten zugeknotete, weiße Plastiktüten mit knusprigem Brot, scharfem Pecorino und Obst in einem Schränkchen unter dem Heck auf; nach einer Weile teilten sie ihr Essen mit mir. Sie ließen eine Wasserflasche herumgehen, legten den Kopf in den Nacken und ließen sich das Wasser in die Kehle laufen, ohne dass es ihre Lippen berührte. Birnen schälten sie mit demselben Messer, das sie auch zum Schneiden der Köder benutzten. Um sich die Zeit zu vertreiben, holte Vito, der Jüngste in der Musciara des Raìs, eine kurze Angel für kleine Fische zum Vorschein. Er befestigte Sardinen am Haken und ließ die Angelschnur ins Wasser sinken; der Mann unter der Plane sah sie durch sein Fenster und meldete ihm, wenn ein Fisch anbeißen wollte.

Die Fähre fuhr ein paar hundert Meter von der Reuse entfernt vorbei. »Occhio«, sagte der Mann am Ruder. Aufgepasst. Nach einer Minute schaukelte und schlingerte die Musciara in der Kielwelle der Fähre. Das schöne, weiße Schiff war ein stetes Ärgernis. Obwohl es in einiger Entfernung vorbeifuhr, störten der laute Motor und die wirbelnde Schiffsschraube die Fische auf, sodass sie abtauchten; dann konnte man sie nicht mehr zählen.

Ich fragte Vito: »Woher wissen Sie, dass Sie einen Fisch nicht zweimal zählen?«

»Ich kann sie voneinander unterscheiden«, antwortete er. Für mich waren die Thunfische aus einer Entfernung von knapp zwanzig Metern nur schmale, schwarze Rauten und ihre stundenlange Beobachtung schien eher eine stille Meditation als eine Art Buchführung zu sein.

Die Männer verrieten mir ihre Namen. Einer mit Namen Marino zeichnete eine Windrose in mein Notizbuch und zählte mir die Bezeichnungen für Strömungen und Winde auf. Die *tramontana* aus dem Norden brachte Sturm und Fische, doch in letzter Zeit war das Wetter zu gut. Der Raìs schlief, aber sein Gesicht verriet Sorge. Das Meer war überfischt, der Thunfisch kleiner und seltener als noch vor zehn Jahren.

Die Boote lagen dennoch zweimal am Tag für zwei Stunden über der Reuse und am Nachmittag war ich meistens dabei.

Am siebten Tag, als der Raìs gerade unter der Plane war, tippte mir Vito auf die Schulter, hob sein Hemd und zeigte mir eine Stichwunde. Er legte sich einen Finger an die Lippen und sagte, er hätte Streit mit einem Kollegen gehabt. Behutsam zog er die weiße Bandage ab, die über seiner linken Hüfte klebte; die Naht war noch frisch. Er beschwor mich, dem Raìs nichts davon zu erzählen, sonst flöge er wegen ungehörigen Benehmens von der Musciara. Die Männer konnten dichthalten, aber der Raìs würde es dennoch erfahren.

1986, am Ende seiner ersten Saison als Raìs, titelte der *Giornale di Sicilia*: »Unglaublicher Fang: 2551 Thunfische in Favignana gefangen.« Seitdem wurden jedes Jahr nur noch gerade so viele Fische gefangen, dass die Kosten gedeckt waren. Die Männer in Favignana hatten diese Reuse schon seit tausend Jahren ausgelegt und Salvatore Spataro würde wahrscheinlich noch im Amt sein, wenn das Ende kam.

»Zu viele, die etwas vom Kuchen wollen«, sagte er.

Er war erst sechsunddreißig, als er seine erste Mattanza kommandierte, neu eingestellt von Franco Castiglione, einem Unternehmer aus Tràpani, der die Tonnara gepachtet hatte. Der Vorgänger hatte gekündigt, weil Castiglione es gewagt hatte, in seine Befugnisse einzugreifen. Die Männer rissen Witze über Castiglione: Er hatte zu viel Geld und zu wenig Ahnung vom Meer. In einem Jahr, so berichteten sie, hatte er seine kleine, schnelle Jacht auf einen Felsen der Insel gesetzt, weil er eine Straßenlaterne für eine Boje gehalten hatte und mit Höchstgeschwindigkeit darauf zugefahren war. In der Woche danach hatte er, »ohne ein Wort zu verlieren«, eine neue Jacht gekauft. Aber Castiglione hielt die Tonnara am Leben.

Salvatore Spataro war von Anfang an ein willensstarker Anführer gewesen. Als er das Kommando übernahm, waren viele der Netzwände noch aus Pflanzenfasern. Der frisch gebackene Raìs hatte Castiglione erklärt, er brauche neue Nylonnetze, die nicht verrotten und schwerer reißen würden. Keine geringe Investition, doch bekam er sie pünktlich zu seiner zweiten Saison. Die hundert Jahre alten, schwarzen Holzboote waren in schlechtem Zustand; doch anstatt sie zu reparieren, hatte Castiglione eine neue Flotte aus Eisen gekauft und marineblau streichen lassen. Die alten Schwimmer, die die Netzwände an der Oberfläche hielten, waren 1986 noch schwere Hohlkörper aus Eisen; jetzt hatte der Raìs neue aus leichtem Plastik in Orange und Rot.

Am neunten Morgen kurz vor sieben holperte ich auf meinem Weg zur Camparia mit einem Fahrrad über das Kopfsteinpflaster. Die Holztür eines der Häuser in der Via Roma stand sperrangelweit offen. In einem kahlen Zimmer saß eine schwarz gekleidete Frau auf einem Holzstuhl neben einem Bett. Im Bett lag eine weißhaarige Frau, vollständig angezogen, mit geschlossenen Augen. Sie sah sehr friedlich aus. Als ich ein paar Stunden später wieder daran vorbeifuhr, lag sie in einem Sarg und einige Frauen saßen auf Holzstühlen um ihn herum. Auf dem Steinboden standen Vasen mit großen Blumen. Männer in Anzügen rauchten draußen auf dem Bürgersteig.

Als der Raìs von seinem morgendlichen Besuch bei der Reuse zurückkam, wies er die Männer an, sich am nächsten Morgen für eine Mattanza bereitzuhalten. Mein Geld ging zur Neige und ich würde direkt nach der ersten Mattanza abreisen müssen. Aber am gleichen Nachmittag noch sollte Girolamo, der Taucher der Tonnara, die Reuse auf Schwertfische, Haie und Löcher im Netz überprüfen und ich würde dabei sein.

In der Musciara saß ich gegenüber von Benito Ventrone, einem zweiundfünfzig Jahre alten Tonnarotto, der für Vito einsprang. »Seine Großmutter ist heute Morgen gestorben«, sagte er.

Benito war ein Original. Er band sich sein gelblichweißes Haar zu einem dicken Pferdeschwanz zusammen und trug fast immer ein mit hüpfenden Delphinen gesäumtes, blaues Kopftuch, das sich über seinem erkahlenden Kopf spannte. Er ließ sich einen schneeweißen Bart wachsen, der immer gepflegt und sauber war. Die Ärmel seines Hemds hatten rasiermesserscharfe Bügelfalten vom Handgelenk bis zur Schulter und sein Kragen stand weit offen, damit man das viele Gold an seinem Hals sehen konnte, ganze Reihen von dicken Ketten mit schweren Anhängern.

Ein kleines Boot auf dem großen Meer ist ein intimer Ort. Ich lehnte mich zu ihm, hob die Glücksbringer an seinem Hals an und wog sie in meiner Hand: ein zehn Zentimeter großes Kruzifix; ein etwas kleineres Herz mit einer landenden Taube; ein langer, geschwungener Anhänger, der aussah wie ein schwimmendes Spermium; ein

Christuskopf mit Dornenkrone; und vier mit Gold versehene, elfenbeinerne Tetraeder mit gezackten Rändern – Haifischzähne. Eine Goldkette war zu lang, also hatte er Knoten hineingemacht.

Wir machten an der Bastardella, der vorletzten Kammer, fest. Girolamo saß am Schandeck und schnallte sich ein knapp zwanzig Zentimeter großes Messer an seinen rechten Oberschenkel, zog sich die Sauerstoffmaske über seinen Bart aus Stahlwolle und ließ sich rückwärts ins Meer fallen. Der Raìs folgte den Luftblasen mit den Augen.

Salvatore Spataro wirkte abgespannt. Er trug dieselbe verblichene Jeans und dasselbe rosa und schwarz karierte Flanellhemd, die er schon die letzten drei Tage getragen hatte. Er kratzte sich am Bart; er hatte sich nicht rasiert. Um seinen Rücken zu schonen, kniete er sich auf den Boden des Bootes und legte den Kopf auf die Arme.

»Ich könnte jetzt zwei Stunden schlafen«, sagte er. »Ich habe seit zwei Nächten nicht mehr geschlafen und heute Nacht werde ich auch nicht schlafen.« Er ließ seinen Arm über der Seite des Bootes hängen, sodass ein dickes Goldarmband, sein einziger Schmuck, bis zum Handgelenk rutschte. Sein Handrücken berührte das glatte Wasser und streichelte es, als wäre es die Wange einer Frau. Er starrte ins Wasser, in das Lichtgespinst dort, dann zog er die Hand ins Boot zurück.

Er legte sich auf den Bootsboden, den rechten Arm ausgestreckt, die Handfläche nach oben, die Finger gekrümmt, von denen noch das Wasser abtropfte. Er war ein gut aussehender, viriler Mann und niemand stellte seine Autorität infrage. Dies hier war seine Welt, das Blau um ihn herum, die Festung, die Männer, die auf sein Geheiß arbeiteten, die Sonne, deren Licht sich im Wasser brach.

Die Männer im nächsten Boot waren fünfzig Meter

entfernt. Sie riefen: »Sono entrati!« Einige Fische waren durch die Öffnung geschwommen und vier Männer standen auf und legten sich in die Seile, die so straff gespannt waren wie Zeltleinen, sie schwangen ihre Arme in ganzen Kreisen, erst den linken, dann den rechten, um die Klappe rechtzeitig hochzuziehen. Die Männer in der Musciara spornten sie mit Rufen an. Der Thunfisch schwamm in die Bastardella und blieb dort.

Dann setzte sich der Raìs auf und verlangte nach den zwei rosa Steinen, die er mitgebracht hatte, um sie in die Bastardella fallen zu lassen. »Die Fische werden auf sie zuschießen«, sagte er. Es ging ihm auf die Nerven, dass ich sie Thunfische nannte. »Die Kreaturen unter uns heißen Fische, solange sie im Wasser sind«, sagte er. »Erst wenn sie tot sind, werden sie Thunfisch genannt.« Er warf die Steine über eine Seite des Boots und sah zu, wie sie im Wasser versanken. Kein Fisch ließ sich blicken, aber Girolamo tauchte auf. Er wippte an einer Seite des Bootes auf und ab, lüftete seine Sauerstoffmaske und bat um ein Seil. Dann tauchte er erneut und band das Seil an den sichelförmigen Schwanz eines toten Thunfischs, der sich im Netz verfangen hatte. Sie zogen ihn hoch und hoben ihn an Bord, er war gummiartig und kompakt, seine Haut glatt, seine geschwungene Form vollkommen. Hundert Kilo, schätzten sie.

Um vier Uhr fuhren wir zurück zum Hafen. Ich ging in die Via Roma und kaufte eine Flasche Marsala und ein paar Blumen, um sie mit einem Dankesbriefchen im Büro des Raìs abzugeben. Ich dachte, dass ich am nächsten Tag, bevor ich die Fähre bestieg, nicht die Zeit dafür haben würde. Aber als ich im Blumenladen stand, hielt ein schwarzer Minivan vor dem Haus von Vitos Großmutter nebenan. Ein Trauerzug formierte sich, um den Leichenwagen zur Kirche zu begleiten.

Die Trauernden hielten Gladiolen in der Hand, deren Köpfe zum Boden zeigten. Ich bezahlte meine Blumen, aber der alte Blumenhändler wollte mich nicht gehen lassen. Schweigend drückte er die Tür zu, verschloss sie und ließ die Jalousie herunter. Wir standen im Dunkeln.

Ich fragte ihn nach dem Grund.

»So ist es Brauch«, sagte er. Als der Leichenzug vorüber war, öffnete er die Tür.

An diesem Nachmittag versammelten sich die Tonnarotti im Hof der Camparia. Die alten waren schweigsam, dafür redeten die jungen umso mehr. Franco Castiglione läutete die Glocke, die die erste Mattanza des Jahres ankündigte. Der Raìs war nicht zu sehen. Occhiuzzi rief: »Gepriesen auf ewig sei der Name Ge-sù!« Und die Männer nahmen ihre Mützen ab und schrien dreimal »Gesù!«.

Am nächsten Tag war ich kurz nach Sonnenaufgang in der Camparia. Eine ganze Menge Menschen wartete schon auf die Erlaubnis, ins Langboot zu steigen. Die Tonnarotti nahmen ihre Gaffs, mächtige Stöcke aus Eichenholz mit scharfen, stählernen Widerhaken. Benito schulterte seinen drei Meter langen Enterhaken und legte einen Arm darüber, sodass es aussah wie ein Rüssel über einem Stoßzahn. Heute Morgen würde der Fisch Thunfisch werden.

Ich stellte mich zu den hunderten von Schaulustigen. Pünktlich um sieben Uhr wurden wir in einer langen Reihe von Booten zur Reuse gezogen. Der Raìs saß in der Musciara, dem letzten Boot. An diesem Morgen sah er fünf Jahre jünger aus. Er hatte sich die Haare schneiden lassen, sich rasiert und sein Hemd gewechselt. Nun trug er ein blaues Sweatshirt mit der Aufschrift »Boy America«.

Das Langboot mit den Touristen positionierte sich am westlichen Rand der Kammer des Todes. Die Fischer an dieser Seite zogen das Netz mit einer Winde hoch und befestigten es an ihrem Boot. Man muss sich eine Art Behälter vorstellen, der hundert Meter lang und fünfundzwanzig Meter breit ist, keinen Deckel hat, dafür aber ein Netz, das wie eine viereckige Hängematte von den Rändern herabhängt. Das ist die Kammer des Todes. Das Netz reicht in der Mitte bis zu dreißig Meter in die Tiefe.

Drei kleinere Boote formierten sich an der Nordseite der Kammer des Todes und drei Boote an der Südseite. Das Viereck war nun nur noch nach Osten hin offen. Ich sah, wie Männer in kleinen Ruderbooten das Tor zwischen der Bastardella und der Kammer des Todes senkten. Dann gingen sie auf Beobachtungsposten und warteten, dass die Fische hindurchschwammen.

Das Warten dauerte ewig. Eine dünne, wohlfrisierte Dame stand neben mir, rauchte Kette und warf die Kippen in die Kammer des Todes. Sie schwammen gut sichtbar auf dem Wasser, aber sie schalt einen Jungen, der seine Orangenschale ins Wasser warf. Dann wurde ihr heiß und langweilig, sodass sie ihren Baumwollpullover auszog und sich in einem blauen Seidenhemdchen sonnte. Sie langte in ihre Tasche, holte ein Handy hervor und wählte eine Nummer. Dann sprach sie mit einem Freund und erwähnte mit keinem Wort, dass sie drei Kilometer vor der Küste auf dem Meer war, um eine Mattanza mit anzusehen. Sie hatte nicht das geringste Gespür dafür, wo sie eigentlich war.

Als die Fische in die Kammer des Todes geschwommen waren, zog ein Schlepper ein Langboot wie das unsere in die richtige Position, um das Viereck am östlichen Ende abzuriegeln. Der Raìs und sein Bootskapitän befanden sich allein in der Mitte des Vierecks. Er stand mit dem Rücken zu uns, mit Blick auf die Fischer und die Sonne hinter ihnen, hob langsam beide Arme und rief:

»Aisa!« Da fingen die Fischer gleichzeitig an zu ziehen und zu singen.

Er kommandierte sie, damit das Netz gleichmäßig in die Höhe gezogen wurde. Vierzig Männer standen an einer Seite ihres Langboots. Jeder Mann beugte sich nach unten, ließ einen Arm sinken, hakte seine Finger ins Netz, richtete sich wieder auf, um es an Bord zu hieven, beugte sich dann wieder nach unten und zog das Netz im langsamen Rhythmus eines Liedes nach oben.

Occhiuzzi sang die Strophen. Die Männer antworteten in einem tiefen Bass im Chor: »Ai-a-mola, ai-a-mola.« Zieh, du Maure. Zieh.

Das Lied war alt und der Text fremdartig. Es war eine seltsame Melodie, die nicht für sterbliche Zuhörer gedacht war. Die Tonnarotti sangen zu einem Gott, sie drohten ihm und flehten ihn an. Die Gespräche der Touristen verstummten. Der Raìs rief den Männern etwas zu und betätigte seine Trillerpfeife. Die Männer verständigten sich zwischen den Refrains durch Rufe. Wir bemühten uns, die Worte zu hören, die übers Wasser schallten.

*Jesus Christus und alle Heiligen*
*Und unser heiliger Retter*
*Der Sonne und Mond erschuf*
*Die Menschen erschuf*
*Die Fische im Meer erschuf*
*Den Thunfisch und die Tonnara*
*Ein Versprechen ist eine Verpflichtung!*
*Dieser Gott muss uns helfen*
*Und zu unserer Erlösung*
*Ruhige See und Rückenwind gewähren*
*Um einen sicheren Hafen zu finden*
*Und einen Platz abseits vom Sturm.*

*Dieser Gott muss uns helfen*
*Uns vor dem Bösen schützen.*
*Die große Leben spendende Heilige*
*Die Heilige Jungfrau gebar*
*Und brachte einen gottgleichen Sohn zur Welt.*
Ai-a-mola. Ai-a-mola.

Während sie sangen, wurde das Viereck kleiner und kleiner und die Fischer rückten dem Schwarm immer näher. Dann tauchten die schemenhaften Formen auf, drängten sich zusammen und flitzten immer rund um den Rand der Kammer. Fische, noch in ihrem Element.

*Ein gottgleicher Sohn war geboren*
*Und Jesus genannt.*
*Jesus, bring mir Glück*
*Es währt nicht lang*
*Es ist von kurzer Dauer.*
*Gekrönte Königin*
*Königin der Welt*
*Lass die Dämmerung einen schönen Tag gebären*
*Einen Tag, wie wir ihn schon hatten,*
*Wie wir ihn empfingen,*
*Wie Ostern, wie Weihnachten, die wichtigen Feste,*
*Des heiligen Joseph Weib warst du,*
*Du, heiliger Joseph, warst Marias Mann,*
*Und Maria hilft uns*
*Weil wir ihre Kinder sind.*
*Der heilige Joseph*
*Bringt Axt und Stemmeisen*
*Und in seinen Armen den herrlichen Jesus.*
*Er brachte den gesegneten Jesus.*

Jedes Mal, wenn sie an eine Naht kamen, wo sich die Knüpfung verdichtete, schrie Occhiuzzi: »Cambia!«, und dann wechselten sie das Lied und beschleunigten den Rhythmus. Er sang »Gnazù«, in dem Gott gebeten wird, den Raìs und seine Musciara zu segnen, und verfluchte die »türkischen Hunde«, die einst in diesen Gewässern den Fang raubten und die Tonnarotti kidnappten. Niemand, den ich fragte, wusste, was *gnazù* bedeutete; die Männer sangen es nach jeder Strophe wie ein buddhistisches Mantra.

*Gute Soldaten im Krieg* (Gnazù!)
*Führer im Krieg* (Gnazù!)
*Prächtige Männer, vorwärts mit Liebe!* (Gnazù!)
*Es gibt Rosen und Blumen* (Gnazù!)
*Es gibt farbenfreudige Kleider* (Gnazù!)
*Es gibt kostbare Ornate* (Gnazù!)
*Sei dieses Jahr gesegnet.* (Gnazù!)

Die Oberfläche des Wassers kräuselte sich, dann schnitten Rückenflossen zackige Linien in das seidige Wasser. Die Fischer sangen »Lina, Lina«, ein zotiges Lied über die Tochter des Arbeitgebers. Sie priesen ihre Brüste, ihre Scham, ihre Lippen, ihre Beine und ihre Hüften. Sie war nackt, weil der Fang nicht gut war; ihr Vater aber brauchte Fische für ihre Mitgift. Die Sänger drohten, sie dem Raìs zu geben.

Das kleine Meeresviereck brodelte und schäumte und die Männer hörten auf zu singen. Das Netz war jetzt straff gezogen, sodass das Wasser sich in einer rauschenden Woge auftürmte. Die Menge schrie heiser. Die Frau, der ihr Seidenhemdchen tropfnass am Körper klebte, kreischte halb entzückt, halb entsetzt.

»Spara a tunina!«, brüllte der Raìs, als die Fische auftauchten. Sobald die Gischt rosa wurde, gab er den Befehl zum Töten.

Gioacchino und sein Partner hakten sich in einen Fisch, der größer war als jeder von ihnen. Die Männer arbeiteten jeweils zu acht in fünf Mannschaften, acht Männer für einen Thunfisch, vier an jeder Seite. Das mittlere Paar hatte die kürzesten Gaffs, armlang, und rammte sie dem Fisch hinter den Kiemen in den Leib. Die Schäfte waren unterschiedlich lang, sodass die Männer ganz außen mit ihren drei Meter langen Gaffs den Fisch direkt oberhalb des Schwanzes packen konnten. Sie zogen ihn in die Senkrechte und wenn er aufrecht stand, bildeten ihre Stangen einen spitz auf das Meer gerichteten Winkel.

»Uno, e *due*!« Mit zusammengekniffenen Augen, zu einem Grinsen verzogenen Gesicht und schwellenden Bizeps lehnten sie sich zurück und hievten den Fisch aufs Schandeck. Nun gehörte er ihnen. Der Thunfisch balancierte einen Moment auf dem Schandeck, dann hob und senkte er seinen Schwanz und die Männer fielen übereinander, um ihm auszuweichen. Auf den Bootsplanken trommelte der Thunfisch einen dumpfen Zapfenstreich.

»Oh, wie grausam!«, sagte die Frau mit dem Handy. »Ich werde nie wieder Fisch essen. Dass es so sein würde, habe ich nicht gewusst.« Aber wie wir anderen konnte auch sie ihren Blick nicht abwenden.

Die Männer wetteiferten um die größten Fische. Die erschöpften Tiere trieben auf der Seite auf unser Boot zu und hatten ihre untertassengroßen Augen auf unsere Gesichter gerichtet. Sie schwammen in die Ecken, um zu entfliehen, stießen da aber nur auf das hochgezogene Netz; sie versteckten sich unter der Musciara, wurden aber mit Gaffs hochgezogen. Ich konnte ihr beißendes Fett riechen, sehen, wie ihre Farben verliefen. Das Ganze dauerte etwa eine Stunde.

Als der letzte Thunfisch an Bord war, rief Occhiuzzi: »Gepriesen auf ewig sei der Name Gesù!«, und die Fischer schwangen ihre Mützen und riefen wie aus einem Mund: »Ge-sù!« Ein kräftiger Mann mit schulterlangen, blonden Locken machte einen Salto in die Kammer des Todes. Ich dachte, das sei sein ganz persönlicher Fruchtbarkeitsritus. Die anderen tauchten ihre Glieder in das trübrote Wasser und wuschen sich das warme Blut ab.

An diesem Tag fingen sie 161 Thunfische. »Pochi, ma belli«, sagte der Raìs. Wenige, aber schöne. Die Fischer schütteten Eimer mit zerstoßenem Eis über die Fische, die ihre Langboote zur Hälfte füllten. Dann zog die *Nino*, Castigliones geräuschvolles Dieselboot, die Thunfische nach Tràpani, während ein kleiner Schlepper die Touristen an Land brachte.

Ich packte, räumte mein Iglu auf dem Campingplatz auf, zahlte die Rechnung, gab mein Fahrrad zurück und ging am Nachmittag noch einmal zur Camparia, um mich von dem Raìs und seinen Männern zu verabschieden. Der Raìs schüttelte mir die Hand. »Wenn Sie zurückkommen, warten Freunde auf Sie«, sagte er.

»Es war mir eine Ehre, Sie bei Ihrer Arbeit zu begleiten«, entgegnete ich.

»Das Vergnügen war ganz auf meiner Seite«, antwortete er. »Sind Sie nicht traurig, weil Sie abreisen?«

»Ich habe im stillen Kämmerlein geweint«, sagte ich. Ich würde diese Insel vermissen. Es war eine Miniaturausgabe von Sizilien, fremdartig, grausam und wunderschön.

Ich nahm die Fähre um halb zwei nach Tràpani und stand am Achterdeck, um zu sehen, wie Favignana verschwand. Zweieinhalb Kilometer vor der Küste fuhren wir an den roten und orangefarbenen Bojen vorbei, die die Reuse anzeigten. Fünf Boote waren zur Nachmittagskontrolle auf dem Meer, hatten an den Ankerketten des Netzes festgemacht und schaukelten in der ruhigen See. Die *Nino* fuhr gerade zum Hafen zurück. Ich stellte mich auf eine Sitzbank, winkte mit beiden Armen und rief, aber keiner blickte auf. Sie hielten nach großen Fischen Ausschau. Das Schiff beschrieb einen weiten Bogen um die Kammer des Todes und nach einer kleinen Weile schaukelten die Fischer in der Kielwelle.

# 4

## *September*

Ich konnte es nicht ertragen, die Insel verschwinden zu sehen, ohne mir das Versprechen zu geben, bald zurückzukommen. Im September plante ich, meine Cousine Nella in Santa Margherita Belice, dem Ort meiner Vorfahren, zu besuchen und ein bisschen in Sizilien herumzureisen. Aber zunächst wollte ich ein paar Tage nach Favignana.

Wieder wohnte ich auf dem Campingplatz in einem Betoniglu. Ich hatte gehofft, die Sommerfrischler wären Mitte September schon verschwunden, sodass ich die Insel für mich allein hätte. Aber das Wetter war schön und die Touristen waren deshalb noch da, also verlängerte ich meinen Aufenthalt immer wieder um jeweils zwei Tage, fest entschlossen, so lange an meinem Tisch vor der Bar *Due Colonne* zu sitzen, bis die letzten Bermudas und Sandalen mit Kniestrümpfen verschwunden und nur noch die Einheimischen in Plastiksandalen übrig geblieben waren.

Jeden Morgen kaufte ich den *Giornale di Sicilia* bei Antonio Noto, der einen Laden mit Zeitungen und Büchern auf der Piazza hatte. Die Piazza war das Wohnzimmer des Ortes – ein sonnenüberflutetes Rechteck, gesäumt von vier Bars, ein paar Läden, dem Geflügelschlachter, dem Bäcker, der Bücherei, einer Apotheke, dreistöckigen Wohnhäusern und drei nur für Männer reservierten Klubs, die aus einem Raum mit Informationsmaterialien einer bestimmten Partei, einem Haufen Zeitungen auf einem Tisch und ein paar Aschenbechern bestanden. In der Mitte des Rechtecks verkaufte ein Straßenhändler von einem Wagen aus geröstete Garbanzobohnen und gesalzene Kürbiskerne. Ein Strauß Luftballons schwebte an langen Schnüren, die an seiner fahrbaren Ladentheke festgemacht waren.

Die Nordseite der Piazza wurde von der Fassade der Kirche eingenommen, die ein paar Meter nach links versetzt gebaut worden war, damit die Kanone vom alten spanischen Fort einen guten Durchschuss zum Meer hatte. Die Spanier, die einst über die Insel geherrscht hatten, hatten das Fort nicht weit vom westlichen Ende der Piazza auf den Überresten einer arabischen Festung aus dem elften Jahrhundert errichtet. Wie die Madonna der Tonnarotti beschützte das Fort die Thunfischreuse, allerdings mit schwerer Artillerie, die man auf die Piratenschiffe richtete, welche die Tonnara plündern wollten.

Als Antonios Vater starb, hatte er den Zeitungsladen übernommen, aber im Grunde seines Herzens war er

Fotograf. Alle Poster von der Mattanza und die besten Postkarten von der Insel stammten von ihm. Eines Morgens erzählte Antonio mir, dass einer der Tonnarotti, Clemente, der kräftige Mann mit den goldblonden Locken, private Führungen über die archäologischen Fundstätten der Insel anbot. Clemente war nicht schwer zu finden. Das *Due Colonne* war seine Stammkneipe und außerdem stand er draußen in einer Gruppe Touristen.

Er war achtundvierzig und eine imposante Erscheinung: starkknochig und untersetzt. Sein Gesicht wirkte wie gemeißelt, die Kinnpartie fast quadratisch. Sein Mund war nur eine dünne, gerade Linie, die strahlend blauen Augen lagen tief in ihren Höhlen. Er war der einzige Clemente auf der ganzen Insel. Aber was ihn mehr als alles andere von den restlichen Insulanern unterschied, waren die dicken, blonden Locken, die ihm bis auf die Schultern fielen und sein markantes Gesicht einrahmten. Diese merkwürdige Mischung männlicher und weiblicher Attribute faszinierte alle Neuankömmlinge, mich eingeschlossen.

Ich hatte gesehen, wie er regungslos an der Bar stand und mit seinen dicken Fingern ein Glas mit Prosecco hielt, während Touristen seinen Bizeps befühlten und sein Haar streichelten, als wäre er eine Wachsstatue. »Nein, es ist echt. Nein, ich bleiche es nicht.« Er blieb stets geduldig und höflich.

Ich fand ihn im *Due Colonne*, wo er zu Mittag aß. Wir kamen überein, uns um sechs Uhr abends an der Statue von Ignazio Florio auf der Piazza Europa zu treffen. Dann ging ich zum Strand von Lido Burrone, um dort den Nachmittag zu verbringen. Die Sonne schien heiß, aber es wehte ein kühler Wind. Sanfte Wellen spülten Korallenkiesel an einen rosa Muschelsaum an der Küste.

Um sechs wartete ich, bis Clemente mit seiner riesigen, cremefarbenen Motoguzzi vorfuhr, die röhrte und knatterte. Er gab sich geschäftsmäßig, mit steinerner Miene, und trug eine lockere Trainingshose und ein weißes T-Shirt, das sich über seine Brust und den Bauchansatz spannte. Er grüßte nicht, sondern bedeutete mir mit einem Nicken, aufs Motorrad zu steigen. Dann stützte er seine Beine auf dem Boden ab und bot mir einen Arm mit einem kanonenkugelgroßen Bizeps, damit ich mich aufstützen konnte. Als er losfuhr, blieb mir nichts anderes übrig, als mich um seine Taille zu klammern. Lange, lockige Haarsträhnen flogen nach hinten und kitzelten mich an der Nase. Ich benutzte seinen Rücken als Windschutz; es war, als würde man sich hinter einem Felsbrocken zusammenkauern.

Unser erstes Ziel war eine kleine Grotte auf der Nordseite der Insel direkt gegenüber von Levanzo. Die Römer hatten hier einst Muränen als Speisefische gezüchtet, sagte er. »Zum Spaß setzten sie einen Sklaven hier herein und schnitten ihm ins Bein, dann schmeckten die Muränen das Blut und griffen ihn an. Das Becken war früher mit Mosaiken bedeckt.« In der Dunkelheit der Höhle entdeckte er ein paar Marmorfliesen in stumpfem Schwarz, ganz klein, nur einen Zentimeter groß. Er hob sie auf und gab sie mir. Dann wies er mit seinem Kinn auf einen von Fliegen umsurrten Haufen menschlicher Exkremente im Hintergrund der Höhle. »Jetzt ist es eine Toilette«, sagte er angewidert.

Hier und dort ragte Tuffstein ins Meer. Tuff ist das für die Insel typische Gestein. In den sechs Jahrhunderten vor Christus, als der Meeresspiegel etwa einen Meter tiefer lag, schlugen die damaligen Einwohner der Insel Steinquader zum Bauen aus dem Tuff an der Küste. Dadurch entstanden viereckige Borde, die nun vom Meer ausgewaschen waren. Kinder benutzten die flachen Becken in den Felsen zum Baden. Hier und dort waren Säulen aus Sandstein zu sehen: Sie waren zu weich, um sie zum Bauen zu benutzen, und Einheimische hatten aus ihnen riesige menschliche Figuren modelliert.

241 vor Christus eroberten die Römer hier von den Karthagern das Mittelmeer, sagte Clemente. Bis dahin war das Mittelmeer ein karthagisches Gewässer gewesen.

Die Karthager hatten von den Phöniziern die Kunst des Schiffsbaus geerbt und befuhren das Meer in kufenförmigen Galeeren mit mehreren Ruderreihen. Die Römer hatten kaum Erfahrung in Seeschlachten oder Schiffsbau, also kaperten sie das Schiff von Hannibal, dem Rhodier (nicht zu verwechseln mit dem späteren berühmten Hannibal mit den Elefanten) und machten zweihundert Kopien seiner *Cinquereme*, einer Kriegsgaleere mit fünf Männern an jedem Ruder. Mit dieser neuen Flotte gewannen die Römer die Schlacht um die Ägadischen Inseln. Die Legende besagt, dass Cala Rossa, eine kleine Bucht von Favignana, ihren Namen bekam, als das Meer sich vom Blut der Schlacht rot färbte. Die Römer nahmen die sechzehn Kilometer breite Meerenge zwischen Favignana und Marsala ein, beendeten den Ersten Punischen Krieg und setzten Kurs auf die Befriedung des Westens. Favignana war Zeuge der Gründung des Römischen Reiches.

Danach brachte mich Clemente zu einem kleinen, bebauten Rundfeld, das von halb eingesunkenen Höhlen umgeben war.

»Das ist San Nicola. Hier war eine Stadt. Verstehst du?« Mein Italienisch war besser, als er dachte. Wir hielten und überquerten das gepflügte Feld zu Fuß, stiegen über die konzentrischen Furchen. Der Bauer hatte Bruchstücke von alten Amphoren zutage gefördert – rosafarbene Griffe und glatte Scherben, die in die Rundung meiner Handfläche passten.

»Wie ist es möglich, dass ein Feld voller Amphoren gepflügt und bepflanzt werden kann und nicht für archäologische Untersuchungen geschützt wird?«, fragte ich verwundert.

»Niemand kümmert sich darum«, sagte Clemente.

Die Römer lebten hier nach dem Krieg, fügte er hinzu, aber im sechsten Jahrhundert vor Christus war es ein phönizisches Dorf.

»Sie wohnten unterirdisch. Dies hier war ihre Heimstätte, ihr Friedhof, alles. Sie tanzten auf dieser Piazza und konnten vom Meer aus nicht gesehen werden, weil die Felsen sie schützten. Sie benutzten auch keine Baumaterialien, deshalb existieren ihre Wohnungen noch.«

Außerhalb von jeder Höhle war ein Loch in den Stein gebohrt worden, um dort ein Pferd oder eine Kuh mit einem Seil oder Lederriemen anzubinden. Eine in den Fels gehauene Mulde bildete den Viehtrog. »Ich habe eine Menge Angelhaken aus Bronze in diesen Höhlen gefunden«, sagte Clemente.

Ich folgte ihm zurück übers Feld. Einmal blieb er stehen und kratzte mit seiner Fußspitze in der Erde, um dann das Bruchstück einer phönizischen Glasphiole aufzuheben. Ich hatte solche Phiolen schon in einem Museum auf der Nachbarinsel Mozia, einem ehemaligen phönizischen Stützpunkt, gesehen. Sie enthielten die Asche erstgeborener Kinder, die die Phönizier als Brandopfer ihrem Gott Ba'al darbrachten. Die Scherbe glänzte in seiner Hand. Sie war glatt und irisierend. Clemente gab sie mir und ich steckte sie in die Tasche.

Als wir zu einer zusammengefallenen Mauer kamen, kletterte er auf die andere Seite, drehte sich um, packte mich an den Schultern und hob mich darüber. Wir gingen zu einem alten Brunnen, dessen Öffnung nicht nur ein einfaches Loch war, sondern die Form einer sechsblättrigen Blüte hatte. »Dieser Brunnen gehörte sechs Familien gleichzeitig«, erklärte Clemente, »und jede Familie tauchte ihren Eimer von ihrer eigenen Ausbuchtung aus in den Brunnen.«

Er brachte mich zu einem langen Damm, unter dem sich ein Loch im Boden befand. Er hockte sich hin und sprang dann einen knappen Meter tief in eine Höhle. Ich tat es ihm nach und landete in einem in Stein gehauenen, etwa fünf Qudratmeter großen Raum mit einem knapp metertiefen, ausgetrockneten Kanal. Ein primitives, reliefartig aus dem Stein gehauenes Kruzifix krönte dort eine Weltkugel und eine geheimnisvolle Totenmaske. Clemente hatte dafür keine Erklärung.

Dann stemmte er mich wie ein Gepäckstück zurück ans Tageslicht, kletterte hinter mir hinauf und bückte sich, um eine dünne, grün angelaufene Münze von der Größe eines Groschens aufzuheben.

»Eine römische Münze«, sagte er und steckte seinen Fund diesmal in die eigene Tasche. »Du bringst Glück«, meinte er. »Normalerweise finde ich noch nicht mal phönizisches Glas.«

Clemente erzählte mir, dass die Männer, die vor hundert Jahren damit begannen, Tuffstein für den Export zu schlagen, römische Münzen im Cavallo-Schacht fanden. Da sie aber dachten, sie seien falsch und jemand hätte sie dorthin geschmuggelt, damit sie einen Narren aus sich machten, warfen sie sie weg.

Wieder auf der Motoguzzi fuhren wir die Küste entlang, das aufgewühlte, blaue Meer zu unserer Linken, bis zur Cala Torretta, um dort die phönizischen Felsengräber zu sehen. Sie sahen aus wie kleine Öfen, die in die Felswand gehauen waren. Früher hatten sie Tongefäße mit sterblichen Überresten enthalten. In einem dieser Gräber hatte Clemente versteinerte Schädel gefunden. »Ich fand sogar einmal einen Kinderschädel mit vollkommen intakten Zähnen«, sagte er. »Ich habe ihn gelassen, wo er war.«

Dann ging es wieder aufs Motorrad, um noch einige Höhlen zu besichtigen: In einer waren ein spanisches Wappen und ein Kreuz zu sehen, die tief in eine Wand gemeißelt worden waren; in einer anderen befand sich eine lateinische Inschrift, die zu verwittert war, als dass ich sie hätte lesen können; wieder eine andere hatte eine Inschrift in Neophönikisch aus dem ersten oder zweiten Jahrhundert vor Christus. Die Schrift sah aus wie eine Kreuzung aus Griechisch und Arabisch. Sie war für mich ebenso rätselhaft wie für Clemente. Er war schweigsam und sardonisch, aber höflich. Auf jede meiner Fragen gab er brummelnd die denkbar kürzeste Antwort.

Er trug eine Goldkette mit einer winzigen Aladinlampe.

»Was ist das für ein Anhänger an deiner Kette?«, fragte ich.

»Ein arabisches Salbgefäß. Ich fand es beim Tauchen.«

»Wo bist du geboren?«

»In Caserta, bei Neapel«, dem Heimatort seiner Mutter, doch aufgewachsen war er in Favignana, woher sein Vater stammte.

Fast zwei Stunden waren vergangen. Clemente sprach mit monotoner und widerstrebender Stimme, sodass ich den Eindruck bekam, er wollte die Tour beenden. Also fragte ich nicht weiter. Er ging zu seinem Motorrad, betätigte den Kickstarter, schwang sein Bein über die Maschine und ich stieg hinter ihm auf. Um acht Uhr war der östliche Himmel bereits schwarz; die Sonne war untergegangen, sandte jedoch im Westen noch ihre Farben in den Himmel. Hinter dem Berg wirkte der Himmel wie ein Parfait aus Rosa, Violett und Mitternachtsblau, vor dem sich die Silhouette der Festung abhob. Clemente machte mit mir auf dem Westflügel der Insel eine Sonnenuntergangstour. Die Motoguzzi brummte. Er lehnte sich gegen mich und drehte seinen Kopf, damit ich ihn hören konnte: »Das ist eine feine Signora«, sagte er und tätschelte den Benzintank.

Zurück auf der Piazza Europa bezahlte ich die fünfunddreißig Dollar, dankte und drückte ihm die Hand und er fuhr zurück in sein eigenes Leben.

Den Raìs sah ich in diesem September nicht. Er gehörte zur Tonnara und schien außerhalb dieser Welt nicht zu existieren. Aber sein Cousin, Occhiuzzi, blieb jeden Tag an meinem Tisch stehen, wenn ich meinen Morgenkaffee auf der sonnigen Piazza Madrice an der Kirche trank.

Occhiuzzi war verheiratet, aber ich konnte mir nicht vorstellen, was er außerhalb der Thunfischsaison arbeitete, falls er denn arbeitete. Er hatte ein Boot; wahrscheinlich fischte er. Er hing nicht mit Freunden auf der Piazza herum, aber man konnte ihn oft sehen, wie er mit seinem kleinen Motorroller entschlossen zu einem unbekannten Zielort aufbrach.

Da ich keine Thunfischreuse zu beobachten hatte, blieb mir viel freie Zeit, die ich damit verbrachte, mit dem Fahrrad die Insel zu erkunden und nach einsamen, idyllischen Stränden Ausschau zu halten. Ich wechselte jeden Tag den Strand, je nach dem Wind, der gerade über die Insel wehte. Jeden Morgen warf Occhiuzzi einen Blick auf den Wetterhahn auf der grünen Kuppel der *Chiesa Madre* (Mutterkirche) und teilte mir mit, welche

Strände vom Wind geschützt waren. Aber aus irgendeinem Grund suchte ich nie den Strand auf, den er mir vorschlug.

Gegen vier traf er mich auf der Piazza und fragte: »Wo warst du? Ich bin mit dem Boot rausgefahren, aber du warst nicht da.« Also wusste ich, dass er mich gesucht hatte, und das gefiel mir nicht. Ich wollte nur Ruhe, Frieden und Sonne.

Der nächste Morgen war der letzte meines Aufenthalts, deshalb war ich schon früh auf der Piazza. Occhiuzzi stellte seinen Motorroller ab und kam zu meinem Tisch. Dieses Mal gab er mir die Wegbeschreibung zu einer wunderschönen, abgeschiedenen Bucht, einer blauen Grotte mit weißen Kieselsteinen am Fuße des Berges. »Du wirst den Strand ganz für dich haben«, sagte er. Ich folgte seiner Beschreibung, fuhr mit dem Fahrrad so schnell, wie es ging, hinter die Fischfabrik, schloss es dort ab und ging zehn Minuten einen schmalen Küstenpfad entlang. Ich fand die Bucht und war entzückt. Drei Stunden blieb ich dort.

Da niemand zu sehen war, zog ich meinen Badeanzug aus und verschmolz mit der gelbbraunen Landschaft. Zwergpalmen sprenkelten den Hang. Eine in Fels gehauene Treppe führte hinunter zum Meer. Ich setzte mich auf die Stufen und schloss die Augen. Als ich sie wieder öffnete, wähnte ich mich im Paradies. Das Wasser war leuchtend türkis. Ich dachte, ich müsste platzen: So viel Schönheit konnte ich gar nicht aufnehmen. Aber in regelmäßigen Abständen suchte ich den Horizont nach einem näher kommenden Fischerboot ab, in der unbestimmten Erwartung, Occhiuzzi könnte übers Meer anrücken.

So war ich immer noch nackt, als ich ihn zwanzig Meter hinter mir meinen Namen rufen hörte. Er war vom

Land her gekommen, in Badehose, nach dem Mittagessen. Wie ein Verkehrspolizist hielt ich eine Hand in die Höhe. »Stopp!«, rief ich. Er sah zu, während ich mir den Badeanzug überstreifte. Dann schlenderte er mit einem Handtuch in der Hand zu mir herunter.

»Nettes Pony«, sagte er, weil er das tätowierte Pferd auf meinem Rücken gesehen hatte. Er roch nach Zwiebeln und Schnaps. Ich sah, dass sein Blick an mir heruntерglitt, meine Makel taxierte.

»Was ist das?«, fragte er. Auf meinem Oberarm waren vier kleine, blaue Flecken in einer Reihe zu sehen. Ich hatte sie bis dahin noch nicht einmal bemerkt. Ich dachte kurz nach.

»Oh! Das war Clemente!« Occhiuzzi blickte eifersüchtig drein. Ich erklärte ihm, dass Clemente mich über eine Mauer gehoben hatte, als er mir gegen Bezahlung die Höhlen zeigte. Occhiuzzi presste die Lippen zusammen. Ich war mit Clemente allein gewesen. Der hatte seinen Zug schon gemacht.

»Sieh mal«, sagte ich. »Ich bin Journalistin. Ich möchte hierher zurückkehren, hier leben und ein Buch schreiben und ich will keine Probleme haben.«

»Ein Buch über Favignana?«

Ich nickte.

»Und dort kann man alles lesen? Auch dieses Gespräch?«

»Ja.«

Ich forderte ihn auf, schwimmen zu gehen, um ihm zu zeigen, dass ich keine Angst hatte. Aber ich hatte Angst. Ein Bad im eiskalten Wasser würde ihm gut tun.

»Ich kann nicht ins Wasser. Ich habe gerade erst gegessen«, sagte er.

Er tauchte seine Hand ins Meer und bespritzte mich. Dann berührte er mein Gesicht und strich mir das Haar glatt. Ich erstarrte wie ein Reh im Scheinwerferlicht. Er wich zurück.

»Es ist ganz natürlich, wenn ein Mann eine Frau fragt, ob sie mit ihm schlafen will, richtig?«

»Richtig«, sagte ich lahm. Auf dieser Insel kam keinem Mann in den Sinn, seine animalische Natur zu verleugnen. Es war seine Pflicht, einen Annäherungsversuch zu machen. Ein ganz normaler Vorgang.

»Ti saluto«, sagte er. Ich gehe, auf Wiedersehen. Aber er ging nicht. »Du willst nicht mit mir schlafen?«

Ich schüttelte den Kopf.

»Dann gehe ich jetzt.« Er bot mir seine Hand und ich ergriff sie. Ich war in einer schrecklichen Lage. Occhiuzzi war ein *capoguardia*, einer der beiden Stellvertreter des Raìs, und außerdem sein Cousin. Ich war auf sein Wohlwollen angewiesen, wenn ich Zugang zur Tonnara haben wollte. »Du bist okay«, sagte ich.

»Ich weiß. Ich bin ein guter Mann.« Und dann ging er.

Eine halbe Stunde später radelte ich durch den Ort zum Hafen, um mir eine Fahrkarte nach Tràpani zu kaufen. Ich bewegte mich ganz mechanisch, wie ein Roboter, wie die Hinterbliebenen bei einem Begräbnis, tat einfach, was getan werden musste. Ich hatte meine Insel gefunden und ich wollte für immer bleiben. »Partire è un po' morire« heißt es hier. Gehen ist ein bisschen wie sterben. Du gehst und der Ort lebt ohne dich weiter.

Der Lieferwagen vom Campingplatz brachte mein Gepäck zum *Due Colonne*, wo ich mit Cristina und Stefano, den zwei Besitzern, ein letztes Bier trank und Abschied feierte. Ich weinte, als ich Zu Isidoro mein Fahrrad zurückbrachte. Er gab mir einen Rabatt und sagte: »Sie wissen ja, Sie können immer zurückkommen.«

Ich wartete bis zur letzten Minute, dann rannte ich

zum Hafen. Vollkommen nass geschwitzt kam ich mit dem Gepäck in der Hand dort an und stieg als Letzte an Bord des Tragflügelboots.

Clemente und Occhiuzzi aber rührten sich keinen Schritt von der Piazza, verabschiedeten sich noch nicht einmal, obwohl sie mich beide sahen, bevor ich ging. Sie wussten, ich würde zurückkommen.

# 5

## *Taue und Netze*

Den Winter über konnte ich mit Gelegenheitsjobs genug Geld zur Seite legen, um mir im Frühling 1994 für vierzig Tage ein Haus auf Favignana zu mieten. Ende April kehrte ich zurück, dieses Mal, um zu sehen, wie die Sperrnetze ausgelegt wurden. Als wir uns der Insel näherten, stand ich an Deck der *Donatello* und hielt nach der Thunfischreuse Ausschau. Die mittlerweile vertraute Silhouette der Insel wurde immer größer und dort, im dunkelblauen Wasser, sah ich die orangefarbenen Bojen, aufgereiht wie Signalleuchten auf einer Landebahn.

Aufgeregt wartete ich im Frachtraum der Fähre, dass sich die Ladeluke endlich öffnen würde. Im *Due Colonne* begrüßte mich Cristina wie eine alte Freundin. Sie hatte das schon mehrfach erlebt: Leute, die ihre Insel besuchten und dann immer wieder kamen. Ich kenne einen Mann, der nach seinem ersten Besuch hier seine Stelle als Architekt auf dem italienischen Festland aufgab und für immer nach Favignana zog. Ich trank meinen Wilkommens-Campari und überflog auf dem Pinnbrett die Postkarten von all den Leuten, die gerne hier wären. Cristina hätschelte ihre Kunden. Wie auch ich waren viele von ihnen ihre Freunde geworden.

Ich ging über die Piazza zum Fremdenverkehrsamt, weil ich mir ein Zimmer im Haus eines Fischers mieten wollte. »Das ist nicht möglich«, sagte die Frau an der Empfangstheke. Stattdessen händigte sie mir eine Liste von Einheimischen aus, die ihre Zweitwohnungen vermieteten. Das war eine wichtige Einkommensquelle auf Favignana. Preise waren nicht aufgelistet. Wahrscheinlich würde es zu teuer für mich sein, ich entschied mich jedoch, es zu versuchen. Ich pickte einen Namen heraus und wählte die dazugehörige Nummer. Michele Ingrassia sagte, er hätte genau das Richtige für mich.

»Wie viel?«, fragte ich.

»Sie werden es sich leisten können. Sehen Sie es sich einfach mal an.«

Er holte mich zusammen mit Frau und Tochter auf der Piazza ab und fuhr dann die fünf Kilometer bis zur östlichsten Spitze der Insel, vorbei an alten Tuffsteinbrüchen, an schokoladenbraunen Pferden und einer Herde sahnefarbener Kühe, vorbei an Feldern von Mohn- und Butterblumen, an Pinienhainen und geraden Steinwänden. Wir hielten vor einem schmiedeeisernen Tor. Durch die Gitter sah ich ein verputztes Steinhaus, das sich weiß gegen das kobaltblaue Meer abhob. Auf der anderen Seite der Meerenge konnte ich verschwommen den grauen Umriss Siziliens erkennen. Das Haus stand auf einer Insel aus Sandstein inmitten einer riesigen Grube, die durch zwei mittlerweile aufgelassene Tuffminen entstanden war, welche Ingrassias Vater und Großvater bearbeitet hatten.

Michele schloss das Haus auf: ein Esszimmer, ein großes und ein kleines Schlafzimmer, dazu ein Badezimmer, allerdings war die Dusche draußen, außerdem eine vollständig eingerichtete Küche mit Espressokanne, Durchschlag, Käsereibe und Mörser nebst Stößel zum Knoblauchquetschen.

Eine schattige Veranda ging zur Straße hinaus, während zwei weiß getünchte Terrassen sich nach hinten hin erstreckten. Eine Leiter führte aufs Dach. Duftende Pinien, rote Geranien und weiße Callas wuchsen in dem gepflegten Garten. Das Haus hatte außerdem ein kleines Fahrrad mit dazugehöriger Luftpumpe und sollte für fünfundzwanzig Dollar am Tag mir gehören, weil es so weit vom Ort entfernt lag. Ich wusste, es war doppelt so viel wert, doch ich konnte es mir einfach nicht leisten.

»Wie viel können Sie bezahlen?«, fragte er.

»Fünfzehn Dollar am Tag.« Und das Geschäft war perfekt. Ich musste noch eine Nacht im Schlafsaal des Campingplatzes übernachten, weil Signora Ingrassia das Haus sauber machen wollte. (Für mich sah es sauber aus.) Sie brachten mich zum *Due Colonne* zurück, damit ich mich nach der langen Reise ausruhen konnte. Dort sah ich Angelo, Clementes fünfundzwanzig Jahre alten Sohn, und fragte ihn nach seinem Vater.

»Er ist zu Hause im Bett. Ihm geht es nicht gut«, sagte Angelo. Angelo war groß und dünn und hatte die blonden Locken seines Vaters, wenn sie auch nicht so lang waren. Ich sandte seinem Vater Grüße. Eine Nonne in einem grau-schwarzen Gewand kam von einem kleinen, sonnigen Hinterhof, wo ein Kinderfest stattfand, in die kühle Dunkelheit der Bar. Sie bot mir ein Stück Eistorte an.

Am nächsten Morgen war ich schon um sechs Uhr auf und ging zur Camparia. Girolamo, der Taucher der Tonnara, fuhr bereits im Taucheranzug mit seinem offenen Geländewagen an mir vorbei, hielt an und nahm mich zur Arbeit mit.

Die Männer hatten ihre Mopeds und dreirädrigen Lieferwagen an der Wand des Bootshauses geparkt. Kaffee hatten sie schon getrunken, jetzt standen sie in Grüppchen zu zweit oder zu dritt herum, rauchten Marlboros und warteten darauf, dass das Tor sich öffnete. Es war windig; auf den Schaumkronen der Wellen flogen Möwen auf und nieder. Punkt sieben Uhr drehte der Pförtner mit dem blauen Filzbarett einen riesigen Schlüssel im Vorhängeschloss und ließ die drei Meter hohe Eisentür aufschwingen.

Ich grüßte Occhiuzzi. Wir beide taten so, als wäre nichts geschehen, und mir war das ganz recht. Ich grüßte die Männer, die ich im Frühjahr zuvor in der Musciara des Raìs kennen gelernt hatte. Die anderen warfen mir verstohlene Blicke zu; sie wollten nicht aufdringlich sein. Mit einer neuen Rede im Hinterkopf ging ich direkt zum dunklen Büro des Raìs.

Er saß mit einem Flanellhemd und einer Elmermütze mit hochgebundenen Ohrenklappen hinter seinem Schreibtisch, aber dieses Mal stand er auf, um mir die Hand zu geben. Im letzten Jahr, erklärte ich, sollte die Tonnara ein Kapitel in einem Buch über unbekannte Plätze in Sizilien abgeben. Ich schrieb dieses Kapitel und es kam gut an. Aber dann hatte ich beschlossen, dass die Tonnara ein eigenes Buch verdiente.

»Es ist ein so alter und bizarrer Akt und Sie gewährten mir das Vorrecht, es von innen her zu sehen. Ich bin für vierzig Tage gekommen. Dieses Mal möchte ich sehen, wie die Netze ausgelegt werden, wie die Anker ins Wasser kommen und was alles vor der Mattanza geschieht. Ich möchte in die Kultur der Tonnara eintauchen und versuchen, sie zu verstehen. Vielleicht sind Sie der letzte Raìs. Ich möchte zeigen, wie sich die Tonnara im Laufe der Jahrhunderte verändert hat und damit auch Ihre Aufgabe.« Ich hatte im Winter ein paar Nachforschungen betrieben.

»Einst«, fuhr ich fort, »war die Autorität des Raìs unumstritten, doch das ist heute nicht mehr so, denke ich. Zuerst kamen die Gewerkschaften und jetzt können Sie noch nicht mal eine Mattanza ansetzen, bevor das Kühlschiff der Japaner am Horizont auftaucht. Denn heute regieren die Japaner; die ausländischen Märkte sind entscheidend.«

Ich hatte einen Nerv getroffen. Die Japaner kauften alle großen Thunfische von Castiglione.

»Ich bestimme hier und Sie müssen das begreifen!« Er war wütend.

»Aber stimmt es nicht, dass Sie die Ankunft des japanischen Kühlschiffs abwarten, bevor Sie eine Mattanza ansetzen?«

»Ich kann eine Mattanza anordnen, wann immer ich will«, sagte er.

Nun, da ich seine Aufmerksamkeit gewonnen hatte, beschloss ich, mich mit den anderen Fragen vorzuwagen, die ich mir vorher notiert hatte.

»Wie kommen Sie mit Castiglione zurecht?«

»Wir kommen gut miteinander aus«, sagte er. »Unser Verhältnis ist vollkommen geklärt.«

»War es schon immer Ihr Traum, Raìs zu werden?«

»Nein, das nicht. Ich hätte nie gedacht, Raìs zu werden. Es passierte ganz einfach. Ich wollte die Verantwortung nicht. Als ich 1986 anfing, war ich gerade mal sechsunddreißig.«

»Erkannten die Männer Ihre Autorität an? Sie waren schließlich ziemlich jung.«

»Die Männer erkannten mich an, sogar die ältesten.«

»Ziehen Sie Befriedigung aus Ihrem Beruf?«

»Enorme Befriedigung!«

»Bei welcher Gelegenheit?«

»Wenn ich eine schöne Mattanza zustande gebracht habe. Wenn die Arbeit gut läuft.«

»Was macht eine schöne Mattanza aus?«

»Viel Thunfisch. 1989 fingen wir 694 Thunfische bei einer einzigen Mattanza.«

In einem normalen Jahr wäre das mehr als der halbe Ertrag einer ganzen Saison. Er zog die oberste Schublade auf der rechten Seite seines Schreibtischs auf und nahm ein Buch heraus, in dem er aufgeschrieben hatte, wie viele Fische er in seinen Jahren als Raìs bei jeder einzelnen Mattanza gefangen hatte.

In diesem Moment trat Clemente humpelnd aus dem Sonnenlicht zu uns. Er hatte sich das Haar bis über die Schultern wachsen lassen. Er war in einen Unfall verwickelt worden; eine Nonne war in einer Kurve so an ihm vorbeigerast, dass er und seine Motoguzzi in einen Graben gefahren waren. Das riesige Motorrad war zweimal über ihn hinweggerollt und möglicherweise war sein Fuß gebrochen. Die Haut an seinen Oberarmen war abgeschürft. Der Raìs wies ihn an, sich ein paar Tage krank zu melden. Dann rief er jemanden über sein Funktelefon an.

»Soll ich rausgehen?«, fragte ich.

Er grinste. »Nein. Ich rufe kein Mädchen an.«

Ich blieb da, um bei der Arbeit zuzusehen. Das rechteckige Gerüst der Reuse war schon im Wasser, aber sonst war noch nicht viel getan. Occhiuzzi erklärte mir, was nun geschehen würde.

»Zuerst kommt das Gerüst ins Wasser, dann die Schwimmer und Ankerketten, dann die Anker und die Steine, die sie an Ort und Stelle halten, und dann erst werden die Netze an den Ankerketten aufgehängt. Wenn das Gerüst steht, braucht man zweieinhalb Stunden, um zweieinhalb Kilometer Netz aufzuhängen. Das geht ganz leicht.«

Die Reuse und die Sperrnetze mussten jedes Jahr zum Lagern und Reparieren eingeholt werden. In jedem Frühjahr wurden die Netze wieder zusammengenäht, neue Ankersteine wurden gehauen und die Ketten und Schwimmer wurden aneinander befestigt und aufs Meer gebracht.

Die Netze lagerten in einem meiner Lieblingsgebäude gegenüber vom Tor. Das Innere des Gebäudes sah aus wie der Bauch eines Wals, höhlenartig, gewölbt und gerippt mit hohen Spitzbögen, die seltsamerweise die gleiche Form hatten wie der Oberkiefer eines Thunfischs. Es wirkte eher wie eine Kathedrale und nicht wie ein Lagerhaus; Tonnen von Netzen türmten sich bis zur über zehn Meter hohen Decke.

Ich ging ohne Begleitung ins Netzhaus. Drinnen herrschte den ganzen Tag über Dämmerung; das Licht aus den nackten Glühbirnen, die in regelmäßigen Abständen von Querbalken an der Decke hingen, konnte nicht den ganzen Raum erleuchten. Der Boden bestand aus dunkelroten Backsteinen. Eine Wolke aus sanftem Tageslicht trieb durch einen Lichtgaden. Die Luft funkelte von Staubkörnchen und getrockneten Fischschuppen.

Hell wurde es, wenn die Tonnarotti das große Flügeltor öffneten, um ein Netz hinauszutragen; die zwanzig Spitzbögen fingen das Licht auf und schienen zu leuchten. Genau solche Spitzbögen hatte ich schon in der Cappella Palatina in Palermo und im Dom von Monreale gesehen. Ich hatte das Gefühl, unter ihnen schweben zu können.

Drei Männer erkletterten die Spitze des westlich gelegenen Haufens, wo die Sperrnetze, La Coda und La Costa, lagerten. Sie warfen einen Abschnitt herunter, der ordentlich aufgerollt und an jedem Ende mit einem straff gedrehten Seil zusammengebunden war. Auf dem Boden zogen sie ihn zu seiner ganzen Länge von zehn Metern auseinander und schnitten die Seile auf, die ihn zusammenhielten. Wenn drei dieser Abschnitte der Länge nach zusammengenäht wurden, erstreckten sie sich etwa dreißig Meter tief von der Oberfläche des Wassers bis zum Meeresgrund. Hunderte dieser dreiteiligen Netze, die seitlich aneinander genäht wurden, bildeten zwei Sperrnetze. Die Coda war das Endstück, das die drei Kilometer vom Hafen von Favignana bis zum Eingang der Reuse einnehmen würde. Die Costa würde an der Nordküste der Insel entlangführen und sich fünf Kilometer weit nordöstlich erstrecken, bis in die starken Strömungen, die die Fische in die Reuse trieben.

Die Männer untersuchten die Netze auf Löcher, reparierten sie, nähten sie dann zusammen und brachten Ketten am unteren Ende und Schwimmer am oberen Ende an. Gewichte sollten die Netze auf dem Meeresboden festhalten, Ankerketten die Gewichte mit den Schwimmern verbinden und so die Netzwände aufrecht halten. Neuerdings waren die Netze aus Nylon und die Schwimmer aus Plastik, aber früher war die gesamte Reuse aus Sisal und indischer Kokosfaser und die Schwimmer waren aus sardischem Kork. Diese brachten viel mehr Arbeit mit sich – eimerweise musste frisches Wasser auf die Netze geschüttet werden, bevor sie getrocknet und dann gelagert wurden. Sie verrotteten schnell und mussten ausgetauscht werden. Der Raìs musste früher jährlich ein

Drittel der Reuse erneuern. Jetzt bestanden die Netze aus glänzendem Nylon und nur ein Fünftel der Reuse wurde jedes Jahr ersetzt.

Ich stellte mich dem Pförtner vor, der im Netzhaus auf einem niedrigen Holzhocker neben einigen Rollen goldfarbener Seile aus Kokosfaser Platz genommen hatte. Sein Name war Giuseppe Aiello und er war zweiundsechzig Jahre alt. Er sagte, er benutze für einige Dinge noch Seile aus Kokosfaser: für die Ankersteine, die damit an die Netzwände gebunden wurden, und für die *Ancera*, das vorhangartige Netz, mit dem der Thunfisch in die Kammer des Todes getrieben wurde. »Kokosfaser verheddert sich nicht«, sagte er. Aiello war gerade mit den Ankertauen zugange. Er legte einen steifen Strang des Seils auf einen Baumstumpf und hackte jeweils eine Schlaufe der Rolle mit einer Axt ab, damit die Stücke immer gleich lang waren. Jedes Mal, wenn er ein Stück abhackte, roch ich einen Hauch von Pinienduft. »Seepinie«, sagte er und hackte mir ein Stückchen ab, damit ich daran riechen konnte. Heute liegt es auf meinem Schreibtisch.

Er machte dreitausendfünfhundert *capizaghi*, die dünnen Seile, die die Ankersteine am Netz befestigen. Noch drei Jahre zuvor musste er siebentausend *capizaghi* pro Saison herstellen, aber in den letzten drei Jahren hatte eine dicke Metallkette fast die Hälfte der teuren und unwiederbringlichen Tuffsteinblöcke ersetzt. Aiello schnitt seine Stücke, wickelte ein noch dünneres Seil um die ausgefransten Enden jedes Stücks und verknotete sie straff. Eine mühselige Arbeit.

In diesem Jahr war der jüngste Tonnarotto neunzehn und der älteste vierundsiebzig. Einige Tonnarotti waren ihr ganzes Leben lang Fischer gewesen, einige hatten als Seemänner die ganze Welt bereist, andere wieder hatten eine Zeit lang oder auch nur den Winter über in Deutschland gearbeitet, in Bergwerken, Fabriken oder auf dem Bau. Die meisten hatten die Insel ein paar Jahre verlassen und woanders arbeiten müssen, um sich hier ein Haus bauen zu können. Einige von ihnen besaßen nun mehrere Häuser, die sie im August an Touristen vermieteten.

Die älteren, welche schon ihr ganzes Leben lang als Fischer oder Seemänner gearbeitet hatten, kamen in Baskenmützen, blauen Arbeitskitteln und verschlissenen Latzhosen zur Arbeit. Die jüngeren tauchten in ihren schmutzigsten Jeans auf, die sie mehrere Tage hintereinander trugen, bis ihre Mütter oder Ehefrauen sich zu sehr schämten, sie damit aus dem Haus zu lassen. (»Die Erscheinung eines Mannes ist der Spiegel seiner Frau«, sagen die Frauen hier.) Als Arbeitsschürzen dienten ihnen Taschen aus Sackleinen, die sie sich mit Kokosseilen um den Bauch banden.

Sie streckten einen Netzabschnitt nach dem anderen der Länge nach auf dem Mittelgang aus und schnitten das Seil durch, das das Netz wie ein Akkordeon gefaltet zusammenhielt. An jedem Ende schnitten vier Männer mit gezackten Küchenmessern, die sonst in ihrer Brusttasche steckten, die Knoten durch, die die Gewichte oder Schwimmer im Jahr zuvor am Netz festgehalten hatten. Es dauerte stundenlang, die Netze nach Löchern abzusuchen. Wenn eins gefunden wurde, riefen sie »Ferma!« (Stopp!), und Occhiuzzi tauchte sofort mit einer Spezialnadel auf. Mit tief ins Gesicht gezogener Strickmütze und entschlossener Miene nähte er so schnell das Loch zu, dass seine Hände nur so flogen.

Occhiuzzi hatte es eilig und trieb die Männer an. Hätte er eine Peitsche gehabt, er hätte sie längst zerbrochen. An diesem Morgen machten sie dreizehn Netzabschnitte fertig, mehr, als sie normalerweise an einem ganzen Tag schafften. Die Tonnarotti kletterten wie die Ameisen die Netzhügel hinauf und hinunter und stimmten immer wieder das eine oder andere Lied an. Sie schienen glücklich und voller Frühlingsgefühle. Die Spaßvögel unter ihnen knoteten den anderen die Schnürsenkel zusammen und fielen um vor Lachen, wenn jemand stolperte.

Draußen auf dem hellen, windigen Hof breiteten zwei Männer, die sich die Kapuze eng ums Gesicht gezogen hatten, zwanzig Meter lange Kordelstücke auf dem Boden aus, während eine geräuschvolle Maschine mit Dieselmotor sie zu einem Tau zusammenflocht. Jede Seilart, die sie benutzten, hatte bei ihnen einen Namen, ebenso jede Seildicke und jedes Werkzeug, das die Seile flocht, schnitt oder maß. Zu Massino wickelte ein neues Tau auf und legte es auf einen Stapel mit anderen Taurollen, der an einer Wand lehnte. Im Verlauf der Jahre hatten die Taue eine zylindrische Ausbuchtung in die Steinwand gescheuert.

# 6

# *Mensch und Thunfisch*

Die Wurzeln der Tonnara reichen bis in die Prähistorie zurück und breiten sich unter allen Kulturen rund ums Mittelmeer aus. Das viertausend Jahre alte Bild eines riesigen Thunfischs in Levanzo ist das früheste Zeugnis der Thunfischjagd in dieser Gegend. Aber nach den Wandmalereien verschwindet die verschlungene Geschichte von Mensch und Thunfisch erst einmal für Tausende von Jahren.

Im fünften Jahrhundert vor Christus prägten die Karthager und Phönizier Thunfische in ihre Münzen. Aischylos' Tragödie *Die Perser* enthält einen Hinweis auf die Thunfischjagd. Als ein Bote den Griechen von der schrecklichen Niederlage der Perser bei Salamis berichtet, sagt er: »Der Strand und die Felsen sind von Leichen bedeckt und die übrig gebliebenen Schiffe der Barbaren fliehen in einem heillosen Durcheinander, sodass die Hellenen die Reihen des Feindes mit Rudern und Treibgut schlagen, wie sie es mit gefangenem Thunfisch oder Fischen im Netz tun.«

350 vor Christus beschrieb Aristoteles die Wanderung des Thunfischs vom Atlantik zum Bosporus, wo er, so versicherte Aristoteles, sich vermehrte. Plinius der Ältere berichtete in der Mitte des ersten Jahrhunderts, dass Ammen die Kinder in ihrer Obhut gern mit gehackter Thunfischleber fütterten, damit sie groß und stark wurden. Strabon, ein griechischer Geograph zur Zeit der Römer, beschrieb in der letzten Hälfte des ersten Jahrhunderts vor Christus, dass die Phönizier bis nach Gibraltar vordrangen, um die Thunfischschwärme dort abzufangen, und dass sie eine Anlage zum Einsalzen von Thunfisch im spanischen Cádiz bauten. Plutarch erklärte zur selben Zeit, dass Thunfische in perfekter arithmetischer Ordnung schwömmen, »um in inniger Verbundenheit zusammenzubleiben«.

Im zweiten Jahrhundert nach Christus beschrieb der naturalistische Dichter Oppian von Kilikien in seinem Traktat »Über das Fischen« eine römische Tonnara:

> »Tief im Wasser befinden sich Netze, die wie eine Stadt angeordnet sind. Es gibt Räume und Tore, Tunnel, Vor- und Hinterhöfe. Die Thunfische kommen in großer Eile angeschwommen, zusammengedrängt wie eine Phalanx von Männern, die in einer Reihe marschieren: es gibt junge, ausgewachsene und alte. Und ohne Zahl schwimmen sie in die Netze und die Bewegung hört erst auf, wenn … es keinen Platz mehr für

Neuankömmlinge gibt; dann wird das Netz hochgezogen und man hat einen großen Fang ausgezeichneten Thunfischs gemacht.«

Die besten Thunfische aber wurden dem Meeresgott Neptun geopfert.

In diesen Zeiten war das Mittelmeer eine unerschöpfliche Nahrungsquelle sowohl für den Menschen als auch für den wandernden Thunfisch. Oppian schrieb von einer unglaublichen Menge Sardinen, von denen sich der Thunfisch ernährte: »Der Zusammenstoß mit solchen riesigen Fischschwärmen brachte Schiffe zum Stehen, als wären sie auf einen Felsen aufgelaufen; manchmal blieben die Ruder trotz aller Anstrengungen in dieser Masse einfach stecken.«

Die Byzantiner erließen das erste Gesetz zum Schutz einer Tonnara und verboten das Fischen in der Nähe privater Thunfischreusen; ein Hinweis auf deren wirtschaftliche Bedeutung.

Im Jahr 807 gründeten nordafrikanische Araber die Tonnara von Favignana, möglicherweise gab es jedoch schon vorher nicht dokumentierte Anlagen. Im frühen neunten Jahrhundert entstanden neue Tonnaras in Sizilien, Afrika und Spanien. Die Araber gaben den Tonnaras Musik und Terminologie, aber technische Innovationen kamen nicht von ihnen.

Erst die Ankunft der Normannen in Sizilien im elften Jahrhundert brachte dem Fischfang einen nennenswerten Entwicklungsschub. Roger II., der erste König von Sizilien, beanspruchte die Tonnaras für die Krone, doch verpachtete er sie häufig an Privatpersonen, um zu Geld zu kommen. Der König führte auch den Zehnten für den Bischof von Mazara ein, der heutigen Provinz von Tràpani, den alle Tonnaras in dieser Diözese entrichten mussten. Der Bischof seinerseits gewährte allen Tonnarotti einen besonderen Dispens, damit sie während der Frühlingssaison auch am Sonntag arbeiten konnten. Außerdem drohte er mit Exkommunikation und ewiger Verdammnis, wenn die zehn Prozent Abgaben zu spät kamen.

Im Jahr 1176 gab Wilhelm II. von Sizilien den Benediktinern des Klosters von Monreale die Tonnara der Isola delle Femmine (Haueninsel) in der Nähe von Palermo. Der Erlös daraus machte den Abt so reich, dass er der größte Landbesitzer Siziliens nach dem König wurde. Gesalzener Thunfisch aus Sizilien und Schiffszwieback aus sizilianischem Weizen bildeten den Proviant aller Seeleute im Mittelmeer. Der Erfolg der Tonnaras hielt auch die berühmten (und immer noch vorhandenen) Salzpfannen von Marsala in Betrieb. Im dreizehnten Jahrhundert wurde der Thunfisch, der in den sizilianischen Tonnaras von Castellammare, Monte Cofano, Bonagia, San Cusumano, San Giuliano, Scopello, Palazzo, Favignana, San Teodoro, Magazinazzi, Siccara, Carini, Capo Boeo, Mazara und San Vito gefangen wurde, im Salz von Marsala konserviert.

1266, während der Regentschaft des französischen Herrscherhauses der Anjou, war der Ertrag der Tonnaras so hoch, dass Sizilien anfing, gesalzenen Thunfisch nach Neapel zu exportieren. Um 1314 katapultierten Piratenschiffe, die in entlegenen Buchten der Ägadischen Inseln verborgen lagen, die Tonnara von Favignana eine Weile aus dem Geschäft. Trotz der Bedrohung, die von den Briganten ausging, blieben Thunfischreusen jedoch ein wichtiger Ertragszweig auf Sizilien und eine Einnahmequelle für den König. Um den Geldfluss nicht versiegen zu lassen, wurde mittels eines Gesetzes verfügt, dass die Arbeiter einer Tonnara, vom Raìs bis zum letzten Ladenjungen, während der Frühjahrssaison weder straf- noch zivilrechtlich verfolgt werden durften.

Die Tonnarotti im Mittelalter arbeiteten genau wie heute für einen Lohn, der in einem Saisonvertrag festgelegt wurde, und bekamen außerdem einen Prozentsatz vom Thunfisch selbst und von den kleineren Fischen, die versehentlich im Netz gelandet waren.

Ab 1400, als Sizilien unter spanische Herrschaft kam, wurde Thunfischfleisch in Olivenöl aus Djerba konserviert, einer Insel vor der tunesischen Küste, die im Mittelalter zuzeiten denselben Herrscher hatte wie Sizilien. Die spanischen Herrscher verkauften Adelstitel und Tonnaras, um Kapital aufzubringen. 1638 zahlte die Familie Stella sechzigtausend *scudi* für eine Tonnara bei Tràpani und einen Baronstitel. Zu jener Zeit waren sechzigtausend Scudi weit mehr als das, was der spanische König durch Steuern auf sein Hauptexportgut – Weizen aus Sizilien – in einem guten Jahr einnahm.

Spanien hatte sich durch seinen Krieg in den Niederlanden verschuldet und lieh sich Geld von Camillo Pallavicino, einem Patrizier aus Genua, der als Sicherheit die drei Ägadischen Inseln inklusive Favignana und die dazugehörige Tonnara akzeptierte. 1637 forderte Pallavicino seine Schuld ein und nahm die Inseln in Besitz.

Im neunzehnten Jahrhundert heiratete ein Erbe des Marquese Pallavicino in die aus Bologna stammende Familie Rusconi ein, sodass die Ägadischen Inseln in ihren gemeinsamen Besitz übergingen. Zur selben Zeit war Vincenzo Florio der aufstrebende Stern in den Finanzkreisen Palermos. Florio, Siziliens Rockefeller, machte sein Vermögen mit Chinin, dem neuen Heilmittel gegen Malaria, vergrößerte dieses Vermögen aber in verschiedenen Geschäftszweigen. Er erkannte, dass der Reichtum vieler Spanier auf die Tonnaras zurückzuführen war, sah aber auch, dass sie ineffizient geführt wurden, da es seit der Römerzeit keine technischen Erneuerungen gegeben hatte. Er war davon überzeugt, mit einigen Innovationen die Erträge steigern zu können.

1829 kaufte Vincenzo Florio die Tonnara von Arenella bei Palermo und pachtete die nahe liegenden Tonnaras von Vergine Maria, San Nicolo und Solanto. Weiter im Westen, in der Provinz von Tràpani, pachtete er die Thunfischanlagen von Favignana, Formica, Scopello und San Giuliano. Dann begann der dreißig Jahre alte Unternehmer, sich umfassend zu informieren, und wurde ein aufmerksamer Schüler der Raìs. Er beobachtete, hörte zu und schritt dann zur Tat, organisierte und belebte die sizilianischen Tonnaras neu. Er muss ein Mann mit beträchtlichem Charisma gewesen sein, da er die Raìs davon überzeugen konnte, ihre Arbeitsmethoden zu ändern, wo doch über tausend Jahre niemand dazu in der Lage gewesen war. Florio rationalisierte die Abläufe, konstruierte die Reusen neu, modifizierte mitunter ihre Platzierung und erreichte dadurch Rekorderträge – manchmal bis zu dreitausend Thunfische an einem einzigen Tag.

In den Fischfabriken verwertete er auch die Reste des Thunfischs, die früher weggeworfen wurden. Er presste das Öl aus den nicht essbaren Teilen, um es für Holzlack weiterzuverarbeiten, und zermahlte die Fischgerippe zu feinem Pulver, das als Dünger hoch geschätzt war. Die späteren Besitzer der Tonnara in Favignana folgten seinem Beispiel und machten Handbälle aus den großen Thunfischaugen und experimentierten in den Zwanzigerjahren des zwanzigsten Jahrhunderts sogar mit einem Parfüm aus Thunfischblut. Florio fand eine Möglichkeit, Thunfisch in Massenproduktion in Öl einzulegen, und bereitete so den Weg für den weltweiten Export seines Produkts.

Trotz seines Erfolges erneuerte Vincenzo Florio aus irgendeinem Grund seine Pachtverträge für die Tonnara von Favignana und der winzigen Nachbarinsel Formica nicht. 1859 verpachteten die Erben Pallavicinos sie stattdessen an Giulio Drago. Als Drago die Tonnaras übernahm, hatte er nicht genug Kapital, die Taue und Ankerketten für die Reuse vorzubereiten, sodass er gezwungen war, Geld dafür aufzubringen und den Thunfisch zu erbärmlichen zwölf Lire pro Stück zu verkaufen, noch bevor er gefangen war. Aber nach nur wenigen Jahren machte die Tonnara von Favignana Drago so reich, dass er in der Lage war, allen Töchtern der Tonnarotti die riesige Summe von dreihundert Lire als Mitgift zu schenken, damit sie eine gute Partie machen konnten.

Als der letzte Pallavicino starb, beschloss der Erbe, die Ägadischen Inseln zu verkaufen. Ignazio Florio, Vincenzos Sohn, beeilte sich, den Zuschlag zu bekommen, bevor seine Mitbewerber sich entscheiden konnten. Am 7. März 1874 gingen die Ägadischen Inseln inklusive der Tonnaras von Favignana und Formica für die Summe von 2,7 Millionen Lire in den Besitz der Florios über. Ignazio führte die Tonnaras zusammen mit seinem Sohn Vincenzo, der nach dem Großvater väterlicherseits benannt worden war.

Ignazio erwies sich als ebenso guter Manager wie sein Vater. Unter seiner Hand blühte Favignana auf wie nie zuvor. Eine Sandsteintafel an der Fabrikwand verkündet, dass 1878 die Tonnarotti 10 159 Thunfische töteten. Die Florios investierten zusammen mit den Brüdern Parodi aus Genua in Tonnaras auf den Kanarischen Inseln und in eine neu gegründete Anlage in Tunesien.

Durch den sagenhaften Reichtum und die Großzügigkeit der Florios brachen für Favignana gute Zeiten an. Jeder hatte Arbeit; tatsächlich mussten für die Fischfabrik sogar Arbeiter aus Marsala und Tràpani angeworben werden. Florio pflasterte die Piazza des Ortes, die bis dahin nur mit festgetrampelter Erde bedeckt gewesen war, mit Marmorplatten. Auf den Überresten der Maurenfestung baute er einen Palazzo im Stil der Belle Époque, in dem seine Familie während ihres Frühlingsaufenthalts auf der Insel wohnte. Favignana hatte noch vor Rom Elektrizität; Florio brauchte sie für seine Fischfabrik. Er baute auf der Anhöhe über dem Hafen Quartiere für die Arbeiter sowie Unterstellmöglichkeiten für Wagen und Ställe. Die Köche bereiteten die Mahlzeiten für die Familie in einer hinter den Ställen gelegenen Küche zu und brachten sie dann durch einen unterirdischen Tunnel zum Herrenhaus, weil Florio Kochgerüche nicht ertragen konnte. Er baute einen Tank mit Salzlake, in den die Kiemennetzfischer ihren Tagesfang geben konnten. Wenn sie Glück hatten, wählte Florios Chefkoch ihren Fisch für das Abendessen seines Herrn aus. Es war eine Zeit, in der sich die Bauern Siziliens noch mit dem Reichtum und Ansehen ihres Feudalherren identifizierten. Ein mächtiger Baron – oder Geschäftsmann – würde für sie sorgen.

Florio liebte Favignana und wollte, dass seine Thunfischanlage die Königin aller Tonnaras würde. Ertragreich war sie schon; er wollte, dass sie schön wurde. Also heuerte er einen der besten Architekten Siziliens an, Giuseppe Almeyda, der schon das elegante Teatro Politeama in Palermo entworfen hatte, damit er die Camparia und die Fischfabrik entwarf. Deren hoch aufragende Innenräume erinnern nun an die normanno-arabische Architektur der Sakralbauten in Palermo.

Florio machte aus einem verschlafenen mittelalterlichen Dorf einen Ort mit internationalem Renommee. Ihm gehörte dort die größte Fischfabrik Europas. Das kostbare, zarte Bauchfleisch des Thunfischs wurde in

Olivenöl eingelegt und dann in leuchtend rot-gelben Dosen verkauft, die die Abbildungen internationaler Gütesiegel trugen: das Ehrendiplom der Londoner Weltausstellung von 1888; zwei weitere von der Ausstellung in Palermo; das Große Ehrendiplom der italienisch-amerikanischen Ausstellung von 1892 in Genua; den großen Preis der Mailänder Handelsmesse von 1906; und Ehrenmedaillen von Turin, Berlin und Mailand. Favignanas Name erschien auf jeder Konservendose.

Die Insulaner liebten Ignazio Florio. Sie errichteten vor dem Rathaus auf der Piazza Europa eine Statue von ihm. Die Inschrift auf dem Sockel lautet:

*Aus Hochachtung*
*errichten die Arbeiter*
*mit Geld aus eigener Tasche*
*und der Zustimmung*
*des Stadtrats*
*dieses Denkmal*
*vom Wohltäter*
*von*
*Favignana*
*um zu zeigen*
*dass keine Zwietracht bestehen muss*
*zwischen Kapital und Arbeit*
*zwischen Reichtum und Armut*
*wo Gerechtigkeit, Barmherzigkeit und Liebe*
*herrschen.*

Die Einwohner von Favignana stellten einen berühmten Bildhauer der Insel an, der die Symbole von Florios großem Reichtum in den Sockel ritzen sollte: den Äskulapstab für die Arzneimittel; ein Münzen ausschüttendes Füllhorn für seine Banken; das Gaff des Tonnarotto für die

Tonnaras; eine Hellebarde (die von Thunfischschlachtern immer noch benutzt wird) für die Fischfabriken; Weintrauben für die Weinberge der Florios; Fässer für ihren Marsalawein; ein Steuerrad für ihre Frachtschiffe; Anker und Ketten für ihre Gießereien; einen Kompass und eine Landkarte für ihren riesigen Landbesitz.

Einen halben Block vom Denkmal entfernt liegt Zu Isidoro Marinos Fahrradladen. Nach einem Leben in der La Florio, so nennen die Insulaner die Fischfabrik, setzte sich Zu Isidoro zur Ruhe. Sein Vater und Großvater hatten auch dort gearbeitet.

»Ignazio wollte nur das Beste für die Tonnara von Favignana«, sagte Isidoro. Damals gab es im Frühling jeden Tag eine Mattanza, manchmal auch zwei. Florio gesellte sich mit seinem Privatboot zur traditionellen Tonnaraflotte. Er hatte es aus teurem Tropenholz bauen lassen, mit einem persischen Teppich auf dem Boden und einem überdachten Sitz aus rotem Samt am Ruder ausgestattet und ließ sich nun von zehn Männern zur Reuse rudern, um die Mattanza mit anzusehen. Zu Isidoro sagte, Florio hätte die beiden Schlepper der Tonnara gelb und blau malen lassen: unten blau für den Thunfisch im tiefen, blauen Meer und oben gelb, in der Farbe des Geldes, das sie, wenn sie erst einmal aus dem Meer geholt, einbringen würden.

Einem Bericht zufolge befahl Ignazio seinem Sohn Vincenzo auf dem Totenbett, »alles zu verkaufen, wenn es sein muss, aber die Tonnara von Favignana auf jeden Fall zu behalten«. Vincenzo konnte jedoch dem Wunsch seines Vaters nicht Folge leisten, weil auch für die Familie unsichere Zeiten anbrachen. 1937 kauften die Parodis, die Geschäftspartner der Florios bei den Banken und der Tonnara auf den Kanarischen Inseln, die Thunfischanlage in Favignana und die angesehene Handelsmarke Florio.

»Wenn die Parodis etwas in die Hand nahmen, schlug dir das Geld ins Gesicht«, sagte Rosario Ritunno, während er auf dem Hof der Camparia Taue zusammendrehte. Er blickte auf zu den Fenstern des nun leer stehenden dritten Stockwerks des Herrschaftshauses der Parodis nebenan. »In einem Jahr fingen wir sechshundertneunundneunzig Thunfische, aber Parodi sagte: ›Sagen wir siebenhundert‹, und jeder Mann bekam einen Extrabonus von fünfzig Lire.«

»Die Parodis zerlegten auch einen Thunfisch, ohne ihn zu wiegen, und gaben jeder Familie ein Stück davon«, erzählte Giuseppe Aiello, der Pförtner.

Wie die Florios vor ihnen kamen auch die Parodis jeden Frühling zur Tonnara nach Favignana. Wenn sie auf der Insel waren, wehte vom Dach des Bootshauses eine Fahne mit ihrem Familienwappen. »Die Signora reiste mit zwanzig Hausangestellten an, um das Haus zu öffnen«, sagte Zu Isidoro. Die Parodis führten persönlich bis 1985 die Tonnara und verpachteten sie dann an Franco Castiglione, den Sohn von Nino Castiglione, einem früheren Tonnarotto und jetzigen Selfmademillionär aus Tràpani.

Heute wirkt der Palazzo der Parodis verwaist, der Garten ist dürr und von Unkraut überwuchert und wenn Luigi Parodi im Frühjahr anreist, so kommt er allein und mietet sich ein kleines Zimmer auf dem Campingplatz *Vier Rosen*.

# 7

# *Die Fischfabrik*

Wenn die Thunfische tot und im Langboot aufgetürmt sind, bedecken die Tonnarotti sie mit Eis und einer Plane und ziehen sie nach Tràpani. Im Hafen der Stadt hebt ein Kran sie auf Lastwagen; von dort bis zu Castigliones Schlachthaus, wo sie gezählt und gewogen werden, ist auf der ganzen Strecke eine Blutspur zu sehen. Dann werden sie auf den Betonboden gelegt, von schwingenden sizilianischen Hellebarden enthauptet und von jungen Thunfischschlachtern aus Japan mit frisch geschliffenen Messern aufgeschlitzt. Die Schlachter tauchen ihre Hände bis zu den Handgelenken in die Bauchhöhle und holen lange Säcke mit Samenfäden und Eiern heraus, die sie in rote Plastikeimer werfen.

Heutzutage bleiben auf der Insel nur noch vernarbte

Hände und schmutzige T-Shirts mit Flecken aus geronnenem Thunfischblut zurück.

Früher aber kam der Thunfisch mit den Fischern nach Favignana zurück. Die Insulaner stellten sich an der Küste auf, um einen großen Fang willkommen zu heißen und seine Farbenpracht zu sehen. Ich habe einen alten Film von der Mattanza im Jahr 1957 gesehen. Auch damals fehlte der japanische Geschäftsmann nicht. Im Film sucht er die Fische aus, ein Fischer bindet Bänder um die sichelförmigen Schwänze der ausgewählten Exemplare und ein kräftiger Mann bindet ein Seil um das untere Ende des Schwanzes, dreht sich um und hievt den Fisch auf seinen Rücken. Dann stolpert er zu einer Plattform am Strand, wo der Thunfisch gewogen und in eine Schubkarre gelegt wird. Der Fisch gelangt durch ein Tor in Florios Fischfabrik, wo er gekocht und konserviert wird. Wenn der Thunfisch schließlich Favignana verlässt, dann in einer Dose mit dem Namen der Insel darauf.

Zu Isidoro erzählte mir, dass der Fabrikdirektor im Zweiten Weltkrieg, als die Insel bombardiert wurde, dem Raìs befahl, die Reuse auszulegen, aber die Parodis setzte er nicht von dem Risiko in Kenntnis, das sie auf sich nahmen: alle Männer, Boote und Ausrüstungsgegenstände konnten in Stücke geschossen werden. Das Risiko zahlte sich aus. In jenem Jahr fingen sie siebentausend Thunfische und Isidoro sagt, es gab Arbeit in der Fabrik und Essen für die Einwohner von Favignana.

Die Schließung der Fabrik 1981 war für die Insel eine Katastrophe. Tausend Menschen hatten dort gearbeitet: Fischverarbeiter, Mechaniker, Steinmetze, Kommissionierer, Tischler, Köche, Träger, Kistenmacher, kaufmännische Angestellte, Kassierer, Kinderfrauen, Klempner, Elektriker, Sekretäre, Wächter, Hausmeister, Dosenmacher, Packer und Spediteure. La Florio stellte immer

Arbeitskräfte ein. Favignana allein konnte die Nachfrage nach Arbeitskräften gar nicht befriedigen. In Sizilien, wo Arbeit so kostbar ist, dass gegen das Gesetz verstößt, wer zwei Arbeitsstellen hat, arbeiteten sogar die Frauen der Insel ohne soziale Ächtung. Also wurden Menschen von Tràpani und Marsala mit der Fähre herbeigeschifft und Zu Isidoro sagt, Florio hätte selbst Häftlinge in Ketten zur Fabrik bringen lassen. Außerhalb der Thunfischsaison wurden in der Fabrik Sardinen und andere Fische in Dosen verpackt, die von Trawlern aus ganz Sizilien und sogar von Neapel hergebracht wurden.

Nun war nur noch ein einziger Angestellter übrig geblieben, der Vater von Vito Giangrasso, Peppe Nue, der Wächter. Eines Morgens radelte ich um sieben Uhr zu meiner Verabredung mit ihm, zu dieser Zeit begann er täglich mit seiner Arbeit, genau wie in jenen Tagen, als noch die ganze Insel dort zur Arbeit erschienen war. Er stand schon startbereit und mit einem riesigen Schlüssel in der Hand zwischen den fünf Meter hohen Flügeltüren und wartete, bis ich mein Fahrrad abgeschlossen und mein Notizbuch gefunden hatte. Die Tore waren in eine über sechs Meter hohe Mauer aus Tuffstein eingelassen, welche das fünfunddreißigtausend Quadratmeter große Werksgelände umgab wie eine Stadtmauer eine alte Stadt. Die Schornsteine aus goldfarbenem Sandstein ragten wie zwei Tempelsäulen darüber in die Höhe.

Peppe Nue stand stramm und blinzelte in der Sonne, die den cremefarbenen Stein erwärmte. Als ich fertig war, drehte er den Schlüssel im Schloss und zog die Tore mit dem sizilianischen Gespür für Dramatik langsam und majestätisch auf. Angesichts dessen, was ich sah, hielt ich den Atem an.

Eine andere Welt, ein kühler, schattiger Hinterhof, eine grüne, nach Erde und Pinien duftende Oase. Pinien, die zehn Meter hoch waren, dicke Stämme hatten und betäubend dufteten, die größten Bäume der Insel innerhalb dieser Mauern. Ein tropfnasser Ficus mit herabhängenden Zweigen zeugte von entschlafener Pracht. Eine Atmosphäre von Frieden und Abgeschiedenheit herrschte hier, wie in einem geheimen Garten. Dieser Anblick hatte einst die Männer und Frauen von Favignana begrüßt, wenn sie morgens zur Arbeit kamen.

»Kaum öffne ich das große Tor, habe ich wieder vor Augen, wie es früher war, und dann könnte ich weinen«, sagte Peppe Nue.

Die nächsten zwei Stunden führte er mich durch die Fabrik, die ermöglicht hatte, dass zweimal so viele Menschen auf der Insel lebten wie heute. Die Fischfabrik hatte bei ihnen den Stolz auf ihre Heimat geweckt. Der Fisch kam aus ihrem Meer. Die Menschen wussten, dass es das, was sie hier produzierten, nirgendwo auf der Welt besser gab.

Die rechteckigen gelben Dosen enthielten das hoch geschätzte *Ventresca*, das Bauchfleisch, während die grünen Dosen das *Tarantello* aus der Seite des Thunfischs enthielt. Beide Dosen wiesen die feine Gravur eines Löwen vor einer dreizackigen Insel auf, der sich duckt, um aus dem Meer zu springen. Das Bild war aus dem Familienwappen der Florios entnommen. Zwei Thunfische schwimmen über zwei Ankern und den Worten: »Echtes Produkt der Tonnara.«

Peppe Nue hatte für die Familie Parodi gearbeitet, die 1939 die Tonnara und die Handelsmarke der Florios gekauft hatte. Aber dann verkauften die Parodis die Fabrik an die Regionalregierung, die plante, daraus ein Museum zu machen. Also wurde Peppe Nue Angestellter der Region. Nun hütete er eine Menge Erinnerungen. Die Anlage war so belassen worden, wie sie am letzten Arbeitstag verlassen worden war, ein eingestaubtes Stillleben, der traurige Schatten einstiger Größe.

Die Arbeiter waren durch das Tor und den grünen Innenhof gegangen, bevor sie ihre Stempelkarten abstempelten. Die Arbeitszeiten waren angeschlagen: 8.30 Uhr bis 12.00 Uhr, 13.30 Uhr bis 17.30 Uhr.

Angesichts dieses Arbeitsplatzes drängte sich mir der Eindruck auf, dass Florio seinen Angestellten mit Respekt und Würde entgegengetreten war. Die Frauen konnten ihre Kinder in einer Krippe abgeben, wo junge Frauen sich in mehreren Schichten um sie kümmerten. Es gab einen Spielplatz mit Rutsche und Sandkasten, kleine Holzstühle und niedrige Tische und weiße Nachttöpfe aus Emaille mit Griffen, wie man sie an altmodischen Kaffeetassen sieht. Um zehn Uhr morgens und drei Uhr nachmittags konnten Frauen mit Säuglingen jeweils für eine halbe Stunde ihre Babys stillen.

Neben der Krippe, auf demselben Innenhof, befand sich auch der Zwinger der beiden riesigen Schäferhunde, die Florio als Wachhunde hielt und die nachts freigelassen wurden, damit sie Eindringlinge verscheuchten. Wir gingen den Weg, den die Arbeiter auch genommen hatten, unter runden und spitzen Gewölbegängen hindurch. Die Fenster waren mit kunstvoll verzierten Gittern aus Schmiedeeisen versehen, in deren Mitte jeweils in einem Kreis ein etwa dreißig Zentimeter großes »F« prangte. Peppe Nue sagte, Florio hätte eine Schwäche für Schmiedeeisen gehabt. Eine Statue von einem Schmied, der auf einen Amboss hämmert, stand früher am Eingang, aber die Florios nahmen sie mit, als sie die Fabrik an die Parodis verkauften.

Wir gingen durch die Tischlerei, wo Männer und Frauen Frachtkisten gebaut hatten. Ein auf die Wand gemalter Spruch wirkte, als käme er direkt von Mussolini:

»L'Industria domina la Forza« (Die Industrie beherrscht die Kraft). Wir gingen durch ein Lagerhaus mit geschnitzten, verzierten Holzschränken, die weit über zwei Meter hoch waren. Hinter den verschlossenen Türen ruhte der gesamte Lagerbestand der Fabrik – alles von Ersatzmotoren bis zu Schreibmaschinenpapier. Das regionale Kultusministerium hatte die meisten Gegenstände übernommen, auf Listen verzeichnet und mit Etiketten versehen. Davon abgesehen war alles so geblieben, wie es früher war. Es war herzzerreißend: Die Gerätschaften der Tonnara lagen dort, als wären sie zu einer Party direkt nach der Arbeit mitgebracht und dann vergessen worden.

Da gab es große Holztruhen, mit Tau verschlossen und in der Mitte des düsteren Raums aufgetürmt. Die Steine im Gang waren mit Moos bewachsen. Es gab Umkleideräume für Männer und Frauen, einen Proviantraum und die einsame Statue der Jungfrau Maria am Eingang zur *Galleria*, wo die gefüllten Dosen mit einem Deckel versehen wurden. Dann war da noch die *Batteria*, eine lange Reihe von Kupferkesseln, in denen der Thunfisch über Kohlefeuern gekocht worden war.

»Wir nahmen *Carbone amaro* dafür«, sagte Peppe Nue – die harte Steinkohle, nicht die Holzkohle.

Wir gingen in einen Vorraum, den man wegen der Seile, die wie dicke Lianen im Regenwald von der Decke hingen, *La Giungla* (Dschungel) genannt hatte. Dort wurden die enthaupteten Fische zum Ausbluten aufgehängt. Dieser Raum hat einen Ausgang zum Meer, den die eisernen Gitterstäbe eines Tors in senkrechte Streifen schneiden. Die Tonnarotti stakten früher ihre schweren Schiffe zu diesem schmalen Hafen und die *Massari* (kräftige Träger) trugen die Thunfische, die oft tausend Pfund wogen, hierher, damit sie geköpft und aufgehängt werden konnten.

Wir gingen durch die Produktionsstätte, in der die Konservenbüchsen hergestellt wurden, und durch die Druckerei, in der sie ihre Aufschrift bekamen. Zwei Stapel mit ineinander gesteckten Containern ragten wie blütenlose Blumenstängel vom Boden in die Höhe. Hellgrünes Licht drang durch die getönten Dachfenster in den langen Gewölbegang, wo der gekochte Thunfisch in Dosen verpackt wurde. Auch hier herrschte die Atmosphäre einer Kathedrale. Selbst der Heizraum und die Kühlkammer hatten etwas von dieser edlen Pracht.

Peppe Nue zeigte mir, wo die Baumeister Zement herstellten, dann den Hof der Hausmeister, die Eisfabrik und die Schmiede, in der die Anker hergestellt und repariert wurden. Eine staubige, braune Brandyflasche stand auf einem massiven Holztisch. An der Tür zur Schmiede war eine winzige Blumenvase angebracht. Eine langstielige Nelke, deren fahlbraune Gestalt weder zerbröselt war, noch alle Blütenblätter verloren hatte, reckte sich in einem anmutigen Bogen in diesem schon vor langer Zeit ausgetrockneten Behältnis.

Nichts wurde hier weggeworfen. La Florio verarbeitete das Fleisch des Thunfischs ebenso wie die Augen, das Blut, das Öl und die Knochen. Zuletzt zeigte mir Peppe Nue den Campo Santo, den von Mauern umgebenen Thunfischfriedhof, wo die Skelette getrocknet und dann zu Dünger zermahlen wurden. Selbst dieser Friedhof schenkte Leben.

Zu Isidoro erzählte mir, dass er im Krieg, als er noch ein Junge war, vom Hunger getrieben die Mauer des Campo Santo überklettert hätte, um aus den Thunfischknochen das Mark zu saugen.

# 8

# *Sushi*

Wenn ein japanischer Geschäftsmann einen wichtigen Kunden in eines von Tokios abertausend *Sushi Ya San* (ehrenwerten Sushi-Restaurants) bringt, rufen die Männer hinter der Theke ihm laut ein Willkommen entgegen. Es ist kein freundliches Hallo, sondern ein artifizieller Kriegsruf. Die Firma des Geschäftsmannes wird fünfundsiebzig Dollar für zwei Stücke vom frischen roten Bauchfleisch des Thunfischs bezahlen, das auf einem reinweißen Teller serviert wird. Zwei Unzen, fünfundsiebzig Dollar. Die Atmosphäre ist heiter, lärmend – und männlich.

Ich war niemals in Japan, aber meine Freundin Judy Anton, die dort viele Jahre lang gelebt hat, weiß alles über die Sushi Ya San. Sie hat den größten Teil ihrer Kindheit in Japan verbracht, wo ihr Vater an der Universität von Tokio und Kioto gelehrt hat. Judy, eine Frau mit vielen Talenten, hat ihren ersten Plattenvertrag in Japan unterschrieben, arbeitete als Model für japanische Kosmetikprodukte, moderierte ihre eigene Late-Night-Show im japanischen Fernsehen, beriet amerikanische Geschäftsleute, die in Japan Geschäfte machen wollten, und entwirft nun kunstvolle Quilts aus exquisiten, handgefärbten Stoffen.

»In den Sushi Ya San werden die Kunden ausgezeichnet behandelt. Jeder denkt, er hätte die beste Sushi-Bar der Welt entdeckt«, sagte sie. »Jeder in einem Sushi Ya San wird königlich behandelt. Das ist einer der Gründe, dorthin zu gehen … In einem Sushi-Restaurant wird das Sushi nur von Männern zubereitet. Es heißt, das Fett von der Hand einer Frau ruiniert das Sushi.«

Der Geschäftsmann und sein Kunde bestellen *toro*, das Fleisch, das in einem diagonalen Streifen über den Bauch des Thunfischs verläuft. In Japan ist Toro das Thunfischfleisch mit dem höchsten Status.

Und selbst beim Torofleisch wird noch einmal unterschieden: Je fetter das Fleisch, desto prestigeträchtiger ist es. *Maguro* ist fast ohne Fett, *chu-toro* ist halbfett und *jòtoro* ist sehr fett. Jòtoro ist also laut Judys Aussage das Fleisch mit dem höchsten Status, aber einige Japaner mögen es nicht, weil es die Zunge mit Öl überzieht. »Ich glaube, eine Menge Menschen mögen es nur, weil es das teuerste ist. Wenn jemand bereit ist, es für dich zu kaufen, zeugt das von großem Respekt.«

Judy beschrieb mir eine typische Szene, in der zwei Männer sich in eine Sushi-Bar setzen, um zu bestellen. Der Geschäftsmann fragt seinen Gast: »Was möchten Sie essen?« Der Gast sagt: »Chu-toro.« Der Gastgeber bietet ihm Jòtoro an. Der Gast lehnt ab und sagt: »Nein, ich mag es lieber halbfett, also Chu-toro.« Nun muss der

Gastgeber herausfinden, ob der Gast nicht nur höflich sein will.

»Du nimmst immer das teuerste Toro, das du dir leisten kannst«, sagte Judy. »In Japan ist nicht so wichtig, was du magst. Man ist dort sehr erpicht darauf, zu zeigen, welchen Rang man in der Gesellschaft einnimmt – das gilt für deinen Kimono, für das Material des Kimonos und selbst für deine Frisur. Wenn du einen amerikanischen Wagen hast, ist das nicht mehr zu überbieten. *Bella figura* ist äußerst wichtig in Japan. Wenn Thunfisch in Japan der letzte Schrei ist, musst du das wissen und ihn deinen Gästen anbieten. Wenn der Besitzer der Sushi-Bar weiß, dass du dir eine bestimmte Sorte Thunfischfleisch nicht leisten kannst, wird er sie dir auch nicht anbieten. Die meisten Kunden rufen vorher an und bestellen schon einmal und wenn du dann in die Bar kommst, bietet dir der Inhaber des Sushi Ya San genau das an, was telefonisch vereinbart wurde, aber so, als hätte es dieses Telefongespräch nie gegeben.«

Die Japaner hängen noch an ihren alten Werten, sagte Judy. »Alles nur Denkbare ist auf den Status ausgerichtet.«

Ich hörte einmal, dass japanische Feinschmecker am Geschmack eines Thunfischstücks erkennen können, wie sehr der Fisch Angst hatte, als er starb, und sogar, wie er starb. Judy aber sagte, dass diese Geschichte »wahrscheinlich nicht stimmt«.

»Es ist genau wie beim Wein«, sagte sie. »Je detaillierter deine Kenntnisse sind, desto höher ist dein Status.«

Japan ist weltweit der größte Abnehmer von Thunfisch. Der Fisch, den der Geschäftsmann bestellt, kommt wahrscheinlich vom Tsukiji-Markt, auch bekannt als »Tokios Küche«, wo der Durchschnittspreis für einen Thunfisch, der auf der täglichen Auktion um halb sechs Uhr morgens verkauft wird, bei 20 000 Dollar liegt, während der seltene Riesenthun für eine dreimal so hohe Summe verkauft wird. Die Fischhändler bieten für den Thunfisch, tragen die Ware dann zu ihren Marktständen, schneiden sie dort vorsichtig in Einzelstücke und verkaufen sie an die Inhaber von Restaurants und Sushi-Bars.

Lucille Craft, die für das *International Wildlife*-Magazin schreibt, interviewte einmal einen vierundachtzigjährigen Fischhändler auf dem Tsukiji-Markt. Kozaburo Omura, dessen Geschäft schon seit fünfzehn Generationen besteht, erinnert sich noch an die Zeit, als die Japaner Toro, nun das teuerste Stück des Thunfischs, nicht mochten. Vor dem Zweiten Weltkrieg wurde das fette Bauchfleisch weggeworfen. Aber nach dem Krieg verkündete der Stab von General MacArthur, dass es Verschwendung sei, das Bauchfleisch wegzuwerfen. Da begannen die Leute, auch Toro zu essen.

Mitte der Siebzigerjahre, als die Technik so weit fortgeschritten war, dass man das Thunfischfleisch vor der Verschiffung so einfrieren konnte, dass der delikate Geschmack nicht verdarb, wurde Toro der letzte Schrei der *sashimi*, der rohen Fischstückchen, die ohne Reis serviert wurden. Toro wurde das japanische Äquivalent für Kaviar. Die Leute begannen, unglaubliche Preise dafür zu zahlen.

Am 9. Januar 1992 wurde laut Auskunft von Carl Safina, dem Direktor des Living Oceans Program of the National Audubon Society, ein riesiger Thunfisch, der 715 Pfund wog, für 83 500 Dollar verkauft. Das sind 117 Dollar pro Pfund. Der Fisch würde 2400 Portionen Sushi ergeben und bei 75 Dollar pro Teller 180 000 Dollar einbringen.

In den Siebzigerjahren, als Fischgroßhändler entdeckten, dass sie einen ganzen, frischen Thunfisch per Flugzeug nach Japan bringen konnten, um dort von der riesigen Nachfrage nach Sushi und Sashimi zu profitieren, konzentrierten sich die Fischer mehr auf Thunfische, die zwischen dreihundert Pfund und einer halben Tonne wogen. Hoch geschätzter Jumbo-Thunfisch, der vor der Küste von New England gefangen wurde, wurde auf zerstoßenem Eis in Kisten gelegt, mit einer goldenen Thermosdecke bedeckt, zugenagelt und mit einem Flugzeug nach Tokio gebracht, wo er nur zweiundsiebzig Stunden, nachdem er gefangen worden war, auf dem Tsukiji-Markt versteigert wurde.

Der außerordentliche Einfluss der japanischen Fischfanglobby behinderte sogar das Raumfahrtprogramm des Landes. Weil Japans Raketenabschussbasis in der Nähe von einem der reichsten Fischgründe des Landes liegt, fallen die Trümmer abgeschossener Raketen und verbrauchter Rampen in die Schwärme des im Pazifik heimischen Thunfischs, *thunnus thynnus orientalis*. Das brachte die japanischen Fischer so auf, dass sie verlangten, die Abschüsse auf die Monate Februar und August zu beschränken.

1990 war die japanische Fischerfangflotte die größte der Welt, sowohl was die Tonnage als auch was die Anzahl der Schiffe und ihre Fahrten betraf. Trotzdem ist der Thunfischimport – der im Jahre 1991 schon bei einer Milliarde Dollar lag – in den letzten Jahren in Schwindel erregende Höhen gestiegen. Bis zu fünfunddreißig Prozent des japanischen Konsums von rohem Thunfisch, dem wichtigsten Segment des japanischen Marktes, wird laut einem Memorandum des U. S. National Marine Fisheries Service bereits importiert. Und dies ungeachtet der Tatsache, dass ein Thunfischfrachter fünfzig Tage braucht, um von Las Palmas auf den Kanarischen Inseln vor der Westküste Afrikas bis nach Japan zu fahren, und zwar mit Kosten von 7000 Dollar pro Tag.

In den Föderierten Staaten von Mikronesien im Südpazifik, auf der Insel Satawal, wo moderne Thunfischboote in einer einzigen Reuse 150 000 Fische fangen könnten, jagen die einheimischen Fischer immer noch auf ganz traditionelle Weise, mit Perlmuschelködern und Kanus, ihren Thunfisch. Der Anthropologe Robert Gillett hat mehr als zehn Jahre lang ihre Bräuche studiert und 1987 seine Erkenntnisse im *Bishop Museum Bulletin in Anthropoloy I* veröffentlicht. Er berichtet, dass »Thunfischjagd für die Insulaner das reinste Vergnügen ist. Selbst wenn die Ausbeute mager ist und kaum reicht, um das Unterfangen zu rechtfertigen, gibt es immer genug Freiwillige. Schlafmangel, eiskalter Regen, glühende Sonne und stundenlange, öde Fahrten zu und von den Fischgründen in einem schlingernden, schwankenden und ruckelnden Boot werden als kleine Opfer angesichts der Faszination angesehen, die die Thunfischjagd mit sich bringt«, schreibt er.

Die Thunfischjagd der Mikronesier war umgeben von Magie und Tabus. Auf Satawal wurden Thunfische als heilig angesehen und oft war ihre gewöhnliche Bezeichnung ein verbotenes Wort. Wenn die Fischermannschaft bei ihrer Rückkehr die Insel Satawal nicht sehen konnte, weil sie von einer Wolkenbank verdeckt wurde, machten fast alle Mitglieder der Crew mit ihren Händen ein X und hielten es gegen den Himmel, um die Wolken zu vertreiben, schrieb Gillett. Wenn ein Kanu eine Reihe von nautischen Missgeschicken durchlief und der Fang mager war, »wurde der Geist, der für das Problem verantwortlich gemacht wurde, von einem Dutzend Leuten lautstark verjagt«.

Auf Satawal war es auch tabu, dass sich Frauen an der Thunfischjagd beteiligten; einen Monat vor dem Fischzug durften die Fischer keinen Sex haben, allerdings auch keine Palmendieb-Krebse, kein Taro und keine Bananen essen. Das Tabu verbot ebenfalls die Herstellung von Kordeln aus Kokosfasern während der Fischfangsaison, die Beteiligung derjenigen, die – bevor oder während die Boote zu Wasser gelassen wurden – in Exkremente getreten waren, das Mitführen von Metall in den Fischgründen; den Verzehr von Teilen des Fangs in den Fischgründen; das Zurückfallen eines bereits gefangenen Fisches ins Wasser; den Verzehr von Thunfischeingeweiden, der alten Männern vorbehalten war; und das Öffnen der Kiste mit den Ausrüstungsgegenständen zum Fischfang, wenn man sich nicht vorher die Hände mit dem Blatt eines bestimmten Baumes gereinigt hatte.

Gilletts Bericht enthielt auch einige Erkenntnisse von H. Hijikata, einem japanischen Anthropologen, der in den Dreißigerjahren des zwanzigsten Jahrhunderts, als die Tabus noch zahlreicher waren, sieben Jahre auf Satawal gelebt hatte: Der Echte Bonito, der dort heimische Thunfisch, durfte niemals ins Haus gebracht werden; wenn nicht der ganze Fisch auf einmal gegessen wurde, mussten die Reste in einen Korb gelegt und an einem Baum oder einem anderen Halter vor dem Haus aufgehängt werden; das Thunfischfleisch musste mit den Händen gegessen werden und durfte weder gesalzen noch sonst wie gewürzt sein. Niemandem war es gestattet, Thunfisch im Stehen oder Gehen zu essen. Wer Echten Bonito gegessen hatte, durfte den ganzen Tag nicht ins Wasser gehen und zum Waschen musste frisches Wasser benutzt werden. Der Bambusspatel, der zum Aufschneiden der Fische benutzt wurde, durfte zu keinem anderen Zweck verwendet werden. Frauen in der Menstruationshütte war es verboten, Echten Bonito zu essen oder ihn zu berühren. Die Frauen, die die Menstruationsisolation verließen, durften Bonito erst sieben Tage später essen.

Wer Bananen aß, musste drei Monate lang auf den Verzehr von Echtem Bonito verzichten. Der Schwanz und die dazugehörigen Knochen durften nicht weggeworfen werden, sondern mussten aufs Dach gelegt oder an einem erhöhten Ort aufgehängt werden.

Der Thunfisch, der ahnungslos in die Reuse von Favignana schwamm, war fett und köstlich. Nur die Unersättlichkeit der Japaner sicherte in den letzten Jahren das Überleben der Tonnara von Favignana. Die Japaner warteten mit scharfen Messern in Castigliones Schlachthaus darauf, dass die Kammer des Todes ihre Beute freigab.

Die Tonnarotti von Favignana kannten den Geschmack von Thunfisch nur aus der Erinnerung. Sie versuchten, das Aroma von gekochtem Thunfisch, das früher aus den Schornsteinen der Fischfabrik drang, zu vergessen, und warteten in der Sonne darauf, dass sich die Reuse wieder füllte.

Heutzutage kommen die Thunfischsteaks auf Favignana von Tràpani. Eine der besten Küchen der Insel ist die der Schwestern Guccione, Maria und Giovanna, die das Albergo Egadi direkt hinter der Hauptpiazza in der Via Colombo führen. Die Küchenchefin Maria hat mir ihr Rezept für Thunfisch mit Minze verraten, ein Gericht mit den Aromen Marokkos und Tunesiens. »Mit diesem Rezept rufen wir die arabischen Wurzeln Siziliens in Erinnerung«, sagte sie.

Man schneide frische Thunfischsteaks in etwa einen Zentimeter dicke Scheiben. »Sie sollen nicht zu fett sein«, riet Maria. Diese werden ein paar Minuten in Rotwein eingelegt und dann mit Mehl bedeckt. Die Thunfischsteaks kommen in eine gebutterte Pfanne. Darauf lege man Blätter frischer Minze. »Nur ein paar.« Man füge klein geschnittene Zwiebel und ein wenig gehackte Petersilie hinzu. Der Thunfisch wird mit einer Schicht hauchdünn geschnittener Kartoffelscheiben bedeckt. »Sie sollten beim Kochvorgang breiig werden«, sagte Maria. Salz und Pfeffer werden nach Geschmack hinzugegeben. Der Wein, in den der Thunfisch gelegt wurde, wird in die Pfanne gegossen, dazu kommt ein bisschen Wasser *(pocchissima)*, dann wird das Ganze bedeckt und bei niedriger Hitze gekocht.

»Nicht anbrennen lassen«, warnte Maria. Die Pfanne muss ständig gerüttelt werden. Gekocht wird für zwanzig bis fünfundzwanzig Minuten, bis die Kartoffeln breiig sind.

»Dies ist ein Gericht aus meiner Kindheit«, sagte Maria. »Wir servieren Essen mit einer Geschichte.«

# 9

# *Die Anker*

An der Kreuzug *Tre Croci* am Westrand der Stadt, wo eine der Straßen zur Küste abfällt, blickt ein höchst ungewöhnliches Madonnenbild auf das Meer. Es ist die Madonna der Tonnarotti, eine sizilianische Schönheit mit arabischem Einschlag, schwarzen Augen, Adlernase und schwarzem Haar, das unter dem blauen Schleier hervorquillt, den sie eng um Gesicht und Schultern gezogen hat. Sie trägt einen Ohrring aus echtem Gold und einen Saphirring am Finger, beide sind durch die Leinwand gestochen. Die Drei Kreuze des Kalvarienberges krönen das Tuffdenkmal, das ihr Porträt rahmt. Über ihr schwebt der gekreuzigte Christus, der sein Leben hingab, damit die Menschen erlöst würden. Sein Kreuz weist auf die lange, gerade Straße nach Punta Lunga. Aber die Madonna blickt in die entgegengesetzte Richtung, eine Straße hinunter, über einen schmalen, mit Ankern beladenen Strand und hinaus aufs Meer.

In ihrem Arm wiegt sie statt des Christuskindes einen Thunfisch. Ein Künstler, der vor kurzem das Bild restaurierte, sagte, es sei im typischen Stil des achtzehnten Jahrhunderts gemalt worden und von Tonnarotti in Auftrag gegeben.

Rosetta Messina aber, eine Witwe, die in der Nähe der Madonna wohnt, behauptete, das Bild sei nicht in Auftrag gegeben, sondern gefunden worden. Der Fisch wurde erst dann Teil des Bildes, als einer der Florios in einem Jahr, als die Ausbeute mager war, der Jungfrau einen Thunfisch als Opfer brachte und sie ihn in ihre Arme nahm. Das Auge des Thunfischs ist eine leuchtend türkisfarbene Perle.

In der rechten Hand hält die Jungfrau einen altmodischen Anker mit drei Flunken, Vorgänger der zighundert Anker, die unter ihr am Strand aufgereiht sind. Bald werden sie wieder am Stahlseil des Reusengerüsts befestigt werden. Sie werden sich in den Meeresboden graben und sich gegen die Strömung von Osten stemmen, die an den Netzen zerrt und sie an den Nähten zu zerreißen droht; sie werden die Reuse intakt und die Sperrnetze ruhig halten. Fast vierhundert Anker stehen in langen Reihen am Strand, alternde Riesen, die vor hundertfünfzig Jahren geschmiedet wurden. Der kleinste von ihnen ist zwei Meter lang und wiegt 660 Pfund; der größte ist über drei Meter groß und wiegt fast 4000 Pfund. Im Sand hinterlassen sie flache Mulden. Im Frühling aber, wenn sie im Dienst sind, wird der Strand von ihnen befreit.

Einst hatten sie schwarze Patina; sie wurden sauber geschrubbt und zum Schutz vor der salzigen Luft mit Pech bestrichen. Aber heutzutage rosten sie jeden Winter am Strand vor sich hin, werden jedes Jahr krustig, spröde und ein bisschen dünner. Noch blicken sie mit der angespannten Erwartung des Pfeils im Bogen aufs Meer.

Die größten unter ihnen haben Namen: Levante – Osten, der Schlussanker, wiegt 3740 Pfund; Marsala übernimmt immer die Position, die am nächsten zu der gleichnamigen Stadt auf der Hauptinsel liegt; Tramonto – Sonnenuntergang, wird am weitesten im Westen liegen; und Santa Caterina hat seinen Platz am Fuß des Berges.

Solche Anker kann man an allen Küsten Siziliens finden, wo es einst Tonnaras gab. Sie liegen dort noch so, wie sie, aus dem Wasser geholt, dagelassen wurden. Ich habe welche in Acqua Santa, Vergine Maria und Scopello gesehen, verlassene Menhire des Meeres, in einer Reihe am Strand; eines Tages wird sich jemand fragen, wofür sie da waren und warum es so viele sind.

Aber in Favignana werden die Anker von der Heiligen Jungfrau beschützt und um die Jungfrau kümmern sich die Frauen. Dies ist die einzige Möglichkeit, die den Frauen geblieben ist, an der Tonnara teilzunehmen. Jahre vorher halfen sie noch beim Knüpfen und Ausbessern der Netze, saßen im Zwielicht der alten Gassen in kleinen Grüppchen auf Holzstühlen vor ihrem Haus. Nun sorgen die Frauen für die Heilige Jungfrau, die für die Tonnara sorgt.

Die Tonnarotti selbst suchen niemals dieses Madonnenbild auf, sie beten die Madonna del Rosario an, die in der Kirche Sant'Anna im ältesten Viertel der Stadt zu finden ist. Ihre Frauen und Mütter kümmern sich um die Madonna der Tonnarotti und stellen Vasen mit frischen Blumen hin.

Ein hölzerner Dolch schwebt über der rechten Schulter der Heiligen Jungfrau und obwohl Padre Damiani, der Pfarrer und Lokalhistoriker, es abstreitet, behauptet Rosetta Messina, dass dies genau die Art Dolch ist, den eine sizilianische Hexe mit Gebetsinschriften versehen und auf ein Samtkissen legen würde, um das Böse abzuwehren. Bis vor kurzem noch besuchten Bräute aus dem *Quartiere* an ihrem Hochzeitstag den Schrein und baten um eine glückliche Ehe, während sie der dunklen Madonna ein Armband oder eine Kette aus Weißgold anlegten, die dort blieben, bis sie gestohlen wurden.

Die Madonna hat ihre Augen auf die Position der Reuse gerichtet. Ihr Blick darauf darf nicht verstellt werden, erklärte Rosetta Messina mir.

»Man kann nichts vor die Madonna bauen«, sagte sie.

»Warum? Ist das Gesetz?«, fragte ich.

»Nein«, antwortete sie. »Jedes Gebäude, das ihren Blick verstellt, wird zusammenbrechen. Die Madonna wird es zum Einstürzen bringen.« Sie sagte, das Bild sei wunderkräftig. »Sie ist schon einige Male gestohlen worden. Leute aus den Wäldern auf der anderen Seite des Berges haben sie mit sich genommen. Am nächsten Morgen aber ist sie immer aus eigener Kraft zurückgekehrt. Einmal haben sie sie sogar eingemauert und sie entkam doch.«

Nun war es Zeit, die Anker zu verladen, sechzehn auf jedes Boot. Buonavventura Torrente fuhr den Gabelstapler, der sie nacheinander zu einem Flaschenzug am Rand der Küste brachte. Er legte einen Anker auf dem Boden ab und fuhr durch ein Tor in der Sandsteinwand, um einen neuen zu holen. Eine Hand voll Männer brachte Ketten rund um den Anker an, der dann emporgehievt wurde, herumschwang und über einem wartenden Lastenboot in der Luft schwebte. Ein Mann betätigte den Kran, während sieben andere den Anker über dem Boot herummanövrierten und so in Position schoben, dass er genau wie eine überlappende Feder in die ordentliche Reihe der bereits aufgeladenen Anker passen würde, wenn er abgesenkt wurde. Die exakte Ausrichtung der Anker, die je zu acht auf beiden Seiten des Bootes lagen, war wichtig für den nächsten Schritt – *u cruciatu*, wenn sie ins Meer hinabgelassen wurden. Wurde ein Anker in die Senkrechte gestemmt und dann über Bord gestoßen, durfte er weder einen anderen Anker von seinem Platz ziehen, noch einen nichts ahnenden Tonnarotto mitreißen.

Fafarello liebte die Anker. Er war ein kleiner Mann kurz vor dem Ruhestand, mit blaugrauen Augen, kurzen, silbergrauen Haaren unter einem blauen Filzbarett und trug stets weite, verblichen blaue Arbeitshosen und einen blauen Kittel. Er sprach selten, summte aber manchmal vor sich hin. Sonne und Salzluft hatten sein Gesicht zu einem Dauergrinsen rund um seine breite Nase geknittert. Er ging flink und behände das Schandeck entlang zu dem Anker, der darüber hing. Dann breitete er seine kurzen Arme um die Krümmung des Ankers, drückte seinen Brustkorb gegen den Riesen und kommandierte ihn wie ein Elefantendompteur aus Liliput. Die jüngeren Männer riefen ihm Warnungen zu: »Peppe, stai attento!« Zweimal hatten ihn die schwerfälligen Riesen bereits verletzt. Einmal zerbrach ein verrosteter Anker in zwei Teile, als er ins Meer geworfen wurde, streifte ihn an der Brust und brachte ihn für die gesamte Tonnarasaison ins Krankenhaus.

Der von einem Motor betriebene Lastenzug wurde erst seit Mitte der Sechzigerjahre benutzt, vorher, so unglaublich es auch schien, wurden die Anker von den Männern per Hand verladen. Eines Tages im März befahl der Raìs dann den Männern, in kurzen Hosen von der Mittagspause zurückzukommen. Dreißig Männer schoben ein paar dicke Holzbalken unter Levante, hoben ihn hoch und brachten ihn in das eiskalte Märzmeer. Wenn sie brusttief im Wasser standen, hoben sie den Anker aufs

Boot. Die kleineren Anker erforderten jeweils nur vierzehn Mann.

Waren sie einmal an Bord, wirkten sie anmutig und leicht. Sechzehn Eichenpfähle ruhten im rechten Winkel zum Bug auf einer langen Pinienplanke, wie Rippen an der Wirbelsäule. Die Kopfteile der Anker hingen über der Seite des Boots, die Ankerarme wiesen in den Himmel. Wenn Fafarello das Ankerboot durch das flache Wasser zum Kai stakte, wirkte es majestätisch wie ein blauer Schwan mit schwarzen Flügeln.

## 10

# *Rosetta*

Siebzehn ist in Sizilien eine Unglückszahl; am Siebzehnten jeden Monats stornieren Reisende ihre Flugzeugreservierungen und die Hochhäuser hier haben kein siebzehntes Stockwerk. Wenn die Tonnarotti mit einem Meterstab ein Netz messen, dann zählen sie laut: »Sechzehn, sechzehn und eins, achtzehn.« So ist es keine Überraschung, dass der Sankt-Patricks-Tag am 17. März ohne Parade auskommen muss. Aber der heilige Joseph, dessen Fest man zwei Tage später feiert, wird in ganz Sizilien verehrt.

Der heilige Joseph ist ein bei den einfachen Leuten äußerst populärer Heiliger; er ist der Schutzheilige der Zimmerleute und Waisen. Sein Fest fällt auf die Tagundnachtgleiche im Frühling und wird mit vielfältigen, manchmal heidnischen Bräuchen gefeiert. Die Einwohner von Palermo entzünden dreistöckige Freudenfeuer in den Straßen und verbrennen alte Möbel. Auf der Insel Marettimo gibt es Feuerwerke, in Campobello di Mazara Altare aus Brot und in Syrakus wird das älteste Boot verbrannt. Der heilige Joseph geht durch den Ort Salemi, klopft an die Türen, bittet um Brot und Unterkunft für seine Familie und wird dreimal abgewiesen. Das ist ein Ritual, an dem die ganze Stadt teilnimmt. Jeder kennt seine Rolle.

»Wir sind drei arme Reisende und müde vom Wandern. Wir würden gern für diese Nacht hier unterkommen.«

»Wir haben weder Platz noch Essen. Geht woanders hin.«

Manchmal wird der heilige Joseph von einem Trommler und einem Erzähler begleitet, der den Zuschauern die Geschichte erklärt. »Der heilige Joseph ging von seinen Verwandten zu seinen Freunden, aber niemand wollte etwas für ihn tun.«

Große Gefühle kommen auf. In der zweiten Phase des Rituals erkennen die Einwohner der Stadt die Verbindung der Heiligen Familie zu Gott an und laden sie zu einem Fest ein. In Sizilien zählt immer, wen man kennt.

In einem Jahr war ich während der Sankt-Josephs-Prozession auf Favignana, die normalerweise dann stattfindet, wenn die Anker ins Meer gelassen werden. Als ich von meinem Haus bei Bue Marino zum Ort radelte, hörte ich das blecherne Schmettern einer Blaskapelle. Ich folgte dem Klang bis zu dem feierlichen Umzug. Die Musiker der städtischen Blaskapelle, gewandet in kastanienbraune Blazer und schwarze Hosen, marschierten durch die Seitenstraßen, gefolgt von zwei Mädchen, die Brötchen verteilten. Die älteren Leute folgten in Wagen und spähten durch die regenbespritzten Windschutzscheiben.

Ein Mädchen gab mir ein Brötchen, das ich sofort verzehrte. Später jedoch erklärte mir Antonio Casablanca, dass die Seeleute das *panuzzo* für Zeiten aufbewahren, in denen die See rau ist. Dann werfen sie das Brot mit einem Gebet ins Wasser, um die Wellen zu glätten und arbeiten zu können. Er gab mir seines zum Aufbewahren und jetzt, fünf Jahre später, ist es steinhart.

Die Statue des heiligen Joseph wurde bei der Prozession nicht mitgeführt. Denn in jenem Jahr fiel das Fest mitten in die Fastenzeit, die vierzig Tage vor der Kreuzigung, in denen die Katholiken fasten und sich auf Christi Opfertod besinnen sollen. Deshalb mussten die Heiligenstatuen in ihren Kirchennischen bleiben und mit violetten Tüchern verhängt werden. Ich folgte der Kapelle bis zur Piazza, wo eine Familie, verkleidet als Joseph, Maria und Jesus, auf einer erhöhten Bühne an einem Tisch saß, auf dem eine Karaffe mit Rotwein stand. Eine Mitarbeiterin der Kirche goss Wasser aus einem Krug in eine Schüssel, in der die Heilige Familie ihre Hände wusch. Die Piazza war voller Zuschauer. Cristinas Vater saß an einem Tisch vor der Bar; er winkte mir, damit ich mich zu ihm setzte.

»Besser in Favignana sterben als in Turin leben«, sagte er aus dem Nichts heraus. Seine Schwägerin aus Turin wollte, dass er sie für ein paar Monate besuchen käme, erzählte er mir, aber er bekam in der Stadt keine Luft. »Signorina, die Luft hier ist einfach anders.« Er nannte mich »Signorina«, weil er meinen Namen vergessen hatte.

Dann wechselte er plötzlich das Thema. »Wussten Sie, dass eine Leiche ohne Kopf gehen kann?« Das wusste ich nicht. Er wies mit seinem Kinn zu einer Stelle auf der

Straße, vor der Bank. Er hatte so etwas selbst gesehen, während des Krieges, einem Mann war von einer Bombe der Kopf abgerissen worden. Der kopflose Körper trat vom Bordstein, als wolle er die Straße überqueren, und sackte dann in sich zusammen.

Antonio Casablanca, einer der jüngeren Tonnarotti, setzte sich auf einen Kaffee zu uns. Seine Tante, die Witwe Rosetta Messina, verwandelte ihr Wohnzimmer alljährlich zum Fest in einen begehbaren Altar für den heiligen Joseph und war damit eine der wenigen, die noch an dieser alten Tradition festhielten. Heute war der Namenstag ihres Vaters und Antonio wollte zu seinem Zu Peppe, um ihm *buon onomastico* zu wünschen. Er lud mich ein mitzukommen.

Es hatte aufgeklart, die Sonne schien heiß. Zu Peppe, ein alter Tonnarotto, saß auf einem Holzstuhl im Schatten eines wuchernden Busches in seinem Vorgarten und hatte sein geschwollenes, bandagiertes Bein auf einen Hocker gelegt. Er gehörte einem mittlerweile fast ausgestorbenen Menschenschlag an. Das einstöckige Haus hinter ihm war baufällig, der Verputz hatte Risse und blätterte ab. Er beschwerte sich bei Antonio, weil er nur so selten vorbeikam. Rosetta erschien auf der Türschwelle und wischte sich die Hände an ihrer Schürze ab.

»Er hat heute einen schlechten Tag«, sagte sie. Ihr dunkelbraunes Haar war von grauen Strähnen durchzogen und wurde von einem Haarband zurückgehalten.

»Letztes Jahr, da war er neunzig, ist er von zu Hause ausgebüchst«, erzählte mir Antonio, während sein Onkel mit halbem Ohr zuhörte. »Er ging auf den Berg, im Winter, ganz allein, nur mit Hausschuhen und Schlafanzug bekleidet, ging den halben Berg hinauf zu einem eingefallenen alten Haus. Drei Tage lang war er weg. Ich verbrachte zwei Tage damit, ihn mit Polizei, Hubschraubern und Hunden suchen zu lassen. Taucher suchten im Meer nach seiner Leiche. Am dritten Tag kam er von selbst wieder heim, ganz zerschunden und blutbeschmiert, weil er auf den Felsen gefallen war. Er dachte, es sei Krieg, die Soldaten wären hinter ihm her und sein Haus würde bombardiert.«

Als Zu Peppe, nachdem er drei Tage die Polizei ausgetrickst hatte, wieder auftauchte, bekam Rosetta eine Anzeige wegen Vernachlässigung und die Rechnung für die Suche. Sie sagte, sie beliefe sich auf mehr als zehntausend Dollar. Doch schien sie das nicht zu beunruhigen; der Fall würde erst Jahre später vor Gericht kommen. Sie winkte mich zur Tür.

Rosettas Altar war eine wahre Phantasmagorie. Große Bahnen aus himmelblauem Satin hingen an der Rückwand des Wohnzimmers, auf denen perspektivisch zurückweichende Pappengel angenäht waren. Einige der Engel waren gekauft: Cherumbimköpfe mit rosigen Wangen, Blondlocken und Flügeln, die hinter dem Hals hervorkamen. Andere waren Seraphim, die sie selbst vor langer Zeit gezeichnet, bemalt und ausgeschnitten hatte. Zudem hatte sie silberne Girlanden an den Vorhangstangen aufgehängt, zusammen mit Christschmuck. Die Satinvorhänge rahmten ein Bild mit der Heiligen Familie, zu deren Füßen silberne Kandelaber mit langen, weißen Kerzen standen. Dazwischen waren Keramikvasen mit frischen Gladiolen und Plastiknelken aufgestellt.

Ihre Haustür stand offen, wie es bei Festen und Totenwachen üblich war; sie ließ die Segnung der Heiligen von ihrem Altar her ausstrahlen. Rosetta zog einen Stuhl heran und bat mich, Platz zu nehmen und mich umzusehen, falls ich dazu Lust hätte. Sie wies auf einen Fleck auf dem Satinstreifen, der von einer verdorbenen Banane herrührte, die Zu Peppe im Wäscheschrank verstaut und dann vergessen hatte. Der Altar blieb immer bis zum 25. März stehen, einem Feiertag der Heiligen Jungfrau, dessen Namen sie aber nicht wusste. (Ich schlug es nach: Mariä Verkündigung.) Sie sagte, ich könne wiederkommen und Fotos machen.

Das tat ich. Wir freundeten uns an und so kam es, dass ich oft an ihrem Küchentisch Platz nahm, um einen Kaffee zu trinken oder mit ihr zu essen. Eine Delle in der Decke über uns erinnerte sie daran, dass ihr einmal eine Espressokanne explodiert war und sich in die Decke gebohrt hatte. Im ganzen Haus bröckelte der Putz und zerfiel zu feinem Staub. »Jeden Tag muss ich die Decke vom Boden wischen«, sagte sie.

Rosetta war sechzig Jahre alt und sorgte für ihren altersschwachen Vater, ihre bettlägerige Mutter, die sie nicht mehr erkannte und für einen Einbrecher hielt, und ihre ältere Schwester Filippina, die geistig behindert war und kaum laufen konnte. Das Schlafzimmer neben dem begehbaren Altar, das sich Rosetta mit den dreien teilte, sah aus wie ein Krankensaal.

Ihre Nichte Vita war auch immer da, werkelte, angetan mit einer Schürze, in der Küche. Vita war frisch verheiratet und wohnte mit ihrem Mann Mimmo in einem Haus ihrer Tante, doch kam sie täglich herüber, um ihr bei den Mahlzeiten für die Familie zu helfen. Rosetta lebte in dem Haus ihrer Mutter, wo sie und ihre Geschwister aufgewachsen waren. Aber ihre Brüder und Schwestern waren alle fortgezogen, also pflegte sie ihren Vater, gab ihm Spritzen, wechselte seine Bandagen, zog ihre Schwester an, fütterte ihre Mutter, wechselte ihre Windeln, badete sie und lagerte sie auf einem stets frisch bezogenen Bett. Manchmal weigerte sich ihre Mutter, zum Essen den Mund zu öffnen. Dann wurde Rosetta wütend und schrie, denn »wenn Mama nicht isst, wird sie sterben«.

Rosetta hatte Visionen. In Dunstwolken erschienen ihr Menschen in der Küche und sprachen mit ihr, während sie strickte. Die Visionen sprachen oft Warnungen aus. Sie trug ein Goldmedaillon mit dem Bild ihres toten Mannes an einer Goldkette. Sie war spät, aber glücklich verheiratet gewesen. »Er behandelte mich so«, sagte Rosetta und hielt ihre Hände, als wäre sie ein Juwel gewesen, das in ihrer Mitte geschützt wurde. Er kaufte ihr einen Badeanzug und nahm sie mit zum Strand. Nach nur neun Monaten Ehe starb ihr Mann an einer Herzkrankheit.

Man konnte sich Rosetta nur schwerlich als jemanden vorstellen, der beschützt werden wollte: Sie war klein, keck und laut. An Tagen, an denen ihr Knie sie nicht so stark schmerzte, sang sie laut ein Lied, während sie die Wäsche aufhängte. Sie war zwar Witwe, doch Schwarz trug sie nicht, dazu war sie zu lebenslustig. Sie lebte von der staatlichen Rente und der Krankenbeihilfe für ihre Mutter, ihren Vater und ihre Schwester.

Mimmo, Vitas Mann, machte sich rund ums Haus nützlich. Er hatte ein neues Badezimmer gebaut und die Wände verputzt. Im Sommer arbeitete er als Konditor in Approdo D'Ulysse, einem Feriendorf auf der Insel, aber im Frühling machte er Bauarbeiten. Jeden Tag, wenn er zum Mittagessen nach Hause kam und in die Küche trat, bedachte ihn Vita mit einem filmreifen Kuss. Sie waren frisch verheiratet.

Vita setzte jeden an den Tisch, während sich Mimmo wusch. Wenn er seinen Platz am Kopf des Tisches einnahm, wischte er Filippina die Spucke vom Kinn und neckte sie. Filippina hatte eine Schwäche für Mimmo, er war der Einzige, der ihr ein Lächeln entlocken konnte. Auf dem Tisch lag stets ein frisches Tischtuch; dazu kamen Schüsseln mit schwarzen Oliven, Pasta mit Favabohnen in roter Sauce, frischem Ricotta aus Schafskäse, der vom Bauern persönlich geliefert wurde, einem Salat mit Tomaten, Zwiebeln und Kapern und trockenes Brot, das Mimmo selbst buk.

Am Wochenende gingen er und Vita die Strände ab, um nach Treibholz für Rosettas Ziegelofen zu suchen. Sie hatte eine Außenküche wie viele sizilianische Frauen – mit Regalen voller Geschirr, einer Spüle, einem Herd mit zwei Kochplatten, mit Schnüren an der Wand, an denen Knoblauch und rote Peperoni aufgehängt waren, mit Basilikum in Töpfen, Kisten mit Mineralwasser in Plastikflaschen und einem Schränkchen, in dem die Gläser mit Säuglingskost für ihre Mutter aufgereiht waren. Ein Plastikdach warf einen grünen Schatten auf diesen winzigen Innenhof; die Silhouetten von Katzen huschten über unseren Köpfen dahin. Im Sommer war es eine Sauna, aber im Winter blieb es trocken. Rosettas Ziegelofen befand sich in einer Ecke.

Im Frühling machte Mimmo jeden Samstagabend das Brot für die ganze Woche. Er ging nach Augenmaß vor, mischte den Teig in einer Plastikschüssel, knetete ihn und ließ ihn gehen. Vita zündete den Ofen an; die Flammen leckten an die Ziegelsteine. Wenn die Kohle heiß und die Asche genau richtig war, schob sie die runden Brotlaibe mit einem langstieligen Schieber in den halbrunden Ofen. Wenn der erste Laib ausgekühlt war, ritzte Rosetta ein Kreuz in seine Kruste. Sie hielt das Brot an ihre Brust gedrückt und schnitt mit einem Küchenmesser zum Körper hin. Die erste Scheibe beträufelte sie mit Olivenöl und gab sie mir.

Aus dem übrig gebliebenen Teig machte Mimmo Pizza und dann füllte sich die Küche mit Verwandten, die rein zufällig vorbeikamen.

# 11

## *La Costa Alta*

Der Raìs war höflich, aber reserviert, geschäftig und sehr nervös. Auf dem Hof wurde viel Seil zugeschnitten und Tau gedreht, gab es Gelächter und laute Wortwechsel. Ich beobachtete schweigend die Männer und hatte immer noch das ausgeprägte Gefühl, ein Außenseiter zu sein. Wenn ich die Tonnarotti nicht ansprach, redeten sie nicht mit mir.

Ihre einfache, althergebrachte Hierarchie war folgendermaßen gestaltet: Der Raìs war König, General und Papst zugleich. Er hatte zwei Offiziere mit dem Titel Capoguardia. Dies waren der vierundsiebzig Jahre alte Filippo Messino und Occhiuzzi, der blauäugige Cousin des Raìs. Darunter kamen die sechs Kapitäne, die nur auf ihrem eigenen Boot der Herr waren. Jeder von ihnen legte direkt vor dem Raìs Rechenschaft ab.

Occhiuzzi hatte noch eine weitere Aufgabe: Er war die *Prima Voce*, die »Erste Stimme« der Ciurma, der Solist, der während der Mattanza die Strophen der traditionellen Lieder sang. Occhiuzzi war der letzte Tonnarotto im Dienst, der die Texte auswendig konnte. Früher sang die Prima Voce auch an Land, um den Männern bei der Arbeit Kraft und Rhythmus zu geben.

»Was geschieht, wenn du nicht mehr da bist, Occhiuzzi?«

»Dann haben wir eine stille Mattanza«, sagte er. Keine Magie, kein Drohen, kein Flehen zu Gott. Mir wurde berichtet, dass die Tonnara von Bonagia so verläuft. Bei dem Gedanken an eine stimmlose Mattanza schauderte mir. Es würde sein, als ginge man zu einer Messe, wo zwar der Korb für die Kollekte herumginge, doch weder die Kommunion stattfände, noch Gebete gesprochen würden.

Obwohl der 25. April ein nationaler Feiertag war, der Unabhängigkeitstag, zog das Tempo der Tonnara doch an. Lange blaue Boote fuhren in den Hafen, um mit Schwimmern und Stahlseilen beladen zu werden. Die beladenen Boote lagen bis zum Schandeck im Wasser. Die Männer bekamen den doppelten Lohn.

»Warum die Eile?«, fragte ich.

»Wir haben in diesem Jahr wegen des schlechten Wetters spät angefangen«, sagte Occhiuzzi. Aber Vito verriet mir im Vertrauen, dass sie zwei Wochen hinter dem Zeitplan lägen, weil Castiglione die Männer nicht an Ostern arbeiten lassen wollte und Schwierigkeiten bei der Erneuerung seines Pachtvertrags machte.

An diesem Abend saß Antonio Casablanca mit einem

Campari vor sich an einem Tisch neben meinem im *Due Colonne.* Er blickte eine Weile still vor sich hin, dann wandte er sich zu mir und sagte: »Da ist etwas, dass ich bei Ihnen nicht verstehe. Warum halten Sie sich immer im Hintergrund? Ich fühle mich dann sehr unbehaglich. Warum sind Sie nicht ein bisschen geselliger in der Camparia?«

»Ich will Ihnen bei der Arbeit nicht im Weg stehen«, antwortete ich. »Es wäre schrecklich, wenn der Raìs mir sagen würde, dass ich nicht kommen darf, und sei es nur einmal. Außerdem bin ich von Natur aus schüchtern, zumindest am Anfang.«

Sizilianer verstehen, dass man nicht gegen seine Natur ankann. Zweifellos erzählte er das, was er gehört hatte, den Männern weiter; von diesem Zeitpunkt an schienen sie mich als ihr Maskottchen zu betrachten.

Ein dunkler Raum im hinteren Teil des *Due Colonne* gab außerhalb der Saison, also zu jeder Jahreszeit mit Ausnahme des Sommers, einen gemütlichen Treffpunkt für die Einheimischen ab. In diesem Raum spielte man Karten und sah sich Fußballspiele oder Formel-eins-Rennen im Farbfernseher auf einem Bord an. Eine Wand war mit Fotos und Postern von den Männern der Tonnara bedeckt, mit Bildern von der Mattanza und einem riesigen Poster aus einer französischen Zeitung, das in der Mitte einen Knick hatte und Clementes gequältes Gesicht zeigte. Clemente hatte ein Seil aus Kokosfaser um seinen Kopf geschlungen; dieses drückte sich wie eine Dornenkrone auf seine Augenbrauen, während er in die Kamera starrte. Untertitelt war das Bild mit den Worten: »Le Roi des Thons«, der König der Thunfische. Darunter befand sich eine gerahmte Collage – ausgerissene, verblichene Schnappschüsse von seinen flachshaarigen Kindern, als sie noch klein waren. Es war eine ganze Schar.

In diesem Hinterzimmer lernte ich Vincenzo Macchì kennen, einen robusten, kräftigen, weißhaarigen Fischer, der aussah wie sechzig, aber bereits dreiundachzig Jahre alt war. Das lautstarke Kartenspiel – *briscola* – mit drei jungen Frauen war gerade zu Ende, als ich hereinkam. Er sah mich, lud mich ein, an seinem Tisch Platz zu nehmen, bestellte mir ein Bier und erzählte mir ohne Einleitung und ohne zu wissen, wer ich war, die intimsten Dinge aus seinem Leben.

»Ich hatte einmal eine Geliebte, keine Verlobte, sondern eine Geliebte, eine Österreicherin, die vor zehn Jahren hier Ferien machte und sich in mich verliebte. Sie liebte mich, aber ich liebte sie nicht. Sie war hübsch. Und jung. Dreiundzwanzig Jahre alt. Ich ließ sie bei mir einziehen. Wir blieben ein Jahr zusammen. Ich stand morgens auf und ging zum Fischen und wenn ich am Mittag zurückkam, hatte sie das Haus aufgeräumt und die Pasta gekocht. Ich verkaufte meinen Fisch, kam nach Hause und legte das Geld auf den Tisch, *legte es für sie auf den Tisch* und sie rührte es nicht an. Manchmal bat sie mich um Geld für Zigaretten und das gab ich ihr dann.

Era una fortuna«, sagte er. Sie war ein Glücksfall für mich. Vito, der Tonnarotto, erzählte mir später, dass Ilsa an allen möglichen Orten der Insel betrunken aufgefunden worden war, aber sie hatte Vincenzino, einen Witwer, der fünfzig Jahre älter war als sie, nie betrogen.

Es wurde Zeit zum Abendessen. Vincenzino ging zum Essen in die *trattoria* seiner Tochter und Antonio Casablanca, ein Junggeselle Mitte dreißig, ging zu seiner Mutter. Nur die *Aperitiftrinker* waren noch da. Clemente humpelte herein, bestellte ein Glas Prosecco und fragte mich, was in der Camparia vorginge. Als ob er das nicht wüsste. »Noch kein einziger Thunfisch im Netz und alle sind mächtig nervös«, berichtete ich.

»Die Thunfische sind längst weg, zumindest die großen«, sagte Clemente unheilvoll.

»Warum denkst du das?« Die Thunfische passierten Favignana seit Jahrtausenden nach demselben Zeitplan.

»Das denke ich eben«, sagte er, neigte sein Glas und nahm einen Schluck. Seine Arme waren ganz orange von dem Jod.

»Es ist doch noch früh«, meinte ich.

»Die Welt verändert sich«, sagte er.

Eines Tages ließen die Tonnarotti ihre Arbeit liegen und banden Blumensträuße an den Bug der Tonnaraboote. Der *padrino* kam in einer braunen Alba mit Gürtel von der Kirche herunter, gefolgt von einem Messdiener in schwarzem Gewand mit weißem Überwurf. Der Junge trug einen silbernen Krug mit Weihwasser.

Früher hatte die Tonnara ihren eigenen Kaplan und ihre eigene Kapelle. Die Tonnarotti beteten damals in der Kirche San Francesco beim Palazzo der Parodis, aber jetzt war sie geschlossen und verfiel. Früher unterstand selbst der Priester dem Raìs und musste sich vierundzwanzig Stunden am Tag für ihn zur Verfügung halten. Jetzt musste sich die Tonnara mit dem Padrino der Chiesa Madre begnügen.

Der Priester ging herum und segnete die Gerätschaften der Tonnara, er tauchte mit einem Silberstab in das Gefäß, das der Junge mit beiden Händen hielt. Die Männer hatten ihre Boote mit gekauften Blumen geschmückt, ihre Haare mit Wasser geglättet, hielten ihre Mütze in der Hand und folgten dem Priester wie Schuljungen. Der Priester besprenkelte zunächst die Netze, dann die Karren, dann die Stahlseile, die Anker, die Taue, die lange Kette, die Boote im Trockendock, den Raìs und dann das Meer und die Fische darin. Er stellte sich mit dem Gesicht zur Bucht, bat Gott, den Tonnarotti die Stärke des Thunfischs zu gewähren, und sprach ihnen schließlich ein Vaterunser und ein Ave-Maria vor. Dann wandte er sich um und wünschte ihnen »Buona pesca«.

Die Männer buhten. Sie brüllten. Sie heulten einstimmig: »o-o-O-O-H.« Der Priester war verblüfft. Er hatte es nur gut gemeint, aber die Tonnarotti glaubten, dass es Unglück brächte, wenn man Fischern einen guten Fang wünschte. Der Raìs stauchte sie wegen ihrer Unhöflichkeit zusammen. Schließlich hatte der Priester nichts von diesem Aberglauben gewusst, ich übrigens auch nicht.

»Was sagt man sonst?«, fragte ich einen alten Tonnarotto.

»Am besten sagt man gar nichts«, antwortete er. »Aber wenn man unbedingt etwas Ermutigendes sagen will, sagt man: ›In bocca al lupo – ins Maul des Wolfs‹, und man antwortet: ›Crepa, crepa – soll er doch abkratzen.‹«

Am nächsten Tag stellten sich die Männer um 7.30 Uhr in einer Reihe am Kai auf, um den letzten Abschnitt der Costa Alta zu verladen, eines knapp zweieinhalb Kilometer langen Sperrnetzes, des Meereszauns, der sich von der Wasseroberfläche dreißig Meter tief bis zum Meeresboden erstrecken würde. Wenn man es auf dem Asphalt vor dem Tor der Camparia ausbreitete, war es so groß wie ein Morgen Land.

Einige Männer, die im Schneidersitz an der Längsseite des Netzes saßen, befestigten eine Stahlkette ans untere Ende. Ihre Hände waren hart, abgeschürft und rostverschmiert. Durch das Gewicht der Kette würde das Netz an Ort und Stelle gehalten und der Bedarf an Ankersteinen um die Hälfte reduziert werden. Etwa fünfzehn Männer standen auf dem Netz und schnürten seine Einzelteile zusammen. Sie schienen darin zu waten wie in flachem Wasser. Zehn Männer kümmerten sich um das obere Ende des Netzes und banden es in regelmäßigen Abständen an ein Tau, das mit Schwimmern versehen war. Die schwache Morgensonne vertrieb den Dunst und wurde zu einer goldenen Scheibe. Die Arbeit war schmutzig und eintönig. Fünf Männer standen im Boot und schaufelten das Netz mit den Händen hinein. Dreiundvierzig Männer mussten einen ganzen Tag arbeiten, um das Netz zu präparieren und auf die Boote zu laden. Sie übertönten mit Wortwechseln und Scherzen das dumpfe Dröhnen der Ankersteine, die verladen wurden. Sie unterhielten sich in ihrer musikalischen Sprache, einem ständigen Zwitschern und Tschilpen, genau wie die Schwalben, die in den Dachgesimsen über ihnen umherflatterten. Die Arbeit war rhythmisch und einschläfernd. Occhiuzzi stolzierte herum und rief Befehle: »Ziehen! Hochheben! Stopp! Weiter! Ziehen, ziehen! Die Kette! Die Kette!« Das Netz zischte in regelmäßigen Intervallen über das Pflaster. Die Kette klirrte im Takt dazu, als sie langsam ins Boot geschleift wurde.

Im Netzhaus zogen die Jüngeren weitere Abschnitte des Netzes von den hohen Netzhaufen und türmten sie auf alte Holzkarren mit Metallrädern. Ein Mann stellte sich zwischen die Deichsel, legte sich ein Zugseil um sein Schultergelenk, beugte sich vor und zog den Karren wie ein Lastpferd. Die Älteren folgten in einem Halbkreis hinter dem Wagen und lehnten sich gegen das aufgetürmte Netz, damit es nicht herunterrutschte. Draußen in der Sonne luden sie es ab und breiteten es in langen Reihen aus.

Das Stahlseil, an dem die Netze aufgehängt wurden, befand sich bereits im Meer. Neben den Netzen, der Kette, den Tauen und den Schwimmern luden die Tonnarotti auch einige der dreitausendfünfhundert Ankersteine an Bord. Jeder dieser weißen, gold schimmernden Steine wog vierzig Pfund. Das Gestein aus Favignanas letztem noch existierenden Steinbruch war zwar dicht, aber zu teuer, sagte Occhiuzzi, deshalb importierte Castiglione die Ankersteine aus Tràpani. Sie kamen in Kippern mit der Fähre. Wochenlang hauten zwei Männer mit Macheten Einkerbungen in die Mitte eines jeden Steinblocks, dann wurde ein Seil darum gebunden.

Ein Gabelstapler brachte die Steine zur Anlegestelle, wo Leonardo, ein junger Tonnarotto, sich bückte, jeweils einen hochnahm und ihn eine Planke hinunter ins Boot schob. Vito trug sie dann zum Bug. In jedes Boot kamen zweihundertfünfzig Steine, fünf Tonnen. Die sandigen Steine staubten und der Staub legte sich auf Vitos Gesicht. Einige sprangen und zerbrachen, als sie im Boot landeten. Ein paar Kinder waren nach der Schule hergekommen und standen, die Schulbücher noch auf dem Rücken, dabei und sahen zu.

Occhiuzzi wollte nicht singen. Früher sang die Prima Voce, um den Männern die Arbeit zu erleichtern. Ich bat ihn inständig, aber Occhiuzzi zeigte nur auf seine Kehle. Er war heiser vom lauten Rufen. »Du siehst doch, dass ich noch nicht mal sprechen kann.«

Das Netz schien endlos. Es verharrte nur, wenn die Männer die Kette befestigten und die Nähte zusammenbanden, doch es kamen immer neue Abschnitte in Karren aus dem Lagerhaus. Erst lange nach dem üblichen Feierabend um halb fünf war das letzte Stück der Costa Alta verladen. Als der Rest des Netzes sich an Bord schlängelte, nahmen die Männer ihre Mützen ab.

Occhiuzzi rief: »Gepriesen auf ewig sei der Name Gesù!«

»Ge-sù!«, riefen die Männer einstimmig und dann war das Tagwerk getan.

# 12

# *Die Raìs*

Wenn man in Favignana als Priester, als Arzt oder gar als Bürgermeister stirbt, dann weiß niemand, der hundert Jahre später das Grab besucht, was man im Leben getan hat. Aber wenn man Raìs war, bekommt man dieses Wort wie eine Krone über seinen Namen in den Grabstein gemeißelt.

*Raìs* bedeutet »Anführer« auf Arabisch; das Wort hat dieselben Wurzeln wie *re* und *rex*. Früher war der Raìs mit dem Meer verheiratet, genau wie die urzeitlichen Herrscher mit ihrem Reich verheiratet waren. Der Titel ist jetzt nicht mehr erblich, aber jeder Raìs ist der Erbe jedes anderen Raìs vor ihm, und dies in einer ununterbrochenen Linie bis zurück in die graue Vorzeit.

Der Raìs gibt der Ciurma, der Mannschaft, die sich heute auf dreiundsechzig Männer beläuft, die Befehle, er beaufsichtigt die Anlage der Reuse und entscheidet, wann der Thunfisch getötet wird. Die Raìs von Favignana waren im ganzen Mittelmeer berühmt; sie beherrschten die Königin aller Tonnaras.

## Raìs Salvatore Mercurio

Am 25. August 1978, am Ende einer der schlimmsten aller Tonnarasaisons, starb Raìs Salvatore Mercurio im Alter von achtzig Jahren in seinem Haus auf Favignana und wurde auf allen drei Ägadischen Inseln betrauert. Er war der letzte Raìs mit uneingeschränkter Autorität; als seine Männer eine Gewerkschaft gründeten, ging er. Drei Monate vor seinem Tod wurde er von der italienischen Journalistin Gin Racheli über sein Leben als Tonnarotto befragt. Sie veröffentlichte seine Geschichte in ihrem Buch über die Ägadischen Inseln: *Egadi: Mare e vita* (Egadi: Meer und Leben). Den folgenden Bericht gebe ich aus ihrem Buch wieder.

Der Raìs hatte sich 1968, zehn Jahre zuvor, zurückgezogen. Er empfing die Journalistin zu Hause, freundlich und ohne besondere Umstände; er besaß kaum Schulbildung und sprach puren Dialekt, aber wirkte trotzdem wie ein Herr, schreibt sie. Sie spielte ihm eine Aufnahme vor, die sie während einer Mattanza gemacht hatte: Die Ciurma singt »Ai-a-mola«. Die Stimmen versetzten den alten Raìs noch einmal auf seine Musciara, in das kleine Viereck aufgewühlter See über der Kammer des Todes. Er sah die Sänger aufgereiht am Rand des Vascello, des langen schwarzen Bootes, mit dem schweren Netz in ihren Händen. Er machte noch einmal die gebieterische Geste der Raìs, knickte die Arme an den Ellbogen ein und winkte mit den Händen zu seinen Schultern, das Zeichen, mit dem Ziehen zu beginnen. Dabei sprach er leise die geheimnisvollen Worte des Liedes mit. Racheli sagte, seine Augen seien voller Tränen gewesen und ein unbeschreibliches Lächeln habe auf seinem Gesicht gelegen. Dann dankte er ihr und sagte, er hätte dieses Lied zum letzten Mal gehört. Sie antwortete, sie würde im nächsten Jahr wiederkommen und ihm eine neue Aufnahme mitbringen. Da meinte er: »Das wird schwierig werden«, und brachte sie zur Tür.

Raìs Salvatore Mercurio war siebenundfünfzig Jahre bei der Tonnara von Favignana, von 1911 bis 1968. Er begann mit dreizehn Jahren als Hilfskraft und lernte, wie man die Netze wartete, wie man sie lagerte, wie man sie flickte, wie man sie aus der Lagerung holte und im Meer platzierte. Später, als vollwertiger Tonnarotto trug er die schweren Anker, Steine und Schwimmer. Er spürte den Schmerz vom Rudern in seinen Schultern, strich schwarzes Pech auf die Tonnaraboote, bereitete die Ankerseile vor, ließ die Anker ins Wasser, platzierte die Netze und verbrachte Stunden auf seinem Bauch, um durch das Glasfenster im Boden der Boote die Fische zu zählen. Schließlich kam die Mattanza, der rituelle Gesang, das wahnsinnige Herumsausen der Fische, das aufspritzende Wasser, das Blut und die heiseren Schreie. Je zahlreicher, größer und schöner die Fische waren, desto lauter und leidenschaftlicher schrien die Männer. Wenn er die lang erwartete Beute erblickte, ihre silbrigen Leiber vor sich aufblitzen sah, schrie er mit den anderen in den Wind und übers Meer. Nicht lange danach war er von Blut und Schweiß überströmt. Dann, nach dem Massaker, die tiefe Stille. Er wusste, er würde niemals diese Arbeit, diese Welt aufgeben.

Als er sein langes Gaff bekam, mit dem er die Fische an Bord ziehen konnte, wurde er ein vollwertiger Tonnarotto. Nun lernte er während der Mattanza die rasende Verzweiflung der Kreatur kennen, fühlte, wie sie seine stahlharten Arme, seine Beine und sein Rückgrat durchrüttelte.

Er wurde zum *arringatore* befördert, zu einem der beiden Männer in der Mitte jeder Achtergruppe, die den sterbenden Fisch an Bord zieht. Die Arringatori sind die stärksten und erfahrensten Tonnarotti; sie haben die kürzesten Gaffs und den engsten Kontakt mit dem Fisch. Sie tragen die Hauptlast beim Herausholen. Viele Male, wenn er einen Thunfisch aufs Schandeck gezogen hatte und ihn dort balancierte, wusste er, dass der zappelnde Fisch ihm den Arm oder das Rückgrat brechen konnte. Er lernte die klassische Ausweichbewegung, wobei der Rumpf aus dem Boot gebeugt wird, um dem tödlichen Schlag zu entgehen.

Über die Jahre hinweg wurde Mercurio zu einem großartigen Tonnarotto: stark und in der Lage, die Bewegungen des Fisches vorauszusagen. Er wurde zum Capoguardia und entwickelte seine Sensibilität und sein Wissen über die Winde, die Strömungen und die Wassertemperatur immer weiter. Nach und nach waren die Stimmungen und Verhaltensweisen der Fische kein Geheimnis mehr für ihn. Er lernte, alle möglichen Probleme zu bewältigen, von Rissen im Netz bis zu riesigen Raubfischen oder Thunfischen, die sich im Netz verfangen hatten. Er verrichtete seinen Nachtdienst auf dem Meer, um Schiffe, die sich verfahren hatten, zu warnen, damit ihre Schiffsschrauben sich nicht im Sperrnetz verfingen und ihr Motorengeräusch nicht die Thunfische vom Netz weg scheuchte. Vierzehn Stunden lang war er dann eine menschliche Boje in einem offenen Boot, und das unter unfreundlichsten Wetterbedingungen.

Der Raìs sah, dass Mercurio natürliche Autorität und

einen ausgeprägten Sinn für Disziplin und Pflichterfüllung besaß. Er bot ihm an, ihn nach Begasi in Nordafrika zu schicken, wo eine neue Tonnara errichtet wurde. Mercurio ging hin und als er zurückkehrte, genoss er den Respekt von Vincenzo Florio, der die Tonnara von Favignana gepachtet hatte.

1935 wurde Mercurio der Raìs von Favignana und kommandierte hundert Männer. Seine Befehle waren präzise und unanfechtbar. Er erwartete, dass man ihm unverzüglich und ohne nachzufragen gehorchte. Er duldete keinerlei Nachlässigkeit. Er nahm die Männer hart ran. Manchmal kommandierte er zwei oder drei Mattanzas pro Tag. Wenn die Männer ihm müde erschienen, schickte er sie zu jeder Tageszeit nach Hause, damit sie sich ausschliefen.

Er aber, der Raìs, schien niemals zu schlafen; und niemand erinnert sich daran, dass er während der Thunfischsaison auch nur eine einzige Nacht an Land verbrachte. Er blieb in seiner Musciara, hockte still über den Netzen, studierte Wind und Seegang, lauschte auf die Richtungsänderungen der Strömung. Bei Nacht spürte er im wörtlichen Sinne die Anwesenheit der Thunfische, weil er eine leichte Schnur mit einem Gewicht, die er an einem Ende in der Hand hielt, in die Bastardella tauchte. Die Thunfische berührten die Schnur: jede Berührung ein Fisch.

Zeit verging. Die Tonnara von Favignana blieb die reichste und ergiebigste in ganz Italien. Mercurio war im ganzen Mittelmeerraum wegen seiner Strenge und Kompromisslosigkeit, aber auch wegen seiner außergewöhnlichen Fähigkeiten bekannt. Andere Raìs ersuchten ihn um seinen Rat.

1939 hatte Favignana ein bemerkenswertes Jahr: An drei aufeinander folgenden Tagen fingen die Tonnarotti

998 Thunfische pro Tag. Die Bombardierungen während des Zweiten Weltkriegs schmälerten den Fang, aber 1957, als in einer Saison 7480 Thunfische getötet wurden, brachte Raìs Mercurio die Tonnara auf den höchsten Stand eines ganzen Jahrzehnts.

Die nächsten zehn Jahre brachten gesellschaftliche Veränderungen mit sich. In den Sechzigern kamen seltsame Ideen vom Kontinent herüber und zerschlugen die tausend Jahre alten hierarchischen Strukturen der sizilianischen Tonnaras. Politiker, die nichts über dieses uralte Gewerbe wussten, unterwanderten zunächst die Fabriken und dann die Ciurma mit neuen Ideen über die Rechte der Arbeiter, Arbeitszeiten und angemessene Bezahlung. Auf Favignana begannen die Schwierigkeiten mit einem Streik in der Fischfabrik während der außergewöhnlichen Saison von 1957.

Noch jahrelang wagte keiner der Arbeiter, die Befehlsgewalt von Raìs Mercurio über die Fischer und die Reuse in Frage zu stellen. Aber er wusste, dass seine Zeit ablief und die geheiligte Welt der Tonnara im Wandel begriffen war. Er überzeugte einen seiner Söhne, einen Tonnarotto, sein Gewerbe aufzugeben, weil diese Welt dem Ende zuging. Doch bis das Ende kam, blieb Mercurio in seiner Musciara und kommandierte Mattanzas.

1968 versuchten Politiker, ihn davon zu überzeugen, dass er zwei Gewerkschaftsvertreter in der Ciurma akzeptierte. Mercurio entgegnete, dass ein Boss nicht länger der Boss sei, wenn sich Vermittler zwischen ihn und seine Männer stellten, und dass niemand außer dem Raìs wüsste, was zu tun sei und wie und wann, und zwar trotz aller Unannehmlichkeiten, nur zum Besten der Tonnara und damit auch zum Besten der Männer. Er erklärte, dass für den Thunfischfang die Natur ausschlaggebend sei und nicht die Arbeitszeitpläne der Gewerkschaft.

Aber die »Krankheit«, wie er es nannte, hatte bereits einige seiner Männer infiziert und die Politiker taten ein Übriges. Mercurio hatte gesagt, er würde gehen, wenn Gewerkschaftsvertreter ernannt würden, doch niemand glaubte ihm, denn die Tonnara war sein Leben. Man wählte die Gewerkschaftsvertreter und am selben Tag trat Mercurio zurück.

Es war, als hätte ein König sein Zepter zerbrochen. Der Besitzer flehte ihn an zu bleiben, und so auch die Tonnarotti. Aber er hatte den direkten Kontakt mit der Ciurma verloren. Seine Macht war beschränkt worden; er spürte, von nun an würden seine Befehle hinterfragt werden.

Der alte Mann zog sich ins Privatleben zurück und ein Gefühl der Schuld legte sich lastend über ganz Favignana. Giacomo Rallo, einer von Mercurios Schülern, nahm seinen Platz als Raìs ein. Mercurios Ruhm aber verblasste nicht, sondern wurde nur noch größer, bis sich eine mythische Aura um ihn bildete. Er wurde zum Symbol der Jahrtausende, in denen der Thunfisch Bestimmung gewesen war und nicht nur Business.

Die Zeitungen berichteten über seinen Tod und bei seinem Begräbnis zählte man fünfundvierzig Blumenkränze.

## Raìs Gioacchino Ernandes

Wie Montezuma oder die Könige Hawaiis wurde in den vergangenen Jahrhunderten der Raìs zu seinem Boot getragen, weil seine Füße nicht den Boden berühren sollten. Die Mannschaft hängte ihm Blumengirlanden um den Hals. Die kleine, graue Musciara, das schmalste Boot der Flotte, war sein Thron. Früher hatten die Raìs im

Ruhestand keine hohe Lebenserwartung, aus dem einfachen Grunde, weil sie sich normalerweise erst dann zurückzogen, wenn sie sich aufs Sterben vorbereiteten; für den Raìs gibt es keine obligatorische Altersbegrenzung. Aber wenn ein Raìs zurücktritt, behält er, wie ein Herrscher, für den Rest seines Lebens den Titel.

Raìs Gioacchino Ernandes lebte mit fünfundsiebzig Jahren sehr zurückgezogen. Er setzte nie einen Fuß in die Camparia oder in die Nähe der Boote, auch wenn die Kais für jedermann zugänglich waren. Aber er hielt sich stets im Hintergrund der Tonnara auf, angetan mit einem braunen Tweedjackett und einer Schirmmütze, geschmückt mit einem weißen, wohlgepflegten Schnurrbart. Mit hoch erhobenem Kopf und einem Spazierstock ging er langsam und aufrecht durch die Stadt, wie ein König, der abgedankt hat.

Gioacchino Ernandes wurde 1932, im Alter von sechzehn Jahren, ein Tonnarotto, als sein Vater Raìs war. Achtunddreißig Jahre später, als er vierundfünfzig war, wurde er der Raìs. Das war in einer Zeit, als die Tonnarotti vier oder fünf Mattanzas pro Jahr veranstalteten und dabei jedes Mal drei- bis viertausend Fische fingen, in einer Zeit, in der sie jedes Jahr einen Hai in der Reuse fanden. »Wir ließen ihn sterben. Der Hai ertrank und wir zogen ihn mit der Hand heraus«, sagte er. Der größte Thunfisch, den er aus seiner Amtszeit in Erinnerung hatte, wog 1155 Pfund.

Die Raìs vom alten Schlag hatten einen ausgeprägten Beschützerinstinkt gegenüber der Tonnara. »Niemand konnte die Reuse besichtigen, nicht einmal der Besitzer«, sagte Ernandes. Die Männer in der Musciara waren sorgfältig ausgesucht; sie mussten ohne Anweisungen wissen, was zu tun war. Schweigend und ohne ein Geräusch ihrer Ruder mussten sie leise um die Reuse herumrudern, sonst schwamm der misstrauische Thunfisch möglicherweise in die Tiefe und konnte nicht mehr gezählt werden.

Ernandes' Vater und Großvater waren beide in Favignana Raìs gewesen. Einst kam der Herzog von Aosta, um eine Mattanza seines Vaters zu sehen; der Adlige stand auf Florios Privatboot unter einem Sonnensegel, das ihn vor der Hitze schützte. Ernandes selbst war fünfzehn Jahre Raìs unter den Parodis.

Als er Raìs und die Parodis die Pächter der Tonnara waren, konnten sich die Tonnarotti pro tausend gefangene Fische die drei besten für sich selbst aussuchen. Nach Abschluss jedes Arbeitsschrittes gab es eine Belohnung: eine Zigarre für jeden, wenn die Reuse im Wasser war; einen halben Liter Wein, wenn die Sperrnetze ausgelegt worden waren; etwas Geld, wenn die Kammer des Todes fertig war.

Raìs Ernandes trat 1985 zurück, genau nach einer Saison unter Castiglione, der ihm befohlen hatte, die Reuse weiter hinaus aufs Meer zu verlegen. Hundert Jahre lang, seit der Zeit der Florios, hatte sie am selben Platz gelegen. Ernandes' Großvater hatte, bevor er Raìs wurde, in der Musciara von Raìs Casubolo gesessen, als Florio dasselbe Experiment unternahm. »Eines Tages wollten sie die Reuse kontrollieren, da war sie weg. Sie verloren eine ganze Saison«, sagte Raìs Ernandes. Das Experiment war einer von Florios Fehlschlägen. Die starken Strömungen, die die Fische mit sich brachten, hatten die Reuse fortgerissen.

Castiglione also hatte dieselbe Idee: Wo die Strömung stärker war, wollte er mehr Fische in die Falle locken.

»Ich war nicht einverstanden mit diesem Positionswechsel«, sagte Raìs Ernandes. »Zwar passierte mir nicht dasselbe, was meinem Großvater passiert war. Die Reuse verschwand nicht, aber sie bewegte sich. Sie riss. Die Fische entkamen.«

»Was machten Sie dann?«, fragte ich.

»Ich versuchte, das ganze Material an Land zu holen. Dann ging ich.«

Neunundsechzig war er, als er aufhörte. Ein paar seiner Männer schlossen sich ihm aus Solidarität an, Männer, die man sonst möglicherweise gebeten hätte, seinen Platz einzunehmen. Aber der junge Salvatore Spataro verließ die Ciurma nicht und Castiglione beförderte ihn zum Raìs.

Die Autorität des Raìs darf nicht in Frage gestellt werden, sagte Ernandes. »Er ist der General, er ist der Präsident der Republik. Wenn ich dir etwas befehle, tust du es, auch wenn du meinst, es sei falsch. Natürlich muss es auch *tira e molla*, etwas Gedankenaustausch, geben.«

Jetzt saß Gioacchino Ernandes auf der Piazza Europa, die am nächsten zum Meer und zur Camparia liegt, sodass er unauffällig das tägliche Kommen und Gehen der Tonnarotti beobachten konnte. Manchmal ging er in die Ein-Mann-Reiseagentur seines Freundes Giuseppe Guarassi, der ein Fan der Tonnara und der frühere Direktor der Fabrik war. Der alte Raìs machte seine Rundgänge, schwatzte hier und da ein bisschen und saß dann eine Weile auf den Stufen der Bar del Corso gegenüber von Florios Statue.

## Raìs Salvatore Spataro

1986 kommandierte Salvatore Spataro seine erste Mattanza, die gleichzeitig auch meine erste war. Ich habe Schwarzweißfotos von dem jungen Raìs in Jeans und Jeansjacke, wie er von seiner Musciara, die wild über der

Kammer des Todes schaukelt, seine Befehle ausgibt. Mittlerweile war sein schwarzes Haar stahlgrau geworden und hatte schon weiße Strähnen. Es war zwar noch dick und wellig, setzte aber weiter hinten an seiner Stirn an. Er war stets besorgt und neigte zu Wutausbrüchen. Wegen seiner Trotzanfälle wurde er von den Männern »Il Bimbo« (das Baby) genannt.

Salvatore Spataro wahrte Distanz zur Ciurma. Tagsüber, wenn er nicht auf dem Meer war, verschanzte er sich normalerweise in seinem fensterlosen Büro, dem Steinraum mit den unebenen, schimmlig feuchten Wänden, an denen zusammengewürfelte Poster mit ausgeblichenen Regenbogen prangten; dort saß er, ohne jedes Licht, und telefonierte mit Castiglione. Irgendjemand war immer gerade bei ihm, einer seiner Offiziere oder der Buchhalter von Castigliones Büro in Tràpani. Er zappelte hinter seinem Schreibtisch, erledigte Schriftkram, wippte mit einem Fuß, zuckte mit einem Knie. Ein Jahr zuvor hatte er mit dem Rauchen aufgehört, eine Leistung, sagten die Männer, die seinem Charakter nicht gerade gut tat.

Er kritisierte die Männer in aller Öffentlichkeit, manchmal sogar in Gegenwart von Touristen. Es war demütigend. »Er sollte denjenigen beiseite nehmen und ihm sagen: ›Hör mal, das hast du nicht richtig gemacht‹«, sagte ein Tonnarotto, der sich frühzeitig aus dem Geschäft zurückgezogen hatte, weil der Raìs, wie er sagte, keinen Respekt gegenüber den Älteren walten ließ.

Ein Jahr zuvor sah ich einmal, dass die Ciurma früh von einer Operation auf dem Meer zurückkam, die normalerweise einige Stunden dauerte. Ich sah, wie die Männer schweigend, mit zerknirschtem Gesichtsausdruck und ohne die üblichen Scherze aus ihren Booten stiegen. Man hätte die Luft mit einem Messer schneiden können.

»Was ist passiert?«, fragte ich Clemente.

»Der Raìs fand einen Fehler bei den Ankerketten und die Arbeit musste unterbrochen werden, bis das korrigiert ist. Er hat sein Walkie-Talkie, das eine Million Lire gekostet hat, ins Meer geschmissen und Gioacchino für den Fehler verantwortlich gemacht.« Ich konnte mir die Szene lebhaft vorstellen, weil ich schon einmal gesehen hatte, wie sich die Männer von ihren Booten aus angeschrien hatten, dass ihre Nackenmuskeln anschwollen und die Boote vom Stechen mit dem Zeigefinger schaukelten – einer, der dem Raìs die Stirn bot, die anderen als unfreiwillige Zeugen. Wenn man in einem Boot ist, kann man nicht weglaufen. »Wer kennt die Tonnara besser als ich?«, hatte Gioacchino dem Raìs entgegengeschleudert, womit er dessen Autorität in Frage stellte.

Clemente erzählte mir nicht, was genau der Raìs gesagt hatte, aber ich wusste, wie er war, wenn er wütend war.

»Wie hat Gioacchino reagiert?«, fragte ich.

Clemente berührte mit einem Finger eines seiner Augen. »Er weinte. Aber erzähl es nicht weiter.«

Später berichtete Gioacchino mir, ohne den Zwischenfall zu erwähnen, dass er lieber geschlagen würde, als auf dem Meer zusammengestaucht zu werden.

Aber alle waren sich einig, dass der Raìs sein Geschäft verstand.

»Man kann sagen, dass Salvatore in der Camparia geboren wurde«, sagte Adalgisa, seine Frau, mir eines Tages bei einem Kaffee in ihrer Küche. Ich ging zweimal die Woche zu ihrem zweistöckigen Haus in der Via Mulini, nur eine Treppe von der Via Roma hoch, um ihrem vierzehn Jahre alten Sohn Gaspare Privatstunden in Englisch zu geben. So konnte ich dem Raìs seine Freundlichkeit, mich auf die Boote der Tonnara zu lassen, vergelten.

»Sein Vater war ein Tonnarotto. Salvatore gehörte zu denen, die den ganzen Winter über in der Camparia arbeiteten und die Netze und Boote für den kommenden Frühling vorbereiteten. Und er war immer in der Musciara des Raìs gewesen.« So lernte er, sagte sie, er beobachtete den Raìs aus nächster Nähe bei der Arbeit.

Adalgisa wuchs in Favignana auf und kannte ihren Mann seit ihrer Kindheit. Als sie verlobt waren, unterbrachen die Parodis die Arbeit im Winter, um zu sparen, also tat Salvatore, was so viele andere auch taten: Er verließ die Insel, um Arbeit zu finden. In Turin bekam er bei Fiat einen Job am Fließband, wo er eineinhalb Jahre arbeitete, bevor er Adalgisa heiratete. Das war vor einundzwanzig Jahren. Sie zog mit ihm in den Norden und sah sich ebenfalls nach einer Arbeit um.

Doch einen Monat nach der Hochzeit war sie bereits im ersten Monat schwanger mit Diego, ihrem ersten Sohn, und sie wusste, dass niemand sie einstellen würde. Dann wurde ihr Mann krank.

»Salvatore konnte nicht mehr schlafen. Er stand mitten in der Nacht auf und wanderte durch die Straßen. Er fühlte sich elend – schrecklich. Es gibt kein Meer dort. Er ging zum Arzt. Der untersuchte ihn und sagte dann: ›Mit Ihnen ist alles volkommen in Ordnung. Gehen Sie zurück in Ihr *paese*.‹ Da war er bereits zwei Jahre in Turin. Ich sagte: ›Lass uns nach Favignana zurückgehen‹, und er war glücklich. Vielleicht hatte er darauf gewartet, dass ich diesen Vorschlag machte.«

Und so kamen sie zurück. Salvatore bekam seine alte Arbeit in der Camparia – die Parodis hatten beschlossen, doch nicht im Winter den Betrieb einzustellen – und seitdem war er immer dort gewesen, den ganzen Winter und jeden Frühling. Aber die Last der Verantwortung hatte ihn zermürbt.

Wir saßen in seinem dunklen Büro. Er sah ein Notizbuch durch, weil ich ihn gefragt hatte, aus wie viel Einzelstücken genau die Reuse bestand. Er fand die Anzahl der Netze und las sie mir vor, Abschnitt für Abschnitt. Am Ende wurden die Zwischensummen addiert: 1812 einzelne Netzstücke.

»Sie können die Summe in Ihrem Buch erwähnen«, sagte er, »aber nicht die Zwischensummen und die Abschnitte, zu denen sie gehören. Schließlich ist das mein Lebensunterhalt.«

»Befürchten Sie, dass jemand mit diesen Zahlen eine Tonnara aufstellen könnte?«

Er versteifte sich.

»Nein. Niemand kann das, was ich kann«, antwortete er. »Für mich ist es sowieso das letzte Jahr.« Dann entspannte er sich. »Ich denke, es ist mein letztes Jahr. Ich habe zu früh angefangen. Zu viel Stress.«

»Ja, ich konnte sehen, wie Ihr Haar grau wurde«, sagte ich. Aber er sah immer noch gut aus.

»Zehn Jahre. Zu lang. Vielleicht werde ich alles den Winter über vergessen können.«

»Sie würden als Raìs zurücktreten?« Ich konnte mir nicht vorstellen, dass er auf dieser kleinen Insel zusah, wie ein anderer das Kommando übernahm.

»Ja«, sagte er. »Ständig suchen mich Leute auf. Sie wollen mich anheuern.«

»Wo?«

»In Sardinien. Libyen.«

»Aber drei Monate weg von Favignana, im Frühling … Könnten Sie das?«

»Sì. Drei Monate. Dann, neun Monate …« Er legte seine Wange in eine Hand, was bedeutete, dass er dann schlafen konnte. »In Libyen zahlen sie in Dollar.«

Er wusste, dass die Männer sich bei mir über ihn beklagten. »Sie verstehen es einfach nicht«, sagte er. »Wenn ich eine Anweisung erteile, wie ›Nicht das Netz verlieren, binde es fest‹, denken sie, ich wäre geizig. Nicht alle. Aber einige verstehen einfach nicht, dass ich versuche, Material zu sparen, damit ich, wenn der Boss im nächsten Jahr fragt: ›Kannst du die Tonnara errichten, ohne neues Material zu kaufen?‹, Ja sagen kann und sie Arbeit haben. Sonst sind sie *a spasso* – werden die Hände in die Taschen stecken und einen Spaziergang machen. Ich nicht. Sie schon.«

Er wiederholte, dass er nicht mehr mit mir sprechen würde, wenn ich die Zwischensummen der Netze veröffentlichte. »Dann brauchen Sie noch nicht mal ›Hallo‹ zu sagen«, meinte er, stand auf und ging ins Licht.

Eines windigen Tages, als die See rau war und der Versuch, die Kammer des Todes zu errichten, abgebrochen wurde, löste Gioacchino Cataldo ein Versprechen ein, das er mir gegeben hatte. Der Schlepper brachte die Reihe der Boote eine Stunde vor der Mittagspause zum Hafen zurück und der Raìs befahl ihnen wütend, früher nach Hause zu gehen. Das war an dem Tag, an dem er sein Walkie-Talkie weggeworfen hatte.

Gioacchino kam vom Kai direkt auf mich zu. »Heute wäre ein guter Tag, zum Friedhof zu gehen«, sagte er.

Er besuchte ihn jedes Jahr am 2. November, an Allerseelen, doch weil ich ihn gefragt hatte, gingen wir an diesem Frühlingstag hin. Er schwang ein Bein über sein Rad und wies mich an, ihm auf meinem zu folgen. Ich wartete auf der Piazza auf ihn, während er Blumen kaufte. Er kam mit einem dicken Strauß roter Nelken aus dem Blumenladen und radelte vor mir die schmale Straße aus Kopfsteinpflaster hinunter, die zur Lungomare führt, der Straße, die am Meer entlangführt. Er bedeutete mir, neben ihm zu fahren, zog eine Zitrone aus seiner Tasche, drückte seinen Daumennagel hinein und gab sie mir, während wir nebeneinander herfuhren. »Riechen Sie mal«, sagte er. »Sie ist genau wie eine Zitrone vor zweitausend Jahren. Keine Chemikalien, gewachsen in der Salzluft dieser Insel.«

Innerhalb von zehn Minuten waren wir auf dem Friedhof. Seine Mauern sind aus dem Sandstein der Insel und über drei Meter hoch. Er hat zwei Tore aus Schmiedeeisen, eins vorn, eins hinten. Das hintere Tor umrahmt das Meer und eine ruhige Felsenbucht. Gioacchino wies mich an, mein Fahrrad abzuschließen. Ich fragte ihn nach der abgebrochenen Operation auf dem Meer, aber er wollte nicht darüber sprechen. »Dies ist nicht der richtige Ort«, meinte er.

»Als ich ein Kind war, hatte ich Angst vor dem Friedhof«, sagte er. »Jetzt fürchte ich nicht mehr den Tod, jetzt fürchte ich das Leben.«

Rund um die Gräber wucherte hoch das Unkraut. Gioacchino schimpfte über Rosa, die Verwalterin.

»›Unkraut jäten ist Männerarbeit‹, sagt sie.«

Er kannte seine Route über den Friedhof; für ihn war das eine Art Nachbarschaft, die Heimat alter Freunde, die er oft besuchte. Ich folgte ihm über den Friedhof.

Zuerst brachte er mich zum Grab eines Seemanns aus der Kriegsmarine, der sein brennendes Schiff gerettet und dabei sein Leben verloren hatte. Giacchino legte eine Nelke auf sein Grab. Dann brachte er mich zur Begräbnisstätte seines Vaters, nahm die vertrockneten Blumen aus einer Vase und ersetzte sie durch die frischen Nelken. Er zeigte mir den Grabstein eines Mannes aus Favignana, der hundert Jahre gelebt und genau an seinem Geburtstag gestorben war. An jedem Grabstein war ein formelles Schwarzweißfoto unter einem ovalen Glasrahmen angebracht, das die darunter beerdigte Person zeigte.

Wir schlugen uns durch das Unkraut und die Wildblumen, um die unauffälligen Grabmale der fünf verstorbenen Raìs aus diesem Jahrhundert zu besichtigen. Sie waren über den ganzen Friedhof verstreut, jeder lag in seiner Familiengrabstätte. Für Gioacchino allerdings gehörten sie alle zur Familie, sei es dem Blut, sei es dem Geiste nach. Er ging herum und legte je eine Nelke auf ihre Gräber: Giacomo Rallo, sein eigener Pate; Salvatore Mercurio; Flaminio Ernandes; Gioacchino Ernandes, Flaminios Sohn; und Gaspare Grimaudo, Raìs von 1900 bis 1907, dessen Grab ungepflegt war, da es niemanden von seiner Familie mehr gab.

Grimaudos Gesicht war dünn und knochig, fast ein Totenschädel, so als hätte ihn der Fotograf gerade noch rechtzeitig aufgenommen. Aber das Wort RAÌS war tief in Großbuchstaben über seinem Namen eingraviert, in einem Halbkreis, wie eine Krone.

Sein Grabstein lehnte sich stark nach links, weil die Wurzeln zweier prächtiger Kapernbüsche, die kniehoch in voller Blüte standen, ihn zur Seite drückten und ihn zum Umstürzen bringen würden. Gioacchino bückte sich, griff dicht über dem Boden mit seiner riesigen Pranke nach ihren Zweigen und zog sie mitsamt den Wurzeln heraus.

# 13

# *Die Falle*

Cristina und Rino hatten das *Due Colonne* den Winter über renoviert und nun machte die zierliche, blonde Cristina alles für den arbeitsreichen Sommer fertig. Sie stand auf einer Bank und hämmerte Nägel in den Türbogen aus Tuffstein, der zum Hinterzimmer führte. Dann hängte sie ein altes Netz aus Kokosfaser über die Nägel. Neben der Bar hing ein gerahmtes Schwarzweißbild aus den Fünfzigerjahren, das ihren Vater und Filippo Messina zeigte, die barfuß in einem mit bis zum Schandeck mit Thunfischen beladenen Schiff standen, die sie kurz zuvor gefangen hatten. Hinter ihnen war ein weiteres Boot zu sehen, in dem sich ebenfalls die Fische türmten. Die beiden Männer umklammerten ihre Gaffs und grinsten. Sie waren jung und hatten noch alle Haare und Zähne. Messina streckte seine Hand aus, als wollte er von dem Fotografen ein Entgelt. Die krausen, goldfarbenen Schnüre des Netzes berührten den Bilderrahmen.

Clemente stand mit seinem Aperitif in der Bar und zupfte seinen Wundschorf ab. An einem Fuß trug er eine Birkenstocksandale, an dem anderen, der von dem Motorradunfall noch geschwollen war, einen Gummischlappen.

»Soll ich dich stützen?«, fragte er Cristina. Er legte seine breite Hand auf ihre Hüfte, drehte sich um und grinste mich an.

»Sexfanatiker«, sagte Cristina. Sie waren alte Freunde. Cristina himmelte ihn an. Clemente war stark und freundlich. Er hegte eine stille, aber tiefe Liebe für die Insel. Er vertraute nur wenigen. Cristina gehörte dazu.

»Woher hast du das Netz?«, fragte er, obwohl er wusste, dass es aus einem Geheimversteck in der Camparia stammte, höchstwahrscheinlich sogar seinem eigenen.

»Von den Parodis.«

Er war charmant und zurückhaltend. Seine Gesellschaft war sehr gefragt. Zwar war er schüchtern, doch hatte man ihn im Tanzsaal der *Vier Rosen* schon singen, Gedichte vortragen und in Frauenkleidern gesehen. Alle regelmäßigen Besucher, die sich in Favignana Ferienhäuser mieteten, wollten, dass Clemente mit ihnen tauchte, dass Clemente den ganzen Tag auf ihrem Boot verbrachte, dass Clemente sich an ihren Cafétisch setzte und an ihren Partys und Grillabenden teilnahm. Cristina berechnete Clemente niemals etwas für seinen Wein; Ikonen der Insel bezahlen nicht für ihr Getränk.

Ich erinnerte mich, dass ich ihn, bevor wir uns kennen lernten, einmal sah, wie er mit einem Baby in einem

Fahrradkorb zum *Due Colonne* geradelt kam. Es war ein Mädchen und trug ein rosa Haarband um den flaumig blonden Kopf. Clemente strahlte und seine Augen funkelten. Cristina erzählte mir, dass das Baby Callista, seine Tochter, sei. Ihre Mutter war Deutsche.

Jetzt humpelte Clemente zu einem Tisch und setzte sich. Ninetta, eine Inselschönheit Mitte zwanzig, die im Sommer den Jachthafen managte, trank ihren Kaffee aus und ging zu ihm hinüber. »Ciao«, sagte sie. Sie strich ihm eine Locke aus der Stirn und drückte einen zärtlichen Kuss auf seine rechte Schläfe. Er ließ es stoisch über sich ergehen.

Ein weißer Schleier trübte den Himmel. An diesem Tag waren wir beide missgelaunt. Das weiche Licht war gegenüber dem Gleißen der sizilianischen Sonne eine wahre Erleichterung, doch auf Favignana ist ein Frühlingstag ohne Sonne einfach deprimierend. Der Raìs warf die Anker aus, aber keiner von uns konnte zur Arbeit: Clemente humpelte immer noch und ich durfte nicht mit aufs Meer. Die Boote waren voll gestopft mit riesigen Ankern, Stahlketten und Steinen, die Männer mussten sich auf ihre Arbeit konzentrieren und es war gefährlich, also ließ mich der Raìs nicht mitfahren.

Der Raìs hatte schon das Stahlseil ausgelegt, an dem La Coda aufgespannt werden würde. Heute würde er dieses Seil mit Ankern sichern, die er paarweise über die ganze Länge auswarf. Ich wusste, dass sie heute nah an der Küste arbeiten würden.

Also sagte ich: »Clemente, bring mich zum Friedhof, damit wir beim *u cruciatu* zusehen können.«

Er stand auf und humpelte zu seinem winzigen weißen Cinquecento, der gerade genug Platz für ihn hatte. Als wir die Piazza verließen und Richtung Meer fuhren, bemerkte ich, dass die Leute uns anstarrten, und erwähnte es.

»Sie starren mich an«, erklärte Clemente. Vielleicht wollte er mir bloß die Befangenheit nehmen. »Ich werde immer angestarrt, wo ich auch bin. Warum eigentlich?«, fragte er. »Einmal ging ich in München in ein Restaurant und die Leute am anderen Ende des Raums standen von ihren Tischen auf, um mich besser sehen zu können.«

Ich sah ihn eine Weile aufmerksam an. Es lag nicht nur an seinem Haar, sondern an den krassen Gegensätzen: an seinem felsengleichen Körper mit dem steinharten Bauch und den widersinnig dicken Locken, die ihm in sein breites, fast quadratisches Gesicht fielen, dieses von Sorgen gezeichnete Gesicht eines Mannes in mittleren Jahren, der einmal überirdisch gut ausgesehen hatte. Ich kannte alte Fotos von ihm, deshalb wusste ich es.

»Woran liegt das? Warum starren mich die Leute an?«, fragte er.

»Es liegt an deinem ungeheuren Charisma«, schätzte ich. Ich verliebe mich immer in charismatische Männer. Das war gefährlich, dachte ich. Ich sollte die Finger davon lassen. Aber dann erinnerte ich mich an die Überschrift eines Artikels – »Maggio treibt mit dem Strom« –, der auf der Titelseite der Zeitung meiner Heimatstadt erschienen war, nachdem ich einen Augenzeugenbericht vom Ausbruch des Ätna geschickt hatte. Augenblicklich war mein Kurs gesetzt.

»Was ist das: Charisma?«, fragte er.

»Es kommt aus dem Griechischen und bedeutet ›Gabe‹, wie ›Gabe der Götter‹. Es ist etwas Spirituelles, eine Art Energie, die dich umgibt und die Menschen anzieht. John F. Kennedy hatte auch Charisma.«

Das schien ihm zu gefallen.

Wir fuhren an der Einfriedung des städtischen Friedhofs vorbei zu den phönizischen Ofengräbern und parkten dort. Das Meer war bewegt und die Wellen trugen

Schaumkronen. Am Horizont konnten wir sehen, wie die Boote das *u cruciatu* vollzogen.

Es ist eine Art Ballett auf dem Meer, mit einem Paar schwanengleicher Boote, die sich synchron voreinander bewegen und die Anker wie abgestoßene Federn fallen lassen. Der Raìs steht zwischen ihnen in seiner grauen Musciara, während seine Crew das Boot unter dem Stahlseil entlangzieht. Sie heben die Schwimmer des Seils über dem Bug an und lassen sie hinter dem Heck wieder ins Wasser. Die Ankerboote werden von Schleppern gezogen und lassen alle fünfzehn Meter am Stahlseil entlang ein Paar Anker fallen.

Alle Augen waren auf den Raìs gerichtet, der die Arme über seinem Kopf hielt, wärend die Boote einen Kreis von ihm weg beschrieben. Wenn die Ankerboote je fünfzig Meter von ihm entfernt waren, ließ er die Arme sinken und jedes Boot stieß auf seiner Seite einen Anker ins Meer.

Dann fuhren sie in einem Kreis zurück, während das Stahlseil fünfzehn Meter weiter gezogen wurde, brachten fünfzig Meter lange Seile an zwei weiteren Ankern an und warfen die Ankerseile zur Musciara. Die Männer im Boot des Raìs befestigten die Seile am Stahlseil. Das ging den ganzen Tag so.

Ich sah durch mein Teleobjektiv zu und reichte Clemente von Zeit zu Zeit meine Kamera. Der Tonnarotto schlechthin saß neben mir, ohne dass ihm jemand Befehle zuschrie, ohne dass er abgelenkt wurde. Also nahm ich mein Notizbuch heraus und bat ihn, mir einen Plan von der Tonnara zu zeichnen. Er skizzierte die riesige, komplizierte Reuse mit den vielen Kammern und den beiden Sperrnetzen, die die Thunfische auf ihrer Wanderung in die Falle schleusen.

»Vor acht Jahren«, sagte Clemente, während er weiterzeichnete, »schleppte ein großer Öltanker, der unter der Flagge von Panama fuhr, La Costa bis nach Marsala.« Das Schiff war riesig, sagte er, sechstausend Tonnen. Entweder sah der Kapitän nicht das gelbe Signalboot, oder er empfing die Warnung der Nachtwache nicht. Jedenfalls verfing sich das Netz in der Schiffschraube, die hunderte von Tonnen schwere Anker, Stahlseile und Netze zerriss. Die Versicherung zahlte für den Schaden, sagte Clemente, »aber wir brauchten drei Tage, um den Abschnitt zu ersetzen«. Die Skizze in meinem Notizbuch war ein wichtiges Dokument, auf das ich mich beziehen konnte. Ich bat Clemente, sie zu unterschrieben. Das tat er.

»Ihr alle scheint Castiglione nicht sonderlich zu mögen«, sagte ich zu Clemente, »aber er muss die Tonnara doch sehr lieben, wenn er sie weiterhin auf traditionelle Weise betreibt. So viel Geld kann er, wenn man seine Ausgaben bedenkt, nicht dabei verdienen. Und er hat die alten Boote und Netze ersetzt. Er hat Plastikschwimmer, neue Stahlseile und Ketten gekauft. Und wenn er die Belegschaft reduziert hat, dann doch deshalb, weil er in diesem Geschäft überleben wollte.«

»Mach dir bloß nichts vor, es geht ihm nur ums Geld«, sagte Clemente. »Überleg mal, 1000 Thunfische mit einem Durchschnittsgewicht von 150 Kilo pro Fisch. Das sind 150 000 Kilo Thunfisch pro Jahr. Die Japaner kaufen es ihm für 12 000 Lire pro Kilo ab.« Das ergab einen Bruttogewinn von 1,8 Billionen Lire, etwa 1,25 Millionen Dollar. »Zieh davon 600 Millionen Lire an Kosten ab« – für die Pacht, die Löhne, das Material und die Versicherung – »was hast du dann?« Ich schrieb es auf und errechnete etwa 733 000 Dollar netto. Dies allerdings ohne die Subventionen des Staates, die Castiglione wahrscheinlich bekam.

»Wenn die Tonnaras so gewinnbringend sind, warum haben Formica, Scopello und all die anderen Tonnaras in Sizilien außer Bonagia dichtgemacht?«

»Weil Favignana am weitesten im Meer liegt. Es liegt so günstig, denn die größten Thunfischschwärme schwimmen hier vorbei«, sagte Clemente.

Die Gewässer rund um Clementes Insel haben genau den richtigen Salzgehalt und die richtige Temperatur. Die starken Strömungen halten es klar und sauber. Wegen seiner Lage überlebte die Tonnara von Favignana im letzten Rinnsal des einstigen riesigen Stroms von Thunfischen.

Clemente sagte, er würde nur ungefähr fünftausend Dollar während der drei Monate der Tonnarasaison verdienen und das mit der Zulage von einem Dollar fünfzig, die er als Bootskapitän erhielt.

»Das ist gutes Geld, aber es reicht nicht ein ganzes Jahr lang für eine Familie«, sagte Clemente. Er lebte mit seinen beiden jüngsten Söhnen, die mittlerweile erwachsen waren, in einer Wohnung, die eine halbe Meile von der Piazza entfernt lag. Und er hatte Töchter, dic eines Tages heiraten wollten. Die Tonnarotti bekamen fünfunddreißig Dollar pro Tag und das drei Monate lang, dazu einen Bonus von etwa dreißig Cents für jeden Fisch, den die Mannschaft aus dem Meer holte, inklusive Schwertfische und vorzeitig verendete Thunfische, die sich im Netz verfingen. Das ergab ungefähr dreihundert Dollar zusätzlich für jeden Mann, wenn tausend Fische gefangen wurden.

An diesem Abend ging ich im *Due Colonne* meine Notizen durch, als Occhiuzzi hereinschlenderte. Er blieb hinter mir stehen und blickte über meine Schulter hinweg auf das, was ich halb auf Englisch, halb auf Italienisch geschrieben hatte. »Stopp!«, sagte er, als ich eine Seite umblätterte und er Clementes Skizze von der Thunfischfalle sah.

»Das ist falsch. Das ist alles falsch«, meinte er. »Wer hat das für dich gezeichnet? Clemente?«

»Ich habe ihn nur um eine grobe Skizze gebeten. Das ist kein endgültiger Plan, das weiß ich.«

Occhiuzzi berichtete, er wäre den ganzen Tag auf dem Meer gewesen. »Nur du und Clemente waren heute nicht da«, sagte er. Er spottete vor Antonio Casablanca über die Zeichnung. Er wollte die Seite aus meinem Notizbuch reißen, aber das ließ ich nicht zu, auch als er versprach, sie zurückzubringen. »Ha! Fünfzehn Jahre ist er Tonnarotto und hat doch nichts verstanden!«, sagte Occhiuzzi. »Morgen werden sie noch ein Boot mit Ankern und Netzen beladen und übermorgen senken wir sie ins Meer. Ich werde beim Raìs ein gutes Wort für dich einlegen.«

Clemente brachte mir an diesem Abend etwas zu essen – ein dickes Steak, Kopfsalat und ein paar Tomaten, einen halben Laib Brot. Er kam in einem Hawaiihemd und roch nach Aftershave. Ich war Vegetarierin, also setzte ich einen Topf Wasser für Pasta auf. Als es kochte, steckte er den Finger ins Wasser, um zu kosten. Dann fügte er Salz hinzu, zerbrach ein Pfund dicker Buccatini mit den Händen – das sizilianische Äquivalent zum Zerreißen des Telefonbuchs von Manhattan –, ließ Öl in einen Topf gluckern, schnitt Knoblauch, Petersilie und Paprika klein und fing an, sie zu dünsten. Als sie fertig waren, aßen wir und ich fing an, vorsichtig meine Fühler auszustrecken.

»Ich habe dich mal mit einem Baby in deinem Fahrradkorb gesehen. Wer war das?«

»Callista, meine Tochter. Ihre Mutter ist eine Deutsche.«

»Und wie heißt sie?«

»Margo.«

»Was ist mit Margo?«

»Wir haben ein paar Jahre zusammen gelebt, dann trennten wir uns und sie hat das Baby mit nach München genommen.« Als er Margo kennen lernte, lebte er bereits seit zehn Jahren mit einer anderen Frau zusammen. »Du erinnerst mich an sie«, meinte er. Er sagte, er vermisse das Kind. Er wollte, dass Callista Italienisch lerne. Aber er schwor, dass er Margo nicht mehr liebte.

Sie hatten sich ineinander verliebt, als er Margo das erste Mal am Strand traf. »Sie war ein Püppchen«, zwanzig Jahre jünger als er. Sie konnte kein Italienisch. Clemente brachte es ihr bei.

Als jemand seiner Lebensgefährtin erzählte, dass er mit einer hübschen, deutschen Touristin gesehen worden war, packte sie ihre Sachen und verließ ihn auf der Stelle. Obwohl sie Clemente dabei geholfen hatte, seine Kinder aufzuziehen, hörte er nie wieder von ihr. »Ich vermisse sie immer noch«, sagte er.

Margo kündigte ihre Stelle in einem deutschen Reisebüro und zog zu Clemente. Er brachte ihr bei, was es auf seinem Privatboot, der *Poseidon*, zu tun gab, und im Sommer machten sie damit Ausflüge für Touristen. »Sie konnte besser mit dem Boot umgehen als ich«, sagte er. Dann kam das Baby und mit ihm die Streitereien. Ich fragte nicht nach Einzelheiten. Sie trennten sich, blieben aber Freunde. Im Winter fuhr er immer nach Deutschland, um sie zu besuchen. »Im Frühling, wenn ich Geburtstag habe, nimmt sie Urlaub und bringt das Kind hierher.« Clemente war genau wie Gioacchino mitten in der Thunfischsaison geboren.

Ich hatte keinen Korkenzieher für den Wein, den er mitgebracht hatte, also bat er mich um ein Handtuch, das er zu einem kleinen Quadrat zusammenfaltete. Er stützte seinen Arm gegen die Küchenwand, stellte sich breitbeinig hin, um besser das Gleichgewicht halten zu können, und stieß die Flasche immer wieder gegen das Handtuch an der Wand, wobei er nach jedem Schlag nachsah, ob der Korken sich gelöst hatte. Das Ganze dauerte fünf Minuten, doch schließlich trieb der Luftdruck den Korken aus dem Flaschenhals. Es war, als hätte man einem Höhlenmenschen beim Öffnen einer Flasche Corvo zugesehen.

»Hast du geglaubt, wir würden wie in der Wüste verdursten, bloß weil du keinen Korkenzieher hast?«, fragte Clemente. Er wusste, warum ich ihn eingeladen hatte. Mein Verhör musste seinen Verdacht bestätigt haben. Er war ungebunden und ich war es auch. Also nahm ich ihn und zwei Gläser mit in mein quadratisches Schlafzimmer.

Ich legte mein Notizbuch auf das Nachttischchen und interviewte ihn im Bett.

Einen Mann wie Clemente konnte nur Favignana hervorbringen. Zum Beispiel hatte er eine etwa fünfzehn Zentimeter lange Narbe in der Form eines Thunfischs auf seiner Schulter. »Als ich sieben war, spielte ich im Sand von Lido Burrone und fiel in eine zerbrochene Flasche.« Als Kind spießte er Fische mit den Speichen eines kaputten Regenschirms auf. Ich nahm seine spatelförmigen Hände in meine und drehte sie um. Die Linien auf seinen Handflächen – Kopf, Herz, Leben und Schicksal – hatten sich tief und scharf eingegraben, ohne die Ausfransungen, die bei den meisten Menschen zu sehen sind. Ich legte meinen Kopf auf seine Brust und hörte sein Herz, das dröhnte wie eine Glocke.

Clemente fing mit sechs Jahren an zu arbeiten, führte einen Ochsen um einen Brunnen herum, der die Felder bewässerte, und das acht Stunden am Tag. Er sagte, seine Mutter sei so stark gewesen, dass sie einen Mann hätte umhauen können. Sein Vater, ein Steinbrucharbeiter, hatte sie verlassen, als Clemente zehn war. Als ältester von fünf Geschwistern wurde Clemente zum Oberhaupt der Familie und fing an, in der Fischfabrik zu arbeiten.

»Ich schnitt, ich putzte, ich packte, ich nahm die Gräten aus. Ich verbrachte fünfzehn, zwanzig Jahre in der Fabrik«, sagte er. Als sie schloss, war er siebenunddreißig.

»Dann wurde ich Tonnarotto. Es war das Meer, das mich zu dieser Arbeit lockte. Die Arbeit gefiel mir«, erzählte er. Er war stark und furchtlos, daher wurde er bei der ersten Mattanza schon Arringatore. »Es ist ein Kampf zwischen dir und dem Tier. Wenn du einen Fehler machst, zahlst du dafür«, sagte er.

»Mit neunzehn hatte ich schon einen Sohn«, fuhr er fort. Dann kamen weitere sechs Kinder in rascher Folge. Getrennt von seiner Frau zog er die Kinder allein auf, sagte er, außer das jüngste, eine Tochter, die von seinem Cousin adoptiert wurde. Jetzt war sie ein hübscher Teenager. Die Frauen flogen auf Clemente und im Verlauf der Jahre bekam er noch zwei Kinder von zwei verschiedenen Frauen.

»Wie alt warst du, als du zum ersten Mal mit einer Frau schliefst?«

»Fünfzehn«, sagte er.

»Wo war das?«

»Am Meer, bei San Giuseppe«, in der Nähe der Kurve, wo sein Motorrad von der Straße abgekommen war. Ich fuhr ihm mit dem Finger den Arm hinunter. Seine Wunden heilten. Auf seinem Bizep entdeckte ich eine winzige blaue Tätowierung, A+, seine Blutgruppe. Sehr praktisch. Blutvergießen war für ihn nichts Ungewöhnliches.

Einmal rutschte Clemente bei einer Mattanza auf Thunfischblut aus und fiel in die von dreihundertfünfzig Thunfischen brodelnde Kammer des Todes. »Ich landete rittlings auf einem großen Fisch«, sagte er. »Ich hatte nicht so sehr Angst vor dem Fisch wie vor meinen Kollegen«, die ihm die Gaffs mit den Widerhaken entgegenstreckten, damit er sich daran festhielte. Stattdessen schaffte er es so zum Boot zurück und benutzte das dicke Netzwerk von Il Coppo wie eine Leiter.

Clemente war ein Mann, der einem riesigen Thunfisch ins Auge blicken konnte, ihn dann aus dem Meer zog und ihn festhielt, während er am Widerhaken eines Holzstabs zappelnd und in Panik um sein Leben kämpfte. Was war es für ein Gefühl, einen riesigen Thunfisch mit bloßen Händen zu töten? Ich würde es nie erfahren, ich konnte nur immer wieder danach fragen. Dieses Mal war es meine Schuld, dass das Bettgeflüster nur über Fische ging.

»Was hat dich tiefer beeindruckt? Das erste Mal, als du mit einer Frau geschlafen hast, oder das erste Mal, als du einen Thunfisch getötet hast?«

»Als ich mit einer Frau geschlafen habe.« Wir lagen im Bett.

»Clemente«, sagte ich. Und ich hatte den Zeitpunkt sorgfältig gewählt, damit er nicht auf der Hut war.

»Sì?«

»Sagen wir mal, es ist der Morgen der Mattanza. Du nimmst in der Camparia dein Gaff und gehst zu deinem Boot. Wie fühlst du dich? Was geht dir durch den Kopf?«

»Tja, bei der ersten Mattanza im Jahr hast du Angst. Du bist ziemlich angespannt. Denn wenn du einen Fehler machst, könntest du von einer *codata*, dem Schlag eines Thunfischschwanzes, getötet werden. Nach dem ersten

Mal aber hast du keine Angst mehr. Trotzdem ist es etwas, was du nicht jeden Tag machst.«

»Okay«, sagte ich. »Jetzt bist du an der Kammer des Todes. Das Netz ist straff gezogen, alle Fische sind an der Oberfläche, sie wehren sich nicht mehr und der Raìs gibt den Befehl zu töten. Wie fühlst du dich, wenn du dem Fisch in die Augen blickst? Fühlst du irgendwie Mitleid für den Fisch?«

»Du tust es, weil es ums Überleben geht. Du tust es, um leben zu können. Sonst entscheidest du dich nicht für dieses Leben. Du wirst Banker. Ich tue es nicht wegen der Gewalt. Ich tue es auch nicht, weil es mir gefällt, oder um anderen zu gefallen. Es geht ums Überleben.«

Einige wenige Wochen waren wir heimlich ein Paar. Aber als Margo für zehn Tage mit dem Baby kam, ließ er sich nicht mehr in meinem Haus blicken. Sie war die Mutter seines Kindes und verdiente ein gewisses Maß an Respekt. Ich nahm an, dass er mit ihr schlief. Sie brachte das Baby tagsüber in einem Sportwagen zur Camparia. Callista war mittlerweile ein Kleinkind und hatte Clementes dicke, blonde Locken, einen kräftigen Körperbau und dicke, breite Füße.

Obwohl ich rechtzeitig angekommen war, um zu sehen, wie die Sperrnetze ausgelegt wurden, war ich doch zu spät, um mitzuerleben, wie die Reuse selbst ins Wasser gebracht wurde. Aber ich hatte darüber gelesen.

Der Raìs baut die Falle so, wie Alexander der Große seine Städte baute. Alexander zeichnete die Grenzlinien von Alexandria mit Maismehl auf: Hier werden die Stadtmauern stehen; hier ein Tempel; hier das Theater. Der Raìs zieht die Grenzen seines Frühlingsreiches mit zwei dicken Kokosseilen: Es sind die Grenzen der Reuse. Dieser Akt, der dem Raìs vorbehalten ist, wird *l'incrociare* genannt.

An einem Tag im April wird er drei Kilometer weit hinaus aufs Meer gezogen und wählt dann den Standort der Reuse mit der Weisheit der Raìs vor ihm und mit seinem eigenen Wissen über den Meeresgrund, die Strömungen und die Wege und Gewohnheiten der Thunfische. Wenn die Reuse zu weit draußen liegt, könnte sie von starken Strömungen beschädigt oder verlagert werden, liegt sie aber zu nah am Land, könnte der Thunfisch daran vorbeischwimmen.

Piero Corrao, der Fischer, der mich als Erster nach Favignana brachte, wusste, wo er seine Netze auswerfen musste. Die Berggipfel von Mondello mussten von seiner Position aus in einer bestimmten Ausrichtung stehen, das hatte er schon von seinem Vater gelernt, als er dreizehn war. Er wusste die besten Stellen für verschiedene Fischarten in der Bucht und positionierte sein Boot auf dem Meer mit einer Präzision, die mich erstaunte. Einmal erzählte er mir, dass ein Mann in seinem Boot eine goldene Armbanduhr verlor, als er sich seinen Pullover auszog. Am nächsten Tag kehrte Piero mit einem Taucher an genau diese Stelle zurück, band einen Stein an ein Seil und ließ es über Bord fallen. Der Taucher folgte dem Seil und fand die Uhr neben dem Stein. So konnte Piero sie seinem Besitzer zurückgeben.

Die Reuse ist ein unsichtbares Bauwerk; sie ist erst vollständig, wenn sie unter Wasser ist. Damit ich mir ein besseres Bild davon machen konnte, studierte ich stundenlang alte Bücher und Darstellungen von Künstlern in der Bücherei von Favignana. Aber die Bilder zeigen jahrhundertealte Reusen oder andere Fallen als die von Favignana. Eines Tages brachte ich dem Raìs eine Zeichnung, die ich gefunden hatte.

»Nein, nein. Das ist ganz falsch«, sagte er. Zu meiner Überraschung begann er, seine Reuse in mein Notizbuch zu zeichnen. Eine Doppelseite reichte nicht, also fand er ein größeres Stück Papier und skizzierte sie darauf.

Die Reuse ist bis auf eine Verbreiterung am Kopfende rechteckig, sodass sie aussieht wie ein hölzerner Sarg. Mit Netzen, in denen sich Durchgänge befinden, ist sie in sieben Kammern eingeteilt. Die östlichste Kammer heißt Levante. Sie ist fünfzig Quadratmeter groß. Über dem östlichsten Punkt dieser Kammer befindet sich einer der Palmwedel, die ich während meiner ersten Mattanza sah, damit der Raìs selbst vom Land aus erkennen kann, ob die Reuse von den Strömungen verlagert wurde. Früher, als es noch Thunfisch in Hülle und Fülle gab, benutzten die Tonnarotti diese Kammer, um die ersten eintretenden Schwärme unterzubringen.

Die nächste Kammer ist die größte, sie heißt *Camera Grande* und ist 110 Meter lang und 64 Meter breit: die breiteste Stelle der Falle. Der Thunfisch schwimmt durch die *Bocca di nassa*, den einzigen Eingang der Reuse, in diese Große Kammer. Zwei Netzflügel bilden einen Trichter, dessen Spitze in der Großen Kammer liegt, wodurch es für den Thunfisch schwierig wird, umzukehren und hinauszuschwimmen.

Der *Bordonaio* liegt westlich der Camera Grande, dann kommt der 50 Meter lange *Bastardo*, dann die ebenfalls 50 Meter lange *Camera*, dann die nur 25 Meter lange *Bastardella*, die letzte Kammer vor der *Camera della Morte*. Die Kammer des Todes ist zwar 100 Meter lang, aber nur 22,5 Meter breit, das entspricht der Länge des größten Tonnaraboots. Dies ist die einzige Kammer mit einem Netzboden. Am Morgen der Mattanza werden die Fische von der Bastardella durch eine Klappe in die Kammer des Todes getrieben.

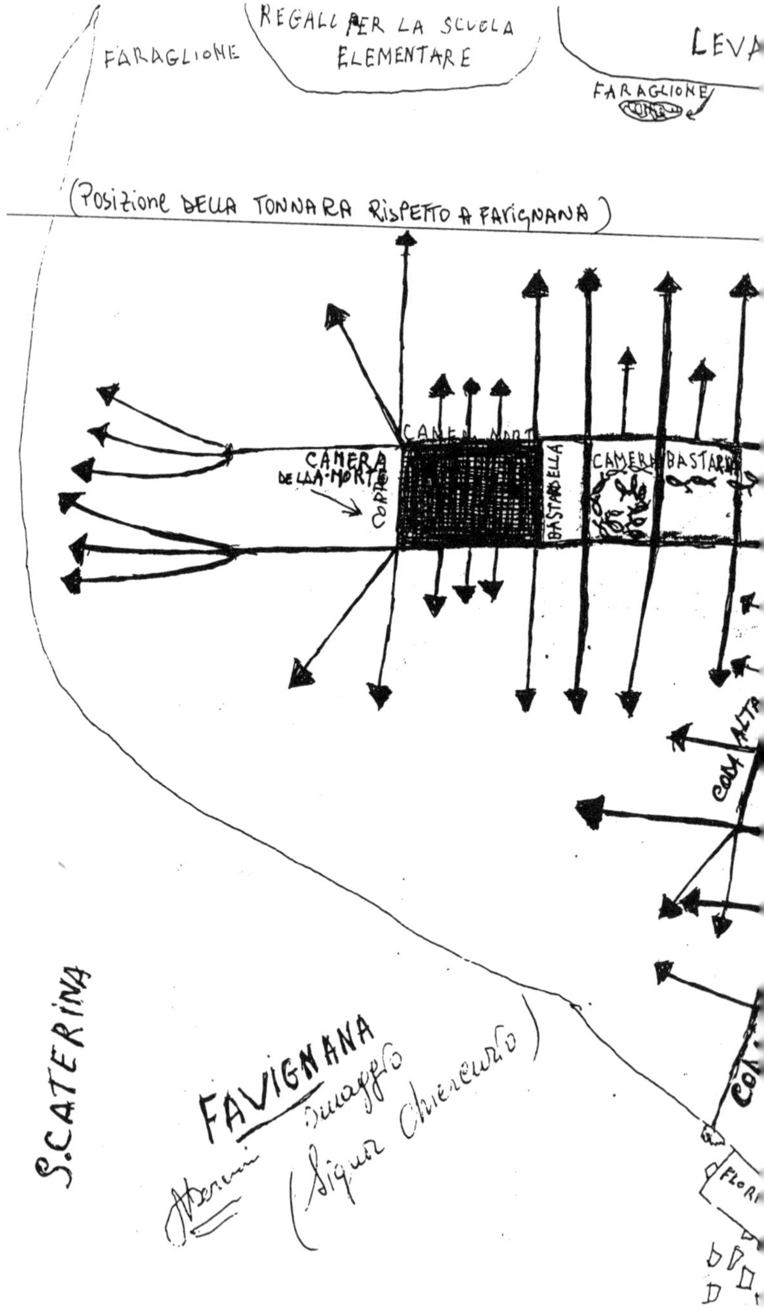
FARAGLIONE
REGALI PER LA SCUOLA ELEMENTARE
FARAGLIONE
(Posizione DELLA TONNARA RISPETTO A FAVIGNANA)
CAMERA DELLA MORTE
CORPO
BASTARDELLA
CAMERA
BASTARDA
S.CATERINA
FAVIGNANA

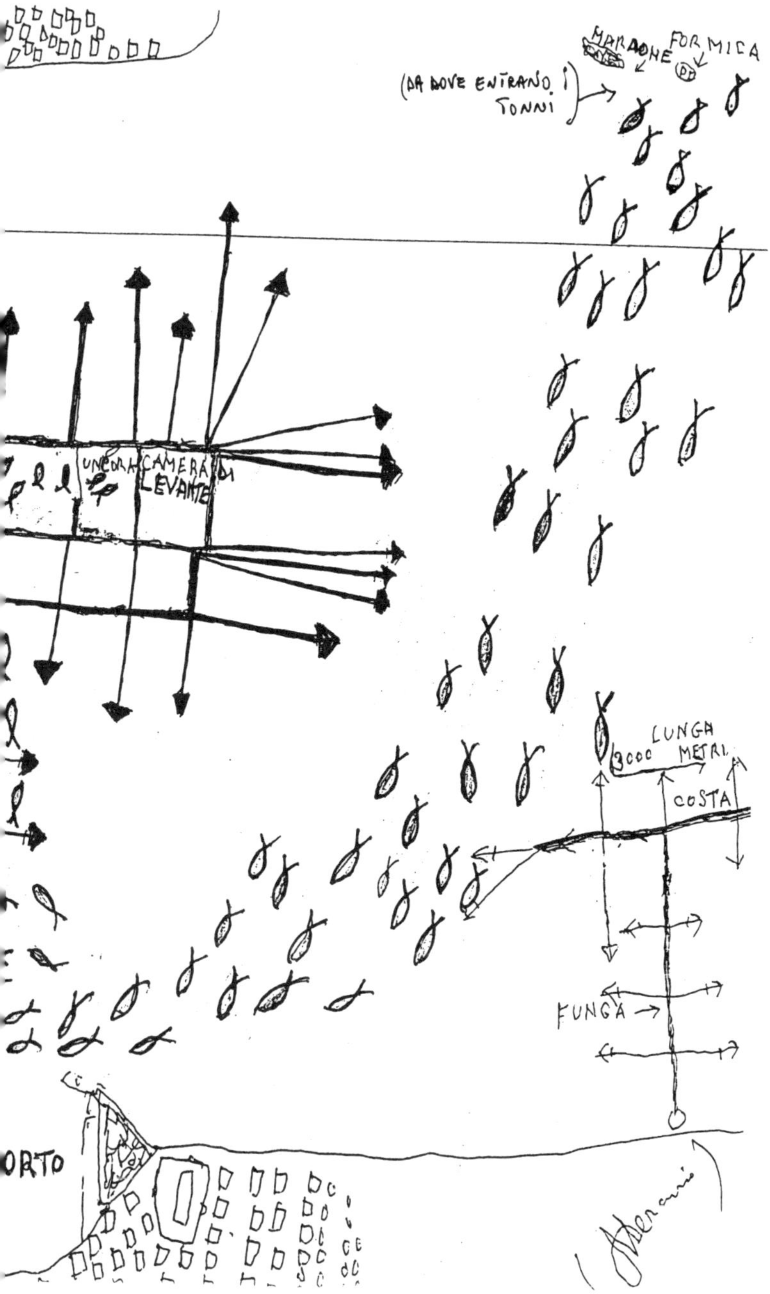
MARAONE
FORMICA
(DA DOVE ENTRANO I TONNI)
UNCORA
CAMERA DI LEVANTE
LUNGA 3000 METRI
COSTA
FUNGA
ORTO

Es ist möglich, aber recht unwahrscheinlich, dass Thunfische in die Reuse schwimmen, bevor die Sperrnetze an ihrem Platz sind. Das Netz La Costa erstreckt sich von einer Stelle in der Nähe des Inselfriedhofs bis hinaus zu der kleinen, unbewohnten Insel Maraone. Es besteht aus drei Teilen: das Costa Bassa, 1500 Meter lang; das Costa Alta, 2000 Meter lang; und das Terza Costa, das in Favignana auch La Spada di Orlando (Orlandos Schwert) genannt wird und 1500 Meter lang ist.

Das zweite Sperrnetz ist La Coda, der Schwanz. Es reicht von der Westseite des Reuseneingangs bis zum Hafen an der Nordküste von Favignana und ist insgesamt drei Kilometer lang. Über die ganze Länge beider Sperrnetze befinden sich *Rriotti.* Könnte man diese aus der Luft sehen, sähen sie aus wie riesige, vierkantig zugeschnittene Angelhaken. Ein *Rriotto* lenkt die wimmelnden Schwärme zum Reuseneingang hin. Die Insel selbst dient ebenfalls als Barriere und lenkt die Fische zur Bocca di nassa.

Die Reuse ist geheiligter Raum, der Stille und Ehrfurcht gebietet. Motorisierte Schiffe sind dort nicht zugelassen und deshalb hat die Flotte der Tonnara nur zwei Boote mit Motoren. Früher wurde die Mannschaft für die Musciara des Raìs wegen ihrer Fähigkeit gewählt, ohne Befehle agieren zu können, denn während des *l'agguaetare*, des Zählens der Fische, durfte nicht gesprochen werden.

Weil Il Coppo, das Bodennetz der Kammer des Todes, so dicht geknüpft ist, ist es möglich, dass Strömungen es wie ein Segel mitführen und die Reuse an den Nähten reißt, deshalb wird es erst zum letztmöglichen Zeitpunkt der Saison angebracht, heutzutage nur wenige Tage vor der ersten Mattanza. (Früher legten es die Tonnarotti noch am Morgen der ersten Mattanza aus.) Dann bleibt es den

Rest der Saison an seinem Platz, aber es ist dem Raìs ein steter Anlass zur Sorge.

Es mussten noch kilometerweise Sperrnetze verlegt werden, aber der Raìs blieb dabei, dass ich nicht mit den Männern aufs Meer konnte, solange sie die Anker warfen. Occhiuzzi zuckte nur mit den Achseln und hielt die Handflächen in die Höhe, als er sah, wie ich einsam und verlassen den schwer beladenen Booten nachblickte, die den Hafen verließen.

Ich hatte angeboten, ein paar Kästen kaltes Bier für die Männer zu kaufen, damit sie etwas hatten, worauf sie sich nach dem langen Tag freuen konnten, aber dafür musste ich den Raìs um Erlaubnis bitten. Der Raìs musste alles absegnen, was die Tonnarotti betraf. »Das erlaube ich nicht«, beschied er mir. »Sie sollen einfach nur Spaß haben.«

Der Raìs war nun unruhiger als gewöhnlich. Ich fragte mich, ob er Clementes Ankündigung glaubte, dass die großen Fische längst vorbeigeschwommen waren. Die Reuse war noch lange nicht vollständig und dies gab ihm ein bisschen das Gefühl, als fehlte ihm selbst etwas. Es war noch viel zu tun, bevor sie die *santi* errichten konnten.

Ich hatte in diesem Jahr zum ersten Mal das Kreuz aus der Nähe gesehen. Es wartete geduldig auf ein paar Blöcken im dunklen Schatten des Bootshauses. Es war drei Meter groß und trug bunte Bilder der Heiligen, die die Tonnara von Favignana beschützten, dazu eine Bronzestatue vom heiligen Petrus auf dem Papstthron. Frische Palmwedel, am Gründonnerstag erst gesegnet, sprossen am oberen Ende des Kreuzes, dahinter war ein Strauß mit weißen Lilien und Gladiolen gebunden.

Der Raìs wurde mit der Musciara zur Reuse gezogen

und war nicht mehr in Sicht. Am Kai wurden drei Langboote mit Ankern, Ketten und Stahlseilen beladen. Clemente schlenderte zu mir und sagte mit leiser Stimme: »Wirst du dir ein Boot mieten, um das Ganze zu sehen?«

Daran hatte ich noch gar nicht gedacht. Stehenden Fußes marschierte ich zum Fischerhafen neben der Anlegestelle der Fähre und fragte den Erstbesten, wie ich ein Boot mieten könne. Sebastiano Massiguerra, ein achtzigjähriger Mann, bot seine Dienste an. Er trug einen weißen Stehbundpullover und war gerade in seinem Dreimeterboot vom morgendlichen Fischzug nach Hause gekommen. Er wollte zwanzig Dollar. Ich nahm das Biergeld, um ihn zu bezahlen. Er dachte, ich sei eine Touristin, die zu den Meeresgrotten der Insel wollte, aber als ich ihm erklärte, ich wollte *u cruciatu* vom Meer aus sehen, setzte er mich in den Bug, bezog Stellung an seinem Außenborder und befahl mir, nach Ankerketten Ausschau zu halten.

Als ich eine entdeckte, zog er den Motor ein und hob die Ruder, sodass wir darüber fahren konnten. Wir näherten uns dem ersten Ankerboot. Ich bekam Panik, als ich durch mein Teleobjektiv sah, wie Matteo Campo uns fortscheuchte. »Keine Sorge, er macht nur Spaß«, sagte Zu Sebastiano.

Er war dreißig Jahre zuvor selbst Tonnarotto gewesen, also vertraute ich seinem Urteil. Ich sah fasziniert zu, wie die Männer die riesigen Anker über Bord stießen, die die Seile mit sich in die Tiefe zogen, aber Zu Sebastiano kannte das alles schon und entschloss sich, zu angeln. Er holte winzige weiße Schnecken aus einem Einmachglas und zerschlug mit einem Stein die Schneckenhäuser, um an die glitschigen, nackten Körper zu kommen. Dann bestückte er einen Angelhaken. Wir blieben zwei Stunden draußen.

»Wissen Sie, was zählt, ist Freundschaft, nicht Geld. Jedes Jahr kommen acht Freunde aus Rom hierher auf die Insel, um Ferien zu machen. Sie grillen am Strand, essen nie im Restaurant und laden mich oft zum Essen ein. Das ist Leben«, sagte er.

Er nahm mein Geld, als wir wieder im Hafen waren. Dann dankte er mir für einen schönen Nachmittag und küsste mich auf beide Wangen.

Meine Befürchtung, nicht von den Männern akzeptiert zu werden, hatte sich als unbegründet herausgestellt. Eine Woche nach meiner Ankunft versuchten sie schon, sich in mein Leben zu mischen. Eines Morgens ging ich zum Pontondock, um die Musciara des Raìs zu fotografieren, die in der goldrosa Morgensonne leer auf dem ruhigen Wasser lag. Ich dachte, ich sei allein, bis Zu Massino mit einem Stofflappen in meinem Gesichtsfeld auftauchte. Er hatte das Glas gereinigt, durch das der Raìs und seine Männer die Fische zählten.

»Warum heiraten Sie nicht?«, sagte er aus dem Nichts heraus. Das war mir in Sizilien schon öfter passiert.

»Weil ich unabhängig sein möchte«, antwortete ich. Ich fügte ein Argument hinzu, das ich für sizilianische Verhältnisse für unschlagbar hielt: »Wenn ich einen Mann und Kinder hätte, wie könnte ich sie allein lassen und für sechs Wochen hierher kommen?«

»Alles ist möglich«, sagte er. »Sie leiden Ihr ganzes Leben, nur um sechs Wochen frei zu sein?«

»Nicht nur sechs Wochen. Ich reise viel.«

»Trotzdem sollten Sie heiraten.« Er starrte eine Minute lang direkt durch mich hindurch. »Selbst Priester sollten heiraten und Kinder für die Kirche machen.« Das war ein radikaler Gedanke.

Ich ging zur Camparia zurück, um die neuesten Neuigkeiten zu hören. Ein dreizehnhundert Pfund schwerer

Fisch war an diesem Morgen im Netz gefunden worden. Das war ein gutes Zeichen. Es verlieh den Männern Hoffnung und die Anspannung des Raìs schien sich ein bisschen zu legen. Giuseppe Aiello, der Pförtner, sagte: »Hoffen wir, daß es eine *buon'annata* wird.« Ein gutes Jahr war ein Jahr mit vielen Fischen.

## 14

# *Die Beute*

Meeresbiologen staunen über die Schnelligkeit und Ausdauer des Thunfischs. »Eine Beschreibung der Migrationsmuster der Fische wäre nicht komplett ohne die Leistungen und Bewegungen des Roten Thuns, *thunnus thynnus*«, sagte Brian A. McKeown in *Fish Migration*. Der prächtige Fisch, der sich zurzeit auf die Reuse zubewegte, war bis zu vier Meter lang und hatte silberblaue Flanken mit gelben und violetten Sprenkeln. Seine Rückenflossen führten in einer Reihe perfekter gelber Dreiecke sein Rückgrat entlang.

Im Massachusetts Institute of Technology wurde ein von einem Studenten konstruierter Roboterthunfisch wegen der Form seines aufrechten, sichelförmigen Schwanzes studiert, dessen Funktionsweise eines Tages vielleicht die rotierenden Propeller von U-Booten ersetzen kann. An jeder Seite der Schwanzflosse ist ein Kiel, der Turbulenzen erzeugt, wodurch der Strömungswiderstand auf die Schwanzflosse verringert wird. Dies ist ein Modell für die Konstruktion von Torpedos.

Aber Thunfische sind schneller als Torpedos. Die größten sind so groß wie Sportwagen und können in zehn Sekunden von null auf sechzig beschleunigen – und zwar im Wasser, einem Medium, das achthundertfach dichter ist als Luft. Thunfische sind die zweitgrößten Knochenfische im Meer – nach dem Schwarzen Marlin, der ausgewachsen ein Gewicht von zweitausend Pfund erreichen kann. Wenn Thunfische ihre Höchstgeschwindigkeit erreichen, werden die Becken-, Brust- und Rückenflossen in Schlitze eingezogen. Durch ihre Schwimmgeschwindigkeit und das stets geöffnete Maul nehmen sie vermehrt Sauerstoff aus dem Wasser auf. Wie Haie ersticken sie deshalb, wenn sie zu langsam schwimmen.

Thunfische wachsen rasch und können zwanzig bis dreißig Jahre lang leben. Ein typischer achtjähriger wiegt 270 Pfund. Riesenthunfische sind mindestens 1,90 Meter groß und können bis zu einer drei viertel Tonne wiegen. Der Rekord war ein zweiunddreißigjähriger Thunfisch, der 1496 Pfund wog.

Die alten Griechen nannten den Thunfisch Seeschwein und glaubten, dass er so groß würde, weil er Eicheln von Unterwassereichen fräße. Heutzutage ernähren sich ausgewachsene Thunfische von Makrelen, Sardinen, Kalmaren und Anchovis und die größten von ihnen fressen auch Dorsche, Aale und Kopffüßer. Doch unglücklicherweise schnappt der Thunfisch nach allem, was sich bewegt. Biologen, die den Mageninhalt eines 150 Pfund schweren Thunfischs untersuchten, der 130 Kilometer vor der Küste von New Jersey gefangen worden war, fanden zwei Gummihaarbänder, zwei Plastikhalme zum Schnupfen von Kokain, eine Angelschnur aus Kunststoff, Stücke von Trinkhalmen, von Luftballons und Taschen mit Reißverschluss, Teile von verschiedenen Stiften und Plastikverschnürungen, mit denen man Zeitungen für die Auslieferung zusammenbindet.

Untersuchungen legen nahe, dass Thunfische wie Wölfe oder Löwen im Kollektiv jagen. Die Hälfte der Zeit schwimmen sie im Oberflächengewässer. Die erste Untersuchung über die Struktur von Raubfischschwärmen wurde von Brian Partridge, Jonas Johansson und John Kalish durchgeführt, welche Luftaufnahmen von Thunfischen im Atlantik analysierten. Die Annahme, sie jagten im Team, wurde durch die parabolische Formation der Schwärme nahe gelegt, wobei einzelne Fische sich im Hintergrund hielten, um das zu fangen, was durch den Schirm geschlüpft war. Diese spezielle Formation verringert auch den Strömungwiderstand.

Thunfischschwärme nehmen viele verschiedene Formen an. Von den 141 abgelichteten Schwärmen nahmen 26 eine parabolische Form an, 23 bildeten staffelförmige Formationen und 16 schwammen in einer geraden Linie hintereinander. Thunfische zeigen den starrsten Schwarmaufbau, der je bei Raubfischen beobachtet wurde. Wissenschaftler haben in der Haut des Thunfischs das Seitenlinienorgan entdeckt, das aus einer Reihe druckempfindlicher Nervenenden besteht und höchst sensibel Änderungen im Wasserdruck registriert. Auf diese Tatsache könnte ihre Fähigkeit zurückzuführen sein, in hoher Geschwindigkeit komplizierte und ständig wechselnde Formationen zu bilden.

In seinem 1995 erschienenen Buch *Giant Bluefin* beschreibt Douglas Whynott Thunfischschwärme. Als er sich einmal an Bord eines Thunfischfängers vor der Küste von New England befand, sah er einen Schwarm, der von Minute zu Minute seine Formation wechselte. Zweihundert Fische bildeten ein Wagenrad. Dann brach zuerst der Leitfisch aus der Formation aus, danach ein weiterer und noch einer, bis sich schließlich eine Staffel bildete. Dann zog »eine große diagonale Linie von dem Schwarm fort wie ein Faden von einer Spule«.

Thunfische sind Warmblüter mit einem äußerst muskulösen Herzen, großem Blutvolumen und einer hohen Konzentration an Hämoglobin. Da Thunfische ihre Körpertemperatur beibehalten können, sind sie in der Lage, ihre Jagdgebiete auch in kältere Gewässer auszudehnen. Sie haben kleine Zähne, ein gutes Gehör und eine binokulare Sicht. Ihre riesigen Augen schließen sich niemals. Im Gegensatz zu den meisten Fischen liegen ihre Augen auf einer Ebene mit der Oberfläche des Kopfes, was ihren Strömungswiderstand weiter reduziert. Sie können Fett speichern und die Energie für ihre endlosen Wanderungen nutzen. Sie schwimmen bis zu hundertsechzig Kilometer am Tag – und das durch höchst verschiedene Ökosysteme, die von tropischen bis zu subarktischen Gewässern reichen.

Es sind Kreaturen des Superlativs und ihre einzigen natürlichen Feinde sind Haie, Mörderwale und Menschen.

Thunfische können ein Meeresbecken in Wochen oder auch in Monaten durchqueren, daher ist es nicht leicht, sie zu studieren. 325 vor Christus stellte Aristoteles die Theorie auf, dass Thunfische aus dem Atlantik kämen und im Schwarzen Meer ablaichten. Die meisten Experten heute aber behaupten, dass Thunfische nur an zwei Orten laichen: im Golf von Mexiko und im Mittelmeer. Man nimmt an, dass die Fische, welche im Golf von Mexiko laichen, im westlichen Atlantik beheimatet sind, während hingegen diejenigen, die im Mittelmeer laichen, aus dem östlichen Atlantik stammen. Die Grenze zwischen den beiden Bereichen liegt bei fünfundvierzig Grad westlicher Länge. Ein Ergebnis dieser aktuellen Theorie ist, dass die Internationale Kommission für die Erhaltung des Thunfischs im Atlantik (ICCAT) die Thunfische im östlichen und im westlichen Atlantik zwei verschiedenen Fischfangzonen zugeordnet hat.

Infolgedessen lag die Fangquote der ICCAT für die Thunfische westlicher Herkunft – Fische, die in erster Linie von amerikanischen und kanadischen Fischern gefangen werden – bei 2394 Tonnen, die für Thunfische östlicher Herkunft allerdings bei 40494 Tonnen. Da der Bestand im Osten als weniger gefährdet angesehen wird, sind die Beschränkungen für die Europäer nicht so streng.

Doch diese Ansicht wird mittlerweile von Wissenschaftlern und Verantwortlichen in Wirtschaft und Politik angezweifelt. Eine Prüfungskommission des National Research Council forderte 1994 Studien über den Austausch der Thunfische westlicher und östlicher Herkunft. Neueste Untersuchungen stellen die Theorie der zwei Thunfischstämme infrage; wenn die Austauschrate zwischen den beiden Populationen hoch ist, müssen sich die Richtlinien für ihre kommerzielle Nutzung ändern, um die Spezies zu schützen.

In unabhängigen Studien, die Frank Mather III von der Woods Hole Oceanographic Institution bei Cape Cod und Raimondo Sarà, ein sizilianischer Meeresbiologe, in den vergangenen vierzig Jahren durchführten, wird übereinstimmend festgestellt, dass es zwischen den beiden Populationen einen Austausch von fünf Prozent gibt. Mather und Sarà benutzten für ihre Forschungen die herkömmlichen Markierungen und waren auf die Mitarbeit der Fischer angewiesen, die ihnen diese Markierungen zurückgeben sollten. Doch seit kurzer Zeit vermuten einige Biologen, dass nur eine einzige Population den Atlantik durchwandert.

Mit von Lithiumbatterien betriebenen Mikrochips, dem neuesten Instrument zum Dokumentieren der Wanderrouten wild lebender Tiere, erstellten Barbara A. Block und ihre Kollegen von der Stanford University die erste lückenlose Chronik einer sechs Monate dauernden Wanderung von Thunfischen. Block implantierte die Mikrochips in siebenunddreißig Thunfische, die im Winter 1996 und 1997 vor Cape Hatteras, North Carolina, mit der Angel gefangen und nach dem Eingriff wieder freigelassen wurden. Die Mikrochips, die alle zwei Minuten die Position des Thunfischs, seine Tiefe, seine Körpertemperatur und die Wassertemperatur aufzeichneten, waren so programmiert, dass sie sich nach einer bestimmten Zeit vom Körper des Fisches lösten und an die Wasseroberfläche kamen. Diese Instrumente übertrugen ihre Daten zu einem Satelliten, der die Informationen seinerseits per E-Mail an Block sandte. Ein Thunfisch tauchte tiefer als achthundert Meter und hielt dort zwei Stunden lang achtzig Prozent seiner normalen Körpertemperatur – und das bei einer Wassertemperatur, die nur vierzig Prozent seiner normalen Körpertemperatur entsprach.

Wichtiger für die Entscheidungsträger jedoch war, dass dieses Projekt den ersten Beweis für eine Wanderroute der Thunfische aus dem westlichen Atlantik lieferte, die sich im Golfstrom auffächerte. Innerhalb von neunzig Tagen wechselten zwei markierte Thunfische innerhalb der Fischfangzonen und vier weitere befanden sich nur fünf Grad Länge von der Grenze entfernt, die die beiden Populationen trennt, berichtete Block. »Diese Ergebnisse bestätigen, dass der Thunfisch aus dem westlichen Atlantik auch von der Belastung durch den Fischfang im östlichen Bereich des Atlantiks betroffen ist, und wirft die Frage auf, wie hoch der Anteil dieses Austauschs ausgewachsener Exemplare ist«, schrieb Block. Wenn weiter gehende Studien zeigen, dass die Austauschrate hoch ist, werden sich alle Thunfisch fangenden Nationen an die strengen Fangquoten halten müssen, um das Überleben dieser Spezies zu sichern.

Nach Angaben des National Marine Fisheries Service existieren nur noch zehn bis dreißig Prozent der Population im Atlantik, die 1970 dokumentiert wurde. Der Biologe Carl Safina berichtet, dass die Population, die im westlichen Atlantik laicht, sich seit 1975 um 90 Prozent vermindert hat – von 250 000 Exemplaren auf etwa 22 000 –, und dass man vermutet, dass die Anzahl ausgewachsener Fische im östlichen Teil heute nur noch die Hälfte des Jahres 1970 beträgt.

Als Sport wurde Thunfischfang in Europa und an der Ostküste der Vereinigten Staaten erst um 1920 entdeckt. Im Februar 1922 veröffentlichte die *Toronto Star Weekly* einen Bericht von ihrem Auslandskorrespondenten in Europa, Ernest Hemingway, unter der Überschrift »Im spanischen Vigo fängt man den Thunfisch, den König aller Fische«. Da heißt es: »Die spanischen Fischer nehmen jeden, der will, für einen Dollar pro Tag zum Fischen mit. Es gibt reichlich Thunfische und sie beißen gut. Es ist eine Aufgabe für Männer, welche Rücken und Muskeln strapaziert, selbst mit einer Angel, die aussieht wie eine große Hacke. Aber wenn man nach einem sechsstündigen Kampf einen großen Thunfisch an Land zieht, wenn Mann gegen Fisch kämpft und die Muskeln von der unaufhörlichen Anstrengung erlahmen, wenn die Beute schließlich neben dem Boot liegt, grünblau und silbern glitzernd im trägen Ozean, dann ist man gereinigt und fühlt sich imstande, ohne Scham vor die wesentlich älteren Idole zu treten, und sie werden einen willkommen heißen.«

In den Fünfziger- und Sechzigerjahren war die Küste vor Martha's Vineyard berühmt für Thunfische, die zwischen einer halben und einer drei viertel Tonne wogen. Diese Riesenthunfische – damals Rossmakrelen genannt – waren wie geschaffen für spektakuläre Trophäenfotos. Nach der Aufnahme wurden sie allerdings für ein paar Penny das Pfund als Tierfutter verkauft.

Aber das Sportfischen war nicht dafür verantwortlich, dass die Population rapide abnahm, sondern der kommerzielle Fischfang. In der Mitte der Siebzigerjahre hatte die Nachfrage nach Thunfisch als Speisefisch Schwindel erregende Höhen erreicht.

Technische Innovationen, angetrieben durch die ständig steigende Nachfrage in den Siebzigerjahren, sorgten für die weltweite Abnahme der Thunfischpopulationen. Fischer aus allen Nationen konnten immer weiter von der Küste entfernt fischen und die Schwärme mithilfe eines Radars lokalisieren. Satellitengesteuerte Navigationssysteme machten es möglich, immer und immer wieder an die besten Fangplätze zurückzukehren. Schiffe mit ganzen Fischverarbeitungsanlagen konnten Netze auswerfen, die so riesig waren, dass zwölf Flugzeuge darin Platz hatten, berichtete das *Time Magazine*. Diese Schleppnetze und auch pelagische Langleinen haben wahrscheinlich am meisten zum Verschwinden des Thunfischs beigetragen.

Ein Schleppnetz ist ein zylindrisches Netz, das an Schwimmern an der Wasseroberfläche hängt und über einen Schwarm geworfen wird. Sobald sich die Fische im Netz befinden, wird vom Schiff aus ein Stahlseil eingeholt und der daran hängende Boden des Netzes wie bei einem Geldbeutel zusammengezogen. Damit sind hunderte von Fischen in Sekundenschnelle gefangen. Pelagische Langleinen bestehen aus einer Hauptschnur, die vierzig bis achtzig Kilometer lang ist und weitere Leinen hält, welche hunderte von Angelhaken mit Ködern enthalten. Bevor der Fischfang mit Schleppnetzen sich in den Siebzigerjahren ausbreitete, bekamen Wissenschaftler nur fünf Prozent ihrer Thunfischmarkierungen zurück. Auf dem Höhepunkt des Schleppnetzfischfangs kamen 48 Prozent der Markierungen zurück – fast die Hälfte aller markierten Thunfische wurde also gefangen.

Frank Mather, in dessen Haus viele Bilder zu sehen sind, die ihn und seine Frau beim Sportfischen zeigen, sagte, dass die Thunfischpopulationen so groß seien, dass es »schwierig werden dürfte, den letzten Thunfisch zu fangen«. Mather glaubt, nicht das Aussterben des Thunfischs als Spezies sei zu befürchten, sondern das Ende seiner kommerziellen Nutzung.

Doch es gibt Gegenmeinungen. An der Küste der Vereinigten Staaten, wo der Thunfisch mit Angeln, mit Erkundungsflugzeugen, mit unter Strom gesetzten Harpunen und mit Schleppnetzen gefangen wird, ist es schwierig, präzise Zahlen über die Größe der Population zu erhalten. In *Giant Bluefin* schreibt Douglas Whynott über zwei Aufklärungspiloten, die am 8. August 1993 Luftaufnahmen von Thunfischen an der Wasseroberfläche des Golfs vor Maine machten. »Die Fotos der beiden Piloten zeigten nach Ausschluss jeder Möglichkeit einer Mehrfachzählung an diesem Tag 4984 Fische« oder »ein Viertel der geschätzten Populationshöhe von Riesenthunfischen im ganzen westlichen Atlantik«.

In den Sechzigerjahren führte die Sorge über abnehmende Populationen bereits zur Gründung der ICCAT, welche zur führenden Kommission wurde, was die wissenschaftliche Erforschung und wirtschaftliche Vermarktung von Thunfisch und anderen pelagischen Spezies wie den Marlin und den Schwertfisch betrifft. Der explizite

Auftrag der ICCAT besteht darin, die höchsten Thunfischfangquoten auf der Basis der maximalen Bestandserhaltung herauszufinden.

Der Wissenschaftler Carl Safina, Autor des Buches *Song for the Blue Ocean* und ehemaliges Mitglied der ICCAT, ist heute ein ausgesprochener Kritiker der Kommission, die seiner Ansicht nach der Fischfangindustrie zu sehr entgegenkommt. Beispielsweise war eines der Kommissionsmitglieder der USA auch als Lobbyist der amerikanischen Fischfangindustrie angestellt, schrieb er, und ein anderes Mitglied arbeitete für das amerikanische Wirtschaftsministerium. Safina behauptete außerdem, dass die ICCAT schon seit langem die Fangquoten über das Level der maximalen Bestandserhaltung setze und selbst den Rat eigener wissenschaftlicher Mitarbeiter ignoriere, die errechneten, dass die Thunfischquote der ICCAT ein zehnprozentiges Risiko der Ausrottung innerhalb von zehn Jahren in sich berge.

»Bis die Kommission wirklich ihren Gründungsauftrag erfüllt und für die maximale Bestandserhaltung sorgt, steht die Abkürzung ICCAT eher für International Commission to Catch All the Tuna (= Internationale Kommission für den Fang aller Thunfische)«, schrieb Safina in *Conservation Biology*.

Safina stellte außerdem die Effizienz der Kommission infrage: Laut Angaben der japanischen Fischereibehörde fangen Staaten, die dieser Kommission nicht angehören, mehr als achtig Prozent dessen, was Mitgliedstaaten im Atlantik fischen dürfen, und es wurde bereits berichtet, dass einige Mitgliedstaaten unter der Flagge von Nichtmitgliedstaaten fahren, um die Beschränkungen zu umgehen, behauptete Safina.

Raimondo Sarà hat fünfzig Jahre lang die Thunfische im östlichen Atlantik in enger Zusammenarbeit mit den Raìs der Tonnaras im Mittelmeer beobachtet. Er sagte, dass die Thunfische, die zum Laichen ins Mittelmeer kommen, in den oberen Bereichen des Meeres schwimmen und so den Ausläufern atlantischer Strömungen folgen, die normalerweise immer denselben Verlauf haben. Die Verschiebung der Strömungen durch den Wind – in Richtung oder Gegenrichtung der Reuse – hat fatale Auswirkungen auf den Fang. Strömungen nach Westen bringen Thunfische aus dem Osten in die Reuse nach Favignana. Die Tonnarotti von Favignana sagen, die Fische schwämmen *occhio a sinistra* – mit dem linken Auge zum Land.

Im Frühling wandern die Thunfische, allen voran die Weibchen, getrieben vom Drang, sich zu paaren, durch die Straße von Gibraltar. Die Weibchen tragen je nach Größe zwischen einer Million und dreißig Millionen Eiern.

Die Thunfische nähern sich rasch der Reuse, bilden Formationen, paaren sich und weichen Haien aus. Niemand weiß genau, was sie als Kompass benutzen; vielleicht orientieren sie sich mithilfe ihrer Erinnerung, durch visuelle und chemische Signale, durch Anomalien im Magnetfeld der Erde, durch Temperaturschwankungen, durch den Salzgehalt des Wassers, durch die Stärke und Richtung von Meeresströmungen oder durch die Veränderungen im elektrischen Feld und die Unterschiede im hydrostatischen Druck.

Noch ist den Wissenschaftlern unbekannt, wie die Thunfische ihren Weg zurück zur Küste von Favignana finden, und die Tonnarotti fragen nicht, warum sie jeden Frühling wiederkommen. Sie warten nur darauf, dass ihre Reusen sich füllen.

# 15

## *Die Heiligen*

Wenn die Reuse im Meer ist, übernehmen die Heiligen die Wache.

Eines Morgens öffneten die Tonnarotti das schmiedeeiserne Tor hinter dem Bootshaus. Clemente, der wieder arbeitete, krempelte seine gelbe Jogginghose bis zu den Knien auf und stieg in die eisige Frühlingssee, um seiner Mannschaft zu helfen, das Boot namens *Marte*, benannt nach dem Planet Mars, vom Trockendock ins Wasser zu ziehen. An diesem Tag brauchten sie ein zusätzliches Boot, weil die Musciara die Heiligen transportierte.

Das Kreuz lag in dem kleinen, grauen Holzboot mit

demütig ausgebreiteten Armen auf dem Rücken. Die Balken waren mit Heiligenkarten in Übergröße bedeckt. Zwei Bilder von der Jungfrau mit dem Kinde in sattem Blau und Rot rahmten den Querbalken ein. Dazwischen prangte eine Reihe von Schutzheiligen: die heilige Theresia vom Kinde Jesu mit einem Arm voll Rosen; die Heilige Familie; das heilige Antlitz Jesu; die heilige Lucia, die jungfräuliche Märtyrerin, ein Tablett mit ihren Augen haltend; und der heilige Antonius von Padua in seiner gegürteten braunen Mönchskutte. An der Spitze des vertikalen Balkens befand sich die heilige Anna, die Mutter von Maria; darunter der heilige Joseph, Marias Mann, mit einer Lilie; dann noch ein heiliger Joseph mit dem Jesuskind; der heilige Petrus, der als Märtyrer an einem umgedrehten Kreuz starb; und das heilige Herz Jesu. Unter den Heiligen war am Längsbalken die zwanzig Zentimeter große Bronzestatue des heiligen Petrus auf dem Papstthron befestigt. Über den Heiligen steckten die Palmwedel, die Lilien und die Gladiolen, welche bereits verwelkten.

Der Raìs hatte einen Tag abgewartet, an dem das Meer ruhig war, um die Heiligen aufzustellen. An diesem Tag würden sie ihren Platz über der Bocca di nassa, dem Eingang zur Thunfischreuse, einnehmen. Der Raìs erlaubte mir, der einfachen Zeremonie beizuwohnen, und wies mich an diesem Tag der *Marte*, seinem eigenen Boot, zu. Seine Männer griffen zu den Rudern und brachten uns hinaus in die grüne Bucht. Angelo warf uns vom Schlepper aus ein Seil zu und Rosario band es an den Bug. Das Tau straffte sich und wir wurden mit einigen weiteren Booten zur Reuse gezogen.

Die Heiligen aufzustellen ist, als machte man den letzten Stich an einem Quilt oder den letzten Pinselstrich an einem Bild. Das Meer war spiegelglatt. Im sanften Rauschen der Wellen löste sich die Anspannung. An der Bocca di nassa bildeten die Boote über den vier Stahlseilen, die am Eingang der Reuse zusammenliefen, ein Kreuz. Mit dem Bug zur Mitte formierten sie sich wie die Blütenblätter des Hartriegels.

Das untere Ende des Holzkreuzes ist zu einem spitz zulaufenden Pfahl geschnitzt, den die Männer in einen Eisenring an der Verbindungsstelle des Stahlseils stecken müssen. Aber an diesem speziellen Tag wollten *Mars*, *Jupiter*, *Merkur* und die namenlose Musciara des Raìs sich einfach nicht rund um diesen Knotenpunkt positionieren. Es gab das übliche Diskutieren und lautstarke Argumentieren, das unfehlbar jede Zusammenkunft von Sizilianern begleitet. Der Raìs lächelte und scherzte: »Was soll das, macht ihr Jungs das zum ersten Mal?«

Als die Boote schließlich ihre Position eingenommen hatten, setzten die Männer in der Musciara das Kreuz in die Halterung und errichteten die Heiligen. Das Kreuz richtete sich auf wie die Flagge von Iwo Jima. Es blickte nach Osten, woher die Fische kommen würden. Als es gerade und fest stand, nahmen die Männer ihre Mützen ab und standen in ihren Booten auf, um zu beten. Es war das erste Mal in diesem Jahr, dass die Litanei gesprochen wurde, und das letzte Mal, dass der Raìs sie sprach.

»Ein Ave-Maria für die Madonna von Tràpani!« Von nun an würde Rosario, der Kapitän der Musciara, diese Litanei dreimal pro Tag in den Wind rufen – zweimal am Morgen auf der Fahrt zur und von der Reuse und einmal am Nachmittag, wenn man von der letzten Tageskontrolle zurückkehrte.

Das Gebet kam aus vollem Herzen und endete mit der Bitte an den heiligen Petrus, sich beim Herrn für einen guten Fang zu verwenden. »So sei es!«, schrien sie einstimmig. Die tröstliche Silhouette des favignanesischen

Berges ragte über uns in die Höhe. Wir fühlten Santa Caterinas Blick auf uns gerichtet. Das Ritual war so alt wie die Festung. Die Araber, die im neunten Jahrhundert diese Art, Thunfisch zu fangen, auf die Insel gebracht hatten, beteten keine Heiligen an, aber Roger II. von Sizilien, ein katholischer Normanne, der zweihundert Jahre nach ihnen über die Insel herrschte. Er baute vor tausend Jahren seine Festung auf dem Platz, wo vorher der alte arabische Wachturm gestanden hatte.

Die Sonne beschien diese kurze Zeremonie und als sie vorbei war, wurde der Raìs vom Schlepper zurück an Land gezogen, während wir in der *Mars* über dem Tor zwischen der Camera Grande und der Bastardella festmachten. Die Männer banden das Netztor los und ließen es auf den Meeresboden sinken und dann blickten wir abwechselnd durch das Glas, um die Thunfische zu zählen, falls dort welche waren.

Ich durfte als Erste nachsehen und nahm meinen Platz als *specchiaiolo* ein. Ich breitete ein Stück Sackleinen aus, band mein Haar zurück und legte mich auf den Bauch. Das Boot schaukelte wie eine Wiege. Jemand zog eine Plane über die Bank, unter der ich lag, und der Boden der *Marte* wurde zu meinem eigenen Reich, ich war allein, blickte auf das Meerespanorama und nahm das strahlende Blau in mich auf. Erwartungsvoll schaute ich in eine andere Welt. Die Sonnenstrahlen tanzten im Netz. Dicke Balken aus Licht fuhren in parallelen Linien kreuz und quer durchs Wasser, so schön wie das Nordlicht und genauso ergreifend. Das Netz war eine Wand aus diamantenen Fasern, die sich bis weit außerhalb unseres Sichtfeldes erstreckte und mit der Strömung von Osten ausbeulte. Meine Stunden auf den Thunfischbooten gehören zu den schönsten meines Lebens.

»Wenn du einen Fisch siehst, gib Bescheid«, sagte Clemente. Auf meine Meldung hin würden die Männer das Tor hochziehen und so dem Fisch den Rückweg versperren. Bald gesellte er sich unter der Plane zu mir und wir küssten uns über dem Meeresfenster. Es war das einzige Mal, seit Margo da war, dass wir allein waren. Wir beobachteten zusammen die Tiefe unter uns, er auf seiner Seite des Fensters, ich auf meiner, unsere Gesichter blau angestrahlt. Dann zog er sich zurück.

Manchmal, wenn das Tor gesenkt wird, um Neuzugänge in die Bastardella zu lassen, entwischen Fische, die bereits dort waren, zurück in die Camera Grande. »Das macht einen verrückt«, sagte Michele, der Kapitän der *Marte*. Einer von der Crew öffnete die Tür eines Schränkchens im Bug und reichte weiße Plastiktüten herum. Brot, Käse, Oliven und Obst. Jemand gab mir eine Birne unter die Plane, nahm sie zum Schälen zurück und gab sie mir dann wieder. Sie war kühl und glitschig. Nur meine Füße ragten unter der Plane hervor. Während ich darunter lag, fragte mich einer der Männer, wie alt ich sei.

»Einundvierzig«, sagte ich. Ein anderer meinte: »Man fragt eine Frau doch nicht nach ihrem Alter«, aber erst, nachdem er meine Antwort gehört hatte.

»Bist du verheiratet?«

»Nein. Ich bin zu unabhängig.« Eine meiner Standardantworten.

Die Männer waren ungeduldig, wollten selbst nach den Fischen sehen, daher war meine Zeit rasch vorüber. Sie rollten die Plane zurück und ich blinzelte in die Sonne und schlängelte mich unter der Sitzbank hervor. Im sachten Schaukeln des Bootes plauderten wir.

Michele heiratete, als er sechzehn war, und wurde mit achtzehn Vater. »Wenn ich alles noch mal machen müsste, würde ich mit dem Heiraten warten«, sagte er. Obwohl er schon in mittleren Jahren war, lockte sein Haar sich immer noch in tiefem Schwarz, doch die Kochkünste seiner Frau begannen sich bei ihm bemerkbar zu machen. »Ich habe einen Jungen. Er ist vierzehn und ziemlich clever, aber er mag die Schule nicht.« In Italien endet die Schulpflicht mit vierzehn. Dann gehen viele junge Männer ab, bleiben zu Hause, lassen sich von ihren Eltern einen Motorroller kaufen und verschwenden Benzin und Geld. »Ich habe ihm gesagt, dass ich ihm eine Arbeit suche, wenn er nicht weiter zur Schule geht«, erzählte Michele.

Peppe, der auf die fünfundsechzig zuging, war ein drahtiger, hagerer Mann mit vielen Falten und einer kastaniengroßen Beule auf seiner Stirn, die nicht zurückgehen wollte. Er war ein heiterer Mensch und sprach unaufhörlich, selbst, während Michele seine Befehle gab. Michele versuchte Peppe sanft zu verstehen zu geben, dass er den Mund halten und die Ruhe auf dem Meer genießen solle. »Wenn Peppe nicht so viel reden würde, wäre er nicht Peppe«, sagte Michele zu mir.

Paolo saß im Bug und rauchte mit nachdenklicher Miene. Er war wohl in den Fünfzigern, ein riesiger Mann, dem die Vorderzähne fehlten und der seine Meinung für sich behielt. Er hatte eine Nase, die sein halbes Gesicht ausfüllte. Er sagte, er verstünde mein Bedürfnis, zu reisen und frei zu sein; er selbst hatte viele Jahre als Seemann auf Frachtschiffen verbracht, die mit Getreide und Kohle rund um den Lake District, nach Kalifornien, Florida, Virginia, Afrika, China, Toronto und Japan gefahren waren. »Ich war nie zu Hause«, meinte er. Einmal steckte sein Schiff drei Wintermonate in den Großen Seen fest, das Eis gab es nicht frei. »Das werde ich nie vergessen«, sagte Paolo.

Sein Freund Momino war etwa im selben Alter und so klein, wie Paolo groß war. Als er jünger war, hatte er ein ähnliches Leben geführt. »Großartige Erinnerungen«, sagte er. »Aber ich war viel unterwegs. Meinen Sohn habe ich das erste Mal gesehen, als er achtzehn Monate war.« Sein Sohn Antonio saß nun neben ihm in der *Marte*.

Es war Antonios fünftes Jahr als Tonnarotto. Er hatte eine Frau und zwei Kinder.

»Wenn du wolltest, könntest du eine Tonnarotta werden«, sagte er.

»Ich verstehe nichts davon«, entgegnete ich.

»Ich verstand auch nichts davon, als ich anfing«, meinte er. »Man braucht ein Jahr, um zu lernen, was dazu gehört.« Dann wandte sich das Gespräch dem Essen und den Gaumenfreuden der Männer zu.

»Morgen nehmen wir einen Kocher mit, machen uns Caffè latte und stippen Brot darin«, sagte Momino. »Und am Nachmittag bringen wir *amaro* mit, um das Mittagessen runterzuspülen. Du kommst auch mit.«

Der Schlepper kam, was das Ende der Wache bedeutete. Zwar hatten wir keine Thunfische gesehen, doch behielten die Männer ihre gute Laune. Michele stand mit der Hand am Ruder, als wir zurück zum Hafen gezogen wurden. Das Heiligenkreuz hob sich gegen die Sonne ab. Michele wandte sich zurück und warf einen Blick auf die beiden Palmwedel, die das östliche Ende der Reuse anzeigten und aussahen wie Bäume mitten im Meer – oder wie Blitzableiter, Energieleitungen, die den Thunfisch riefen.

»Ora, sì, che c'è tonnara.« Jetzt, ja, jetzt haben wir eine Tonnara. Und mit diesen Worten begann das Warten.

# 16

# *Warten*

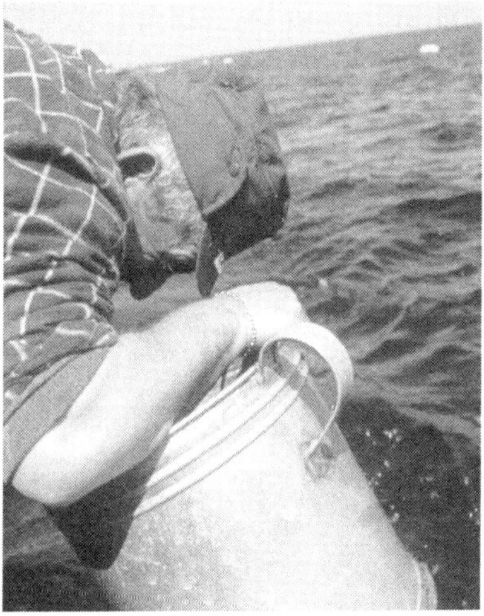

Hast du dein Gesicht heute mit Blumen gewaschen?«, fragte Vito, als ich ihn am Morgen des ersten Mai eine Stunde zu spät traf.

An diesem Tag waschen sich die Einwohner von Favignana das Gesicht mit Blumen, weil es Glück bringen soll. Am Abend vorher pflücken alle – mit Ausnahme der Fischer – Mohn- und Butterblumen und streuen die Blüten in eine Schüssel mit Wasser. Am nächsten Morgen tauchen sie ihre Hände in die Schüssel und befeuchten ihr Gesicht mit dem Blumenwasser, genau wie ich es auch als Erstes getan hatte. Die Fischer aber gehen zum Meer und waschen ihr Gesicht mit Seewasser.

Vito hatte mich zu einem Picknick mit seiner Frau, seinen zwei Söhnen und seinem Bruder eingeladen, das den ganzen Tag dauern sollte. Der Primo Maggio war ein nationaler Feiertag, aber Vito, der für den Raìs ruderte, hatte diesen bereits um sieben Uhr morgens zur Reuse gebracht, damit er sie kontrollieren konnte. Um neun Uhr ließ die Sonne schon die feuchte Kühle der schwarzen Marmorplatten auf der Piazza verdampfen. Stühle tauchten auf den Bürgersteigen vor den Cafés auf. Die Wäsche auf den Leinen wurde nun wieder schneller trocken als in den Monaten zuvor. Veränderung lag in der Luft. Die Schmetterlingsinsel entpuppte sich aus ihrem Winterkokon und entfaltete ihre Flügel, während in die Adern das Blut strömte. Das Meer selbst füllte sich mit der Hitze und dem Licht des Lebens.

»Wir hatten heute einen zweihundert Kilo schweren Fisch«, sagte Vito. Wieder einer, der sich im Netz verfangen hatte. »Der Raìs hat jedem im Boot Sardinen geschenkt« – zum Grillen fürs Picknick.

Wir sechs quetschten uns in Vitos winzigen Wagen, die Frauen auf den Rücksitz, mit Schüsseln und den kleinen Jungen auf unseren Knien. Dann fuhren wir Richtung Il Bosco (der Wald) auf der anderen Seite des Monte Santa Caterina, wo wir in einem kleinen, aber schattigen Pinienhain picknickten, ganz in der Nähe der Bucht, in der Odysseus der Sage nach an Land gespült wurde, nachdem sein Schiff gekentert war. Vitos Bruder Nicola machte mithilfe von trockenen Zweigen ein Feuer und Vitos Frau packte die Artischocken aus, die sie mit Minze, Olivenöl, Petersilie und Knoblauch gefüllt hatte. Sie legte sie zum Backen zwischen die Kohlen, während wir Reissalat mit knackigen, süßen Erbsen aßen. Dann dippten wir Favabohnen in Weinessig. Die Männer grillten Sardinen und Rinderkoteletts. Gegen Mittag verschwanden Nicola und

Vito mit dem Wagen und kamen mit Zweiliterflaschen aus Plastik zurück, die sie mit dem kräftigen Rosé der Insel gefüllt hatten; er wurde aus den Trauben der Weinreben gekeltert, die tief verborgen in den verlassenen Tuffsteinbrüchen wachsen, wohin die Salzluft des Meeres nicht dringen kann. Wir aßen und tranken und machten dann auf Decken im Halbschatten ein Nickerchen. Ich wachte frierend auf, als die Schatten schon lang wurden, und unternahm mit den beiden Jungen einen Spaziergang an der Küste. Der Wind zauberte den Wellen Schaumkronen aufs Haupt. Wir packten zusammen, brachen auf und Vito veranstaltete für uns eine Inselrundfahrt. Am Leuchtturm von Punta Sottile, einem flachen, felsigen Landstrich karger Schönheit, entdeckte Vito einige auffliegende *spezzafelli*, Meeresvögel, die Thunfischen folgen.

»Morgen werden wir Fische im Netz finden.« Und damit meinte er keine, die sich im Netz verfangen hatten und tot waren, sondern welche, die in langsamen Kreisen in der Reuse schwammen, quicklebendig und paarungsbereit.

Die Reuse war komplett. Nun waren nur noch Wartungsarbeiten durchzuführen – das Sperrnetz auf Löcher zu kontrollieren, welche Schwertfische oder Delphine vielleicht hineingerissen hatten, die Anker zu straffen, Schwimmer zu ergänzen oder auszutauschen. Und das rituelle Zählen der Thunfische. Die Nachtwache wurde aufgestellt, um die Reuse vor verirrten Schiffen zu schützen. Die Aufmerksamkeit der gesamten Stadt wandte sich dem Meer zu.

Im Frühling wird die Reuse zur Seele von Favignana, zum geheiligten Meeresplatz, der mit einer Million Kubikmeter dunkelblauem Wasser gefüllt ist. Die Leute spüren diese Last.

»Wie viele?« ist die Frage auf jedermanns Lippen. Die Einwohner der Insel fühlen sich durch die Anwesenheit der Thunfische in der Reuse reicher, selbst die, die keinen Anteil am Fang haben. Die Witwen, die Cafébesitzer, die Mechaniker, alle fragen: »Wie viele?« Die Tonnarotti aber dürfen noch nicht mal einen Schätzwert von sich geben. Heutzutage ist die Anzahl der Fische ein sorgfältig gehütetes Geheimnis. Die Raìs hatten schon immer einen ausgeprägten Beschützerinstinkt, was die Reuse anging, aber in der Vergangenheit hätte ein Raìs auf diese Frage hin eine Zahl genannt. Zwar wusste derjenige, der gefragt hatte, dass der Raìs wahrscheinlich etwa fünfzig Fische zu viel oder zu wenig angab, aber er bekam immerhin eine Antwort. Das erzählte mir ein frustrierter Einwohner.

Eine *buon'annata*, ein gutes Jahr für die Tonnara, war ein Glücksindikator für Favignana, ein Zeichen, ob die Götter der Insel gewogen waren oder nicht. Aber heutzutage stand bei einem Preis von 60 000 Dollar oder mehr für einen einzigen guten Riesenthun auf dem Markt von Tokio einfach zu viel auf dem Spiel, um die Anzahl bekannt zu geben. Wenn die japanischen Käufer Wind davon bekamen, dass viele Fische in der Reuse schwammen, konnte der Preis für Thunfisch auf dem Weltmarkt sinken. Nur Girolamo, der Taucher, und der Raìs selbst wussten, wie viele es waren. Die Tonnarotti sagten, sie würden unter Umständen ihre Arbeit verlieren, wenn sie eine Zahl nannten. Die Leute mussten also bis zur Mattanza warten, um die Anzahl zu erfahren; doch diese Unkenntnis machte die Bevölkerung unausgefüllt und wissbegierig.

Nachdem zuerst Tage und dann Wochen vergangen waren, wurde das Warten noch schwieriger. Die ganze Stadt war gereizt. Man konnte den nervösen Puls auf der Piazza Madrice spüren.

Frühling bringt Unruhe. Vor einigen Jahren war die spanische Festung in ein Bezirksgefängnis umfunktioniert worden, dessen Häftlinge nun Briefe an den Herausgeber des *Giornale di Sicilia* schickten und sich über das Leben in den unbeheizten Zellen beklagten. Die Leute drängten sich in die Bars und Vereinslokale und murrten über die Probleme der Stadt. Es ging das Gerücht, dass das Gefängnis geschlossen werden sollte; die Wächter, fünfzig Einheimische, würden dann ihre Arbeit verlieren. Und Vito erzählte mir von einem Plakat, das im Winter zuvor in der ganzen Stadt zu sehen gewesen war: ein offener Brief der Familie Parodi an die Einwohner von Favignana, in dem Castiglione angeklagt wurde, weil er die Tonnara von Formica, die seit 1980 stillgelegt war, nicht wieder in Betrieb genommen hatte. Die Parodis beschuldigten Castiglione auch, dass er ihre eigene Ausrüstung – die schwarzen Holzboote, die alten Netze und Taue, die eisernen Schwimmer – verrotten ließ, während er seine neue Ausrüstung benutzte.

Castiglione sollte seine Pacht erneuern, erklärte Vito mir und er dachte, dass Castiglione durch die Plakate dazu getrieben werden sollte, besseren Konditionen zuzustimmen. Die Plakate waren alle nach der dafür vorgesehenen Frist entfernt worden, also ging ich zur städtischen Druckerei, um nachzusehen, ob noch welche übrig geblieben waren.

Ein Angestellter der Stadt gab mir eins, öffnete dann einen Kühlschrank und bot mir ein kaltes Bier an. Der offene Brief war in hochfahrender Art geschrieben, schwarze Buchstaben auf rotem, fluoreszierendem Papier. Das Plakat heischte um die emotionale Unterstützung der Gemeinde. Wegen Castigliones Untätigkeit, hieß es dort, wären den Einwohnern von Favignana fünfzig neue Jobs entgangen, die nicht geschaffen worden wären, und acht

Monate Arbeit. Es wurde nicht erwähnt, was für Jobs das gewesen sein sollten, und auch nicht erklärt, auf welche Weise Formica wieder in Betrieb genommen werden sollte.

Früher war Formica eine unabhängige Tonnara, in Betrieb gehalten von Tonnarotti aus Favignana, die die Saison über auf der Insel wohnten und wie Mönche lebten (ausgenommen diejenigen, die stundenlang durch die Nacht ruderten, um sich zu ihren Frauen oder Freundinnen zu schleichen, wie Gioacchino mir sagte). Formica hatte früher einen eigenen Raìs, eine Ciurma, eine Reuse, Heilige und eigene Lagerhäuser. Die Parodis hatten die Gebäude der Tonnara auf der kleinen, unbewohnten Insel – die so klein war, dass sie Ameise hieß – an einen Geistlichen verkauft. Der hatte die Gebäude, die noch von den Florios errichtet worden waren, in ein Therapiezentrum für Drogensüchtige umgebaut.

Die städtische Druckerei war dunkel und kühl und stand auf der gegenüberliegenden Seite vom Gefängnis, im Schatten der hohen Mauern. Früher wurden hier Ausrüstungsgegenstände für die Tonnara gelagert. Über meinem Kopf ragten wundervolle Spitzbögen wie die im Netzhaus in die Höhe. Zwei dunkel gerahmte Ölgemälde, auf denen Frauen beim Brotbacken abgebildet waren, bedeckten zwei der Wände. Mussolini, der politische Gefangene nach Favignana ins Exil schickte, hatte diese Werkstatt für Gefangene geschaffen. In gotischen Buchstaben verlief ein Spruch die eine Seite des Hauptbogens hinauf und die andere wieder hinunter: »Es ist nie zu spät, vorwärts zu kommen.«

Die Kirchenglocke läutete. Ein Mann stürzte schwer atmend herein: »Uno è morto«, sagte er. Es ist jemand gestorben. Als er mich sah, eine Fremde, verkniff er sich alles Weitere. Auf Favignana läutet die Glocke, sobald der

Priester vom Tod eines Insulaners erfahren hat, gleichgültig, wo er gestorben ist. Frauen in Schwarz, die nie ihr Haus verlassen, lehnten sich aus dem Fenster, um mich, als ich auf dem Rad vorbeifuhr, zu fragen, für wen die Glocken läuteten. Leonardo, der Überbringer der schlechten Nachricht, war Fahrer auf dem städtischen Müllwagen. Als er mein aufgeschlagenes Notizbuch sah, setzte er sich und fing an, über das Schicksal der Insel zu klagen.

»L'isola non è più la nostra.« Die Insel gehört nicht mehr uns. Er wünschte sich die Zeiten zurück, in denen neuntausend Menschen auf der Insel lebten und Favignana sich selbst genügte. Er erinnerte sich noch daran, dass Favignana Honig, Tuffstein, Kaktusfeigen und Baumwolle exportierte. Nun hatte die Hälfte der Bevölkerung die Insel verlassen müssen, um Arbeit zu finden. Er vermisste die Zeit, als die Männer in Tavernen saßen, Karten spielten, Geschichten erzählten, sangen und Tintenfisch aßen. Er erzählte es so, dass auch ich sie vermisste.

Die Fischfabrik ist geschlossen, es geht das Gerücht, auch das Gefängnis zu schließen, und die Tonnara beschäftigt nur noch halb so viele Männer wie früher. Die Touristen nehmen überhand, sagte er. Die Insel wird zu Tode erschlossen. Die Favignaneser können es sich nicht mehr leisten, hier zu wohnen, weil die Touristen, die sich hier Ferienhäuser kaufen, die Immobilienpreise in die Höhe getrieben haben. »Eines Tages ist Favignana eine unbewohnte Insel voller Ferienhäuser für die Reichen aus Palermo«, sagte er.

Während dieser Arbeitsperiode hatten die Tonnarotti einen freien Tag in der Woche. Sie waren entspannter und eher bereit, auf einen Kaffee oder ein Eis die Arbeit zu verlassen, wenn der Raìs gerade nicht da war. Der war häufig in Tràpani und beriet sich mit Castiglione oder kümmerte sich um den Papierkram. Die Camparia wirkte friedlich und still. Die Stimmung der Tonnarotti stieg und fiel mit den Winden und Strömungen, die die Thunfische herbeibrachten. *Tramontana*, der Wind von Norden, war günstig, genau wie die Stürme. Aber das Wetter war gut, zu gut. Occhiuzzi saß in seinem Unterhemd unter der Glocke, die am Abend vor der ersten Mattanza geläutet wird, und entwirrte müßig die einzelnen Schnüre eines dicken Seils.

»Wie viele Fische?«, fragte ich.

»Als der Raìs von der Morgenkontrolle kam«, antwortete er, »erzählte er von zwei toten Thunfischen.«

»Und wie viele lebende?«

Occhiuzzi hielt seine Augen auf das Seil gerichtet. »Weiß ich nicht«, sagte er.

17

# *Gioacchino*

Am nächsten Tag hatte Gioacchino Cataldo frei. Da er immer noch den Rüffel verdauen musste, den ihm der Raìs auf dem Meer versetzt hatte, verbrachte er seinen freien Tag damit, die *Maria delle Grazie*, eines seiner eigenen Boote, neu zu streichen. Es lag im Trockendock am Haupthafen neben der Anlegestelle der Fähre, etwa hundert Meter von der Camparia entfernt. Er zog sein Hemd aus und stand mit zwei Farbeimern, meerblau und orange, auf der Betonrampe in der Sonne. Die Farbe verlief wie erhitzte Butter über dem ausgeblichenen Holz. Die abgeschliffenen Bretter glänzten unter seinem Pinsel auf. Wir unterhielten uns drei Stunden.

Gioacchino zeigte auf seinen Kopf. »Ich bin nie allein«, sagte er. »Ich lebe mit meinem Kopf. Ich habe immer gute Gesellschaft.« Ein Gespräch mit Gioacchino war wie eine Fahrt in einem Heißluftballon: Man fing auf dem Boden der Tatsachen an, stieg aber dann rasch in luftige Höhen, wo die Welt und ihr Treiben klein und fern wirkte.

Er war durch seinen Körper mit der Welt verbunden.

»Wenn ich mich schlecht fühle, wenn ich Thunfische töte, dann spüre ich, wie mein Herz leicht nach rechts rutscht.« Er wies mit dem Zeigefinger auf seine Brust und zeigte, wie sein Herz sich verlagerte. »Es ist wie Schmerz oder Glück. Ich fühle es.«

Gioacchino fing in der Fischfabrik zu arbeiten an, als er sechzehn war, Tonnarotto wurde er erst mit vierunddreißig Jahren, am 1. Mai 1975. Er hatte unter drei Raìs gearbeitet: Giacomo Rallo, Gioacchino Ernandes und dann Salvatore Spataro. Als er anfing, waren alle Netze noch aus Kokosfaser.

»Vor vierzig Jahren waren die Tonnarotti noch arme Leute, bis in die Sechzigerjahre hinein«, sagte er. »Ihre Hosen bestanden mehr aus Flicken als aus Hosenstoff.« Er maß seinen finanziellen Erfolg in Brot. 1960, als er in einer Mailänder Fabrik arbeitete, verdiente er 1150 Lire für acht Stunden Arbeit, das reichte für zehn Laibe Brot, als das Kilo 120 Lire kostete. Nun konnte er sich bei 53 000 Lire für acht Stunden Arbeit fünfundzwanzig Laibe Brot kaufen. Er schrieb seine Brotformel mit roter Tinte in mein Notizbuch. Mein Füller wirkte in seiner Hand wie ein Zahnstocher.

»Die Welt hat sich verändert«, sagte er. Ich verlagerte meine Position, damit ich nicht in die Sonne blinzeln musste. Das strahlende Orange in der inneren Biegung des Bugs warf einen feurigen Schimmer auf Gioacchinos

Oberkörper und Gesicht, so als würde er sich über eine Flamme beugen. Als er in La Praya aufwuchs, einer kleinen Gemeinde in der Nähe des Strandes, wo die Anker lagerten, »gab es noch Leute mit anderen Berufen, Steinmetze und Bauern. Und jede Berufsgruppe war mal die reichste auf der Insel«, sagte er.

Zuerst verdienten die Steinmetze recht ordentlich, bis die Transportkosten für den Tuffstein der Insel zu hoch wurden, dann waren es die Bauern, die Honig, Heu, Obst und Baumwolle verkauften. Und nun waren die Fischer an der Reihe, weil der knapp gewordene Thunfisch so hohe Preise erzielte.

Ich fragte ihn, wie viele Menschen auf Favignana leben. Er ließ mich die Zahl 3539 niederschreiben und davon 80 abziehen, die Anzahl der Menschen, die seit der letzten Zählung gestorben waren oder Favignana für immer verlassen hatten. Also hat die Insel aktuell 3459 Einwohner, antwortete er präzise.

Dann fragte er mich: »Was ist das Schönste, das Stärkste und das Treffendste?« Ich hatte keine Ahnung.

»Liebe, Tod und Wahrheit«, sagte er.

Er erwähnte, wie gut Basilikum auf der Insel wuchs, und merkte an, dass das Basilikum in Deutschland nicht duftete. Dann schrieb er ein Gedicht in mein Notizbuch.

*Alcune volte un sincero*
*Grazie detto con il cuore*
*E con la luce degli occhi*
*Può rendere felice un'uomo.*
*(Manchmal kann ein aufrichtiges*
*Danke, das mit dem Herzen gesagt wird*
*und mit dem Leuchten der Augen,*
*einen Menschen glücklich machen.)*

Dann unterschrieb er es. Gioacchino Cataldo. Er hatte es eines Tages auf dem Meer gedichtet, vor Jahren. Auf seinem Privatboot hatte er eine lose Blattsammlung von vierzig bis fünfundvierzig mit Schreibmaschine getippten Seiten, auf denen schöne Redensarten standen, sagte er, Zitate der wichtigsten Dichter und Denker der Welt. Sein Gedicht hatte er in der Mitte dieses Buchs eingefügt und jeden Sommer fragte er die Touristen, die er auf Ausflüge mitnahm, nach ihrem Lieblingsspruch. Zu »83 bis 85 Prozent« wählten die Leute sein Gedicht – »Leute, die auf die Universität gegangen sind, gebildete Menschen«. Gioacchino schaffte es nur bis zur fünften Klasse, dann fing er an zu arbeiten.

Während unseres Gesprächs wurde der Sarg mit der Leiche von Tony, einem jungen Mann, der mit seiner deutschen Frau und seinen Kindern eine Pizzeria führte, von der Fähre getragen. Er war am Tag zuvor in einem Krankenhaus in Palermo gestorben, als die Glocke läutete, und zwar an den Kopfverletzungen, die er sich auf Favignana zugezogen hatte. Es hieß, er sei auf der Straße nach Punta Lunga von seinem Motorrad gestürzt und mit dem Kopf gegen eine Tuffsteinwand geschlagen. Jetzt kam er zurück auf die Insel, um in seiner Heimat begraben zu werden. Der mit Gladiolen geschmückte Leichenwagen kam, um den Sarg abzuholen.

Wir sahen zu, wie erst die Laster, Pkws und Passagiere die Fähre verließen. Die bewegte See ließ das Schiff schaukeln und machte das Ausladen schwierig. Die Einwohner der Stadt versammelten sich, um Tonys Leichnam das letzte Geleit zu geben. Das weiße Schiff ließ zum Abschied dreimal sein Signalhorn ertönen, danach tutete es dreimal vom Tragflügelboot *Donatello* und danach noch dreimal von der *Vulcano*.

Die Signalhörner heulten, weil Tony so jung war, weil

er das Meer liebte, weil er Frau und Kinder hatte und weil die Parzen seinen Lebensfaden so früh durchtrennt hatten. Das laute Heulen vibrierte in meinen Rippen.

»Was sollte ein Mann einer Frau geben, damit sie ihn nie vergisst?«

Der Tod konnte Gioacchino nicht schrecken.

»Ich würde ihr ein Stück Kokosseil von der alten Tonnara geben«, sagte ich hoffnungsvoll.

»Nein, das könnte man verlieren.«

Ich gab auf. »Schmuck?«

»Nein, den könnte man auch verlieren. Ich würde ihr einen Kuss geben, den sie nie vergessen würde.«

Der schlichte Holzsarg wurde nun aus der Fähre getragen. Sechs Männer hielten ihn auf ihren Schultern, während ihnen der Leichenwagen langsam folgte. Ganz vorn war Vito, Schulter an Schulter mit Carlo, der ihn im Jahr zuvor niedergestochen hatte. Die Kirchenglocke ertönte. Der Priester wartete am Anfang des Piers mit zwei Messdienern. Etwa vierhundert Menschen folgten schweigend dem Sarg. Die Frauen bekreuzigten sich wieder und wieder. Die Fahrradläden am Hafen ließen ihre Rollläden herunter, als sich der Sarg näherte, und zogen sie wieder hoch, als er vorbei war. Die Sargträger bogen auf ihrem Weg zur Piazza um eine Ecke und verschwanden.

Gioacchino verlor sich wieder in den wilden blauen Gefilden seines Kopfes. »Als Jugendlicher hasste ich Favignana. Es war wie ein Gefängnis. Damals gab es zwei Kinos hier. Dort konnte ich Dinge sehen, die strikt tabu waren. Weder Liebe noch sexuelle Abenteuer waren hier möglich. Also ging ich fort und fand, was ich haben wollte.«

Er ging nach Deutschland und fand die teutonischen Göttinnen, die Walküren, wie er sie nannte. »Männer werden mit siebenundzwanzig oder achtundzwanzig Jahren erwachsen, Frauen mit dreiundzwanzig oder vierundzwanzig. Vorher wissen sie nicht, was sie wollen.«

»Was ist deine schlimmste Erinnerung an Favignana?«, fragte ich.

Er erzählte mir die Geschichte von einem Ostermontag, der in Italien Pasquetta genannt wird und ein Feiertag ist. An diesem Tag bekommen die Kinder eine süße Pastete, in die Ostereier gebacken sind. In jenem Jahr hatte Gioacchino, der eine Frau und zwei Kinder zu versorgen hatte, nur fünfhundert Lire, was noch nicht mal für ein Päckchen Zigaretten reichte. (Früher rauchte er, zwei Päckchen am Tag, aber er hatte inzwischen damit aufgehört.) Das Schlimmste also war, als seine Kinder fragten: »Papà, kaufst du uns ein Osterei?«

»Sobald ich fischen kann, bekomme ich etwas Geld«, antwortete er ihnen. Und so ging er an diesem Ostermontag nicht mit seiner Familie picknicken, sondern fischen, fing achtzehn Kilo Calamaretti – kleine Kalmare –, die heutzutage etwa hundert Dollar wert wären. Er verkaufte sie, holte seine Kinder und brachte sie zu einem Café, wo es noch viele Ostereier gab.

»Sucht euch irgendeins aus«, sagte er. Und er erinnerte sich, dass sie sich kleine bis mittelgroße aussuchten.

Gioacchino ist die beste Quelle für eine Mattanza-Statistik, die es auf der Insel gibt. Als ich den Raìs nach der Anzahl der gefangenen Thunfische in den letzten Jahren fragte, verwies sogar er mich an Gioacchino. Während er also das Blau, seine Lieblingsfarbe – »die Farbe des Meeres und des Himmels« – auf die Außenbiegung des Bugs strich, fragte ich ihn nach den Zahlen.

»1864 waren es 14020«, sagte er. »Aber in Favignana allein, unter Raìs Casubuolo. 1957 waren es 7500 Thunfische.« Er richtete sich auf. »Schlag die Seite um«, sagte er dann und beschlagnahmte mein Notizbuch. »Stell eine Liste auf dieser Seite auf, von 1974 bis 1993« – mit einer Linie für jedes Jahr. Das waren seine Jahre als Tonnarotto. Während er weiter anstrich, ging er langsam die Liste durch. Sein Blick wirkte nicht konzentriert, sondern versunken. Ich konnte sehen, wie er in jedes Jahr zurückging und sich an die Farbe des Himmels erinnerte, an das Hemd, das er getragen hatte, an die Länge seines Backenbarts. Und das in jedem einzelnen Jahr. Ich rief die Jahreszahl und er antwortete mit der Zahl der gefangenen Thunfische:

1974 —— 2500
1975 —— 3083
1976 —— 2500
1977 —— 1500
1978 —— 900

»Zieh hier eine Linie«, sagte er. »Das war das letzte Jahr, in dem Favignana zusammen mit Formica gezählt wurde.«

1979 —— 640
1980 —— 502
1981 —— 650
1982 —— 750
1983 —— 850
1984 —— 440
1985 —— 660
1986 —— 1036
1987 —— 285
1988 —— 390
1989 —— 1354

1990 —— 1336
1991 —— 1279
1992 —— 1489
1993 —— 977

Ich war verblüfft. »Hast du die Liste auswendig gelernt?«

»Nein. Die trage ich in meinem Herzen.«

Er musste sich die Zahlen genauso wenig merken, wie ich mir merken musste, was ich tat, als John F. Kennedy erschossen wurde. Gioacchino liebte die Tonnara, jedes Seil und jeden Knoten, jedes Ruder und jeden Anker, die Strömungen und die Winde, alles war in seinem Herzen eingeprägt.

»Hast du von dem Gerücht gehört, dass Castiglione plant, die Mattanza abzuschaffen, und stattdessen einfach abwarten will, bis die Thunfische im Wasser gestorben sind?«, fragte ich ihn. Dann würde ein Kran sie aus der Kammer des Todes heben, damit ihr Fleisch nicht von den Widerhaken der Gaffs beschädigt würde.

»Dieses Gerücht höre ich jedes Jahr«, antwortete Gioacchino, »aber bis jetzt hat noch niemand den Kran gesehen.« Für ihn gehörte die Mattanza zur Tonnara.

»Auch wenn mein Herz schmerzt«, sagte Gioacchino, »ist die Mattanza, das Abschlachten, für mich wie bei einer Pflanze, die ich gepflanzt habe. Nach einer Weile pflücke ich die Frucht. Aber ich muss sie pflücken, nicht ein Kran. Ich entlade die nervliche Anspannung eines ganzen Jahres über dem armen Thunfisch. Wenn eine Mattanza vorbei ist, ist es, als brächte ich Blumen zum Friedhof. Ich fühle mich ruhiger und entspannter.«

Dann ging er nach Hause, um sich für Tonys Begräbnis umzuziehen.

# 18

# *Tuff*

Die dicken Tuffsteinwände meines Hauses waren mit körnigem Putz aus Hafermehl bedeckt und innen und außen getüncht. Die Außenwände leuchteten. Drinnen herrschte kühle Höhlenatmosphäre. Mein Schlafzimmer war ein schmuckloses Lichtbehältnis aus Stein. Das Erste, was ich jeden Morgen sah, war das rosa-orangefarbene Rechteck, das die aufgehende Sonne auf die Wand warf; bei Tagesanbruch schwebte es dort eine ganze Weile wie ein unregelmäßiger Wandbehang aus Licht, dann glitt es zu Boden und verschwand noch vor sieben Uhr. Ich schlurfte in die Küche und kochte einen Espresso, goss ihn in eine Schale mit heißer, gezuckerter Milch und lehnte mich aus meinem rückwärtigen Fenster, um dem Tag entgegenzublicken.

Eine tiefe, aufgelassene Tuffsteinmine breitete sich vom Fundament des Hauses aus wie ein leerer Burggraben. Die rosa- und pfirsichfarbenen Wände des Steinbruchs stiegen steil und schroff in die Höhe und waren gezeichnet von den Spuren der Steinmetze. In ihren Spalten wuchsen wilde Kapern, deren Blüten, weiße Trompeten, Büschel von violetten Staubblättern hervorstießen. Vögel nisteten in den Nischen, die die Wurzeln der Kapernbüsche gegraben hatten. Hoch oben schwebten die Seemöwen; unten im Garten wuchsen weiße Lilien im Schatten eines Wacholderstrauchs.

Michele Ingrassia, der Besitzer, kümmerte sich um all das. Er war ein methodischer, gewissenhafter Mann, lebte im Ort und kam jeden Tag außer sonntags, um die Blumen zu gießen und an seinem Ruhestandsprojekt zu arbeiten: Er schlug einen Tunnel durch den Tuffquader, auf dem das Haus stand, um den vorderen und den hinteren Teil des Steinbruchs miteinander zu verbinden. »Stein hauen liegt mir im Blut«, sagte er. Auf Favignana ist jeder ein Bildhauer; niemand kann hier die Hände vom Tuff lassen.

Der Erste, den Piero und ich 1986 auf Favignana kennen lernten, war der naive Bildhauer Rosario Santamaria, bekannt als Zu Sarino. Damals musste er schon in den Siebzigern gewesen sein, ein drahtiger Mann mit einem scharf geschnittenen und spitzen Gesicht und einer Unmenge Energie, der mit einem winzigen Fahrrad den Anlegesteg der Fähre umfuhr und dabei fast mit den Knien gegen sein Kinn stieß. Um seinen Hals trug er ein Schild, auf dem die Touristen gebeten wurden: »Bitte halten Sie unsere Insel sauber.« Morgens sahen wir ihn am Dock der Camparia, mit einem Bootshaken holte er dort Treibgut aus dem Wasser. Ein Aufkleber auf seinem Fahrrad wies ihn als Mitglied des World Wildlife Fund aus.

Als Künstler war er Autodidakt und sein Medium war Tuffstein. Er hatte sein ganzes Leben in den Steinbrüchen verbracht, als es dort noch betriebsam zuging und Männer die Steinblöcke ohne Maschinen herausschlugen und sie auf flache Segelboote verluden. Zu Sarino wirkte selbst wie gemeißelt. Er arbeitete nicht mehr im Steinbruch, doch wollte er immer noch Fels behauen, also radelte er über die Insel und meißelte Modigliani-Gesichter in die Begrenzungsmauern der Anwesen. Stets hinterließ er seine Initialen unter seinem Werk: »R. S.« Niemand beschwerte sich darüber. Zu Sarinos Reliefs waren ein Ehrenabzeichen.

Die drei Meter hohe, sitzende Königin in der Bucht von San Giuseppe war Zu Sarinos Werk. Er hatte sie so gearbeitet, dass das Meer ihre Füße umspülte. Sein Haus in der Altstadt war eine wahre Farborgie und hob sich deutlich von den schlichten weißen Fassaden der anderen Häuser in der Straße ab. Er sammelte schon lange alte, bemalte Majolikakacheln aus Abbruchhäusern und befestigte sie mit Gips an der Außenseite seines Hauses, das mittlerweile in verschiedenen Schattierungen von Dunkelblau, Grün, Orange und Rot leuchtete.

Ein ansässiger Ingenieur besaß ein Haus bei der Camparia und stellte es ihm kostenlos für seine Arbeit zur Verfügung. Zu Sarino, der Freigeist, richtete sein Atelier auf dem Hof ein, wo die Passanten ihm zusehen konnten. Er verkaufte seine Arbeiten nicht, er gab den – veränderten – Tuffstein an Einwohner der Insel und Freunde zurück. Zu Sarino erschuf Steinmonde, Steinkatzen und Steinkörbe, die er an die Front des Hauses nagelte. Vor den unteren Teil der Fassade setzte er seine dreidimensionalen Arbeiten: Heiligenschreine, Blumentöpfe, dreißig Zentimeter große Steinschiffe mit dicken Tuffsegeln und riesige primitive Büsten mit dem wilden Blick der Götter von den Osterinseln. Solche Büsten hatte ich überall auf der Insel auf den Pfeilern gesehen, die die Einfahrten zu den Häusern säumten. Zu Sarino fragte mich, welche von seinen Arbeiten ich haben wollte.

»Ich hätte gern einen Tuffsteinthunfisch, sehe hier aber keinen«, sagte ich.

Da nahm er einen flachen Steinbrocken in die Hand, meißelte die Seiten glatt und flach und schnitt mit einer Bandsäge das Profil eines Thunfischs hinein: ein Torpedo mit sichelförmigem Schwanz und aufgesperrtem Mund. Mit Hammer und Schraubenzieher versah er die Flanken mit ein paar Sprenkeln. Zwei Höhlen für die Augen, eine Linie für die Kiemen und schon reichte er mir sein Werk, die Synthese zweier Schätze Favignanas, Thunfisch und Tuffstein.

Der Stein hatte Zu Sarino offensichtlich seine Kraft verliehen, dazu Sinn für Humor und grenzenlose Phantasie. Ich habe Fotos, auf denen er, die Schirmmütze keck über ein Auge geschoben, die spitzen Knie durch seine Hose sich abzeichnend, Seil springt oder das Meer mit seinem Fischhaken säubert. Auf einem Bild spielt er toter Mann und liegt ausgestreckt in der Gosse, über ihm ein Bordstein, in den sein vollständiger Name gemeißelt ist.

Fast jeden Morgen joggte ich von meinem Haus zur Cala Rossa, wo ich versteinerte Jakobsmuscheln im Felsen und runde, nadelkissenartige Skelette versteinerter Seeigel entdeckt hatte, die größer waren als meine Hand. Ich stand am Rand der Klippen und starrte in das saphirblaue Wasser und den Meeresschaum, der den Sockel der Klippe umspielte, dann joggte ich wieder nach Haus und fühlte mich wie ein Licht sprühender Kristall, selbst an Tagen, an denen ich dem alten Schäfer begegnete, der mich mit obszönen Gesten heranwinkte und mich heiser flüsternd fragte: »Che fai? Che fai?«

Fünfzig Meter hinter meinem Gartentor führte die unbefestigte Straße zum Bue Marino, dem Meeresochsen, einem flachen Bord aus Tuffstein unter einer abgebauten Felsklippe, wo früher die Seelöwen ein Sonnenbad nahmen, was ich ihnen jetzt nachtat. Ungefähr alle zehn Tage, wenn ich eine Pause von der Tonnara brauchte, kam ich mit einem Kissen unter dem Arm hierher, streckte mich auf einem Felsen aus, der aussah wie eine sich verjüngende Couch, und las Homer. Winzige Blüten von Kapernbüschen sprossen aus den Felsspalten in dem Sofa. Fünf Zentimeter große violette Schwertlilien wuchsen im Sand und ragten in vollendeter Schönheit vor dem nackten gelben Stein in die Höhe.

Einige Gelehrte sagen, es sei Favignana gewesen, wo Circe Odysseus' Männer in Schweine verwandelt habe. Andere behaupten, es sei die Insel Ogygia gewesen, wo die Nymphe Kalypso Odysseus gerettet habe, als er »an den geborstenen Kiel seines Schiffes geklammert, an die Küste geschleudert wurde«. Sie verliebte sich in ihn und hielt ihn sieben Jahre in ihrem Liebesgefängnis. Als Hermes mit dem Befehl von Zeus erschien, den Helden freizulassen, fand er ihre Grotte, die »… ein grünender Hain mit Erlen, Pappeln und Zypressen« beschattete, und wo in »schwellenden Wiesen Veilchen, Efeu und noch viele andere Kräuter und Blumen« blühten. Es war ein Ort, wo der unsterbliche Besucher innehielt, um sich staunend und erfreut umzusehen.

Vor mir breitete sich das blaue Meer aus. Auf der anderen Seite der Wasserstraße lag die Nordwestküste von Sizilien, wo sich der Monte Érice über Tràpani erhob.

Hinter mir lagen die über zehn Meter hohen Wände einer Tuffsteinaushöhlung, von einem der ältesten Steinbrüche der Insel. Hier wurden die Frachtschiffe einst mit den Steinblöcken beladen, die exportiert werden sollten; die alten Steinschütten waren noch intakt.

Manchmal blieb ich den ganzen Tag dort und las. Am Vormittag ankerte ein Fischer bei Bue Marino, schaltete sein Radio ein und legte seine Netze auf zwei Haufen, auf den einen die mit den Löchern, auf den anderen die mit den Fischen. Gegen Mittag sah ich manchmal auf und erblickte einen Tonnarotto, der über die Anhöhe spähte und nach mir Ausschau hielt, weil ich nicht zur Arbeit erschienen war.

Nachts konnte ich von meiner Terrasse aus den Bogen der glitzernden Lichter von Tràpani und Marsala an der sizilianischen Küste erkennen. Einmal ging ich auf die Dachterrasse, um zuzusehen, wie über Marsala ein Feuerwerk explodierte, lautlos und in spinnenförmigen Lichtreflexen niedergehend; das Knallen kam erst Minuten später. Ein Fischerboot schnitt eine weiße Kielwelle ins spiegelglatte, schwarze Meer. Der Schaum glitzerte von phosphorgrünen Sprenkeln. In meinem Schlafzimmer warf der Mond ein blaues Rechteck auf die Wand und ich schlief unter dem stetig wiederkehrenden Lichtstrahl des Leuchtturms ein.

Als Margo mit Clementes Tochter auf die Insel kam, saß Clemente viel seltener, sein Sohn Angelo aber viel häufiger an meinem Tisch. Ich fragte mich, ob Angelo mein Essen schmeckte oder ob sein Vater ihn geschickt hatte, damit er mir an seiner Stelle die Zeit vertrieb. Ich versuchte, das Ganze aus italienischer Sicht zu betrachten. Margo war Clementes Signora, die Mutter seines jüngsten Kindes, und ich war seine Mätresse, beides altehrwürdige Positionen in Sizilien. Aber es half nichts;

dies war eine kulturelle Kluft, die ich nicht überspringen konnte.

Eines Tages hatte Angelo einen freien Nachmittag und lud mich ein, ihm beim Tauchen in der Punta Lunga zuzusehen, wo die alten Fischer ihre Boote und Netze hatten. Es ist eine schmale Bucht, die von einem Tuffsteindeich geschützt und mit zwei Piers versehen ist. Die alten Männer erzählten mir, dass die Fischer von Punta Lunga, bevor der neue Hafen an der Nordseite der Insel gebaut wurde, die Fähren hier empfingen und die Passagiere und Waren zur Küste brachten. Wenn jetzt hoher Seegang herrscht, kommen die Fähren überhaupt nicht und die einst unabhängige Insel kann sehen, wo sie bleibt.

In einem der letzten Winter sah die Insel volle elf Tage die Fähre nicht, sodass die Metzger kein Fleisch mehr hatten, die Bäcker kein Mehl, die Zeitungsständer leer blieben und niemand mehr kommen oder gehen konnte. Selbst das Trinkwasser der Insel wird aus Messina oder Neapel gebracht, weshalb bei schlechtem Wetter das Wasser in der Stadt knapp werden kann.

Punta Lunga ist die Heimat eines Rudels wilder Katzen, meist rot gestreifter Tiger, die in den Mülltonnen nach Fischgräten wühlen. Ich sah eine einohrige Katze mit Triefaugen und blauem Halsband, die sich selbstzufrieden die Pfoten leckte. »Das ist Ruggine.« Mit diesen Worten stellte Angelo mir den rostfarbenen Kater vor, während er sich seine Tauchausrüstung überwarf. »Er ist vierzehn Jahre alt. Und alle Katzen, die du hier siehst, stammen von ihm ab. Es sind hunderte.« Er sagte es, als wäre er stolz darauf. Nach einer Weile hatte ich keine Lust mehr, auf seine Luftblasen zu starren, und ging nach Hause, um zu essen.

Die Einwohner von Favignana vergöttern Katzen. Auf meiner allabendlichen Fahrt in den Ort traf ich manchmal einen Mann, der einen Fedorahut und einen dunklen Anzug trug und Pasta aus einem Topf schöpfte, den er im Kofferraum seines Wagens hatte. Das war Il Professore, ein pensionierter Schuldirektor, der für die Katzen Pasta kochte und sie ihnen vom Kofferraum seines Fords aus auf Papptellern servierte. Genau um sechs Uhr abends versammelten sich die Katzen und warteten auf ihn. Die Favignaneser hüten ihre Schützlinge eifersüchtig und mir ist erzählt worden, dass einige sogar nicht davor zurückschrecken, Katzen zu stehlen. Die Tiere sind krank, ungeimpft und geschlechtsreif, aber auf Favignana werden sie gefüttert.

Mir gefiel es, fünfzig Meter vom Meer und fünf Kilometer vom Ort entfernt zu wohnen: Ich kannte jeden Huckel, jeden Stein, jedes Loch und jede Steigung auf meinem Weg in die Stadt. Ich bremste für die leuchtend grünen Eidechsen, die vor mir über die Straße huschten. Am frühen Morgen füllten zwei einsame Kapernpflücker ihre weißen Plastiktüten mit den steinharten Früchten, die sie in Salzlake einlegen würden. Auf der befestigten Straße fuhr ich an drei Kühen vorbei, die zurück in ihren Stall trotteten. Vierhundert Meter hinter ihnen radelte ihr Treiber und wich den Kuhfladen aus, die in der kühlen Luft dampften.

Immer traf ich einen älteren Fischer, der einen Korb voller Fische an seiner Lenkstange balancierte. Jeden Morgen sagte ich »Buon giorno« zu ihm. Zuerst schien er mich gar nicht zu hören; dann blickte er mir ein paar Tage lang nur ins Gesicht, während er vorbeifuhr, sagte aber nichts. Eines Tages schließlich hielt er sein Fahrrad an. »Entschuldigen Sie, Signora, aber wessen Tochter sind Sie?« In Sizilien würde sich eine erwachsene Frau nie im

Leben jeden Tag kurz nach Sonnenaufgang auf einem Fahrrad sehen lassen.

»Ich bin von niemandem hier die Tochter. Ich bin Touristin«, sagte ich. Danach tippte er immer an seinen Hut.

Die Nachtluft auf Favignana ist feucht und kühl; ich trank sie wie Quellwasser jeden Abend, wenn ich von der Piazza zu meiner halbstündigen Fahrt durch die Dunkelheit aufbrach. Dann wandte ich dem Berg, dem Geknatter der Motorräder und den Gesprächen in den Bars den Rücken zu und überquerte eine Steinbrücke, welche zu einer Straße führte, die halb aus Asphalt, halb aus Fels bestand. Sie mündete in ein von Tuffsteinmauern gesäumtes Landsträßchen, die teils eingestürzt und von Kapern überwuchert, teils glatt und in tadellosem Zustand waren – das Werk eines Steinmetzes aus dem sechzehnten Jahrhundert. Der Mond löste die Farben aus der Landschaft, die Gerüche aber blieben: Jasmin und Pinie dufteten in der Brise und der trockene Geruch frisch geschnittenen Heus stieg aus den Feldern, wo noch einen Monat zuvor der feuerrote Mohn geblüht hatte.

Das einzige Geräusch kam von meinem Vorderreifen beim Gleiten über den Boden. Die Welt war verstummt, wenn ich mein Gartentor erreichte. Hinter meinem Haus konnte ich das Meer seufzen hören. Es war in blaues Licht gehüllt. Niemand war dort, niemand. Im äußersten Osten von Favignana war ich allein. Keine Nachbarn, kein Radio, kein Fernsehen, kein Telefon.

Eines Nachts schlief ich im Licht des Mondes ein und träumte von Farben, von einer geöffneten Schachtel mit Stiften. Am Morgen weckte mich die Sonne.

Ich machte mir einen Caffè latte und erstellte eine Liste mit Dingen, die ich noch tun musste. Ich hatte immer noch nicht das Innere des Belle-Époque-Palazzos gesehen, den Favignana als Denkmal für die Florios, seine früheren Wohltäter, erhält. Cola Pesce, der Wächter, stammte von Marettimo, einer der beiden Nachbarinseln Favignanas. Seinen Spitznamen hatte er von dem legendären Jungen, der das sizilianische Meer so liebte, dass seine Mutter ihn Taucherfisch nannte. Er konnte tiefer und länger tauchen als irgendjemand anderer. Eines Tages bat der König ihn, herauszufinden, was Sizilien an der Meeresoberfläche hielt. Cola Pesce tauchte und entdeckte drei Säulen, die die Insel stützten. Eine davon war zerbrochen; er nahm ihren Platz ein und ist immer noch dort unten. Ich stand am Eingang des Palazzos und rief seinen Namen.

Cola Pesce führte mich herum. Die Zimmer waren weiträumig und leer, doch der Geist der Florios schwebte immer noch in der Luft, unter den hohen Decken. Ein poliertes Treppengeländer wand sich eine Marmortreppe hinauf, die von einem Fenster aus farbigem Glas erhellt wurde. Verziert war es mit dem Wappen der Florios: ein zusammengekauerter Löwe vor einer dreizackigen Insel. Die oberen Räume enthielten eine Ausstellung von Bildern der diesjährigen Fünftklässler, Illustrationen eines Gedichtes von Fadwah Tuqan, einer palästinensischen Dichterin, das ihr Lehrer ihnen gegeben hatte. Einer hatte eine Schachtel mit Stiften gezeichnet. Einer den Monte Santa Caterina. Und einer einen Fisch in der Reuse.

*Insel wo unsere Träume träumen*
*lass uns endlich ziehen.*
*Entlasse uns aus deiner Verführung,*
*absurdes Trugbild aus Licht*
*Gewebe aus unsichtbaren Fäden*
*das uns fängt, wie ein Netz,*

*um uns in eine Wüste zu schleudern.*
*Insel wo unsere Träume träumen,*
*Grund unserer Verdammnis.*

Es hätte die Stimme Favignanas sein können; es hätte der Gesang des Thunfischs sein können; es hätte mein Lied sein können. Die Insel hatte mich verzaubert; die Tonnara war der Traum der Insel, eine prächtige Schimäre in einer sinnlichen Landschaft. Ich weinte mich an Cola Pesces Schulter aus, als ich daran dachte, dass ich diesen Ort verlassen musste. Ich wollte nicht aus diesem Traum erwachen.

»Sie werden zurückkommen«, versicherte Cola Pesce mir und brachte mich zu einem Porzellanbecken, wo ich mir kaltes Wasser ins Gesicht spritzen konnte. Dann setzte ich mich auf die Stufen des Palazzos, blickte aufs Meer und lernte das Gedicht auswendig, das ich in mein Notizbuch übertragen hatte.

Nach diesem Tag waren die Insulaner besonders nett zu mir. Benito Ventrone, der Tonnarotto, nähte mir eine Träne auf meine Jeans. Stefano im *Due Colonne* achtete darauf, dass mein Glas Wein immer gefüllt war, auf Kosten des Hauses. Ninetta, die an der Bar arbeitete, brachte mir eine Rose, deren weiße Blütenblätter rot gesäumt waren, und riet mir, sie in einem Buch zu pressen.

Wenn die Favignaneser mich sahen, eine, die dazu verurteilt war, die Insel zu verlassen, stiegen ihre eigenen tiefen Gefühle für die Insel an die Oberfläche.

Antonio Casablanca brachte mich zu einer geheimen Stelle in einem dichten, verschlungenen Maulbeerbaumwäldchen, wo er als Junge Kaninchen in einer Tuffsteingrube gehalten hatte. »Im Sommer aßen meine Freunde und ich so viele Beeren, wie wir nur konnten, dann zogen wir uns bis auf die Unterhosen aus und beschmierten uns überall mit Beerensaft«, erzählte Antonio. Solchermaßen gesalbt rannten sie johlend auf die Piazza, um ihre Mütter zu erschrecken, die denken sollten, sie seien entweder blutüberströmt oder verrückt geworden.

Die Ciurma liebte mich, behauptete Antonio, und jeder wolle mich auf seinem Boot haben.

Cristina zog jeden Morgen im Frühjahr, bevor sie das *Due Colonne* öffnen ging, die Vorhänge ihrer Küche auseinander, um zuzusehen, wie die Boote der Tonnara aufs Meer fuhren. Sie erzählte mir, dass sie eines Tages operiert werden musste und sie, als der Anästhesist ihr die Maske aufs Gesicht legte und sie nicht wusste, ob sie je wieder erwachen würde, die Augen schloss und sah, wie die Thunfischboote in einer Reihe aus dem Hafen geschleppt wurden.

Antonio Noto, mein fotografiebegeisterter Freund, holte sein Motorrad aus der Versenkung und brachte mich zu einer seichten Bucht in der Nähe von Il Faraglione, dem Leuchtturm im Westen der Insel, wo seine Cousine ihn hatte baden lassen, als er noch ein Kleinkind war. Es war eine weißsandige Ausbuchtung zwischen zwei Felsenfingern vor klarem, grünem Wasser, eine Erinnerung aus der Zeit, als er noch keine Worte kannte. Als Erwachsener erkor er den Leuchtturm zum Motiv seiner schönsten Fotografien. Wir stellten unsere Stative auf und warteten darauf, dass die Sonne unterging. Wir machten die ganze Dämmerung über Aufnahmen, alle paar Minuten, eine schwarze Silhouette vor rotem Himmel, vor orangefarbenem Himmel, vor Violett und Indigoblau.

Die meisten Tage verbrachte ich damit, den Tonnarotti zur Arbeit, zu ihren Bars und zu ihren Booten zu folgen. Kleine, müßige Freuden wurden kostbar.

Vito Giangrasso wusste an seinem freien Tag nichts mit sich anzufangen, daher lud er mich, als er wie ich um sieben an der Camparia eintraf, zu einer Tour auf die Westseite der Insel ein. Im Wagen fragte ich ihn, welches Gefühl er bei der Mattanza hatte, wenn der Raìs den Befehl zum Töten gab.

»In diesem Moment ist es, als wäre man ein Held, wie der Held in einem Film«, sagte er. »Die Leute sehen zu. Es ist ein Spektakel.«

Jeder Fels, jede Senke, jede Anhöhe, jede Biegung, jeder Steinbruch, jede Grotte und jedes Wäldchen auf der Insel hat einen Namen. Wir fuhren in Richtung Il Pozzo (der Brunnen), zu einer gezackten Felsformation, wo die Brandung an die Klippen hämmert. Dort fanden wir Benito, der sein weißes Haar zu einem Pferdeschwanz gebunden hatte und sich mit einer Angelrute in der Hand hockend gegen den Wind stemmte. Wir setzten uns neben ihn und blickten eine Weile auf seine Angelleine. Die Brandung brach sich am Tuffsteinfelsen; das Sonnenlicht schien durch die Gischt und bildete einen Regenbogen.

Am späteren Vormittag, als Vito mich auf der Piazza absetzte, war ich hungrig, also ging ich zur Bäckerei La Madonnina direkt bei der kleinen Madonna auf der Via Roma, um mir eine kleine Pizza, Pizzetta genannt, zu kaufen. Dort sah ich, wie Domenico, der rothaarige Bäcker, einem alten Mann vor das Kinn schnippte.

»Was soll das?«, fragte ich laut. Domenico erklärte mir, dass der alte Signore Ponzio in den Tuffsteinminen gearbeitet hatte, und zwar zu einer Zeit, da der Stein noch mit der Hand abgebaut wurde und weder das Schneiden noch das Heben von Maschinen besorgt wurde. Er hatte sein spitzes Kinn vorgestreckt, um es für eine Demonstration seiner schmerzverachtenden Männlichkeit zu missbrauchen. Signore Ponzio trug eine dicke Brille und hatte graue Stoppeln auf seinen hohlen Wangen.

»Er kann ein Schnapsglas mit seinem Zeigefinger zerbrechen«, sagte Domenico. »Früher hat er damit Kneipenwetten gewonnen.«

»Ich wette nicht mehr, aber ich zeige Ihnen, was ich kann«, sagte Signore Ponzio.

*Zack!* Er ließ seinen Finger gegen den Sitz eines Holzstuhls schnellen. Der erzitterte und beruhigte sich wieder. *Zack!* gegen die Glastheke, Domenico wurde nervös. Auf seinem Weg hinaus stieß er seinen Finger gegen die Glastür und hielt sie gleich darauf fest, damit sie nicht zerbrach. Ich folgte ihm hinaus.

»Ist Ihr Finger taub?«, fragte ich ihn.

»Nein, ich habe noch Gefühl darin«, sagte er, »aber die Schwielen dämpfen den Schmerz.«

Er streckte mir die Hand hin, damit ich sie berührte, und sie fühlte sie so hart an wie Tuffstein.

# 19

# *Heiße Luft*

Wenn der *scirocco* von Afrika herüberwehte, blies er drei Tage. Die feuchte Luft legte sich wie ein bleierner Dunst über die Insel und drückte alles nieder. Mir schmerzten davon die Nebenhöhlen und jeder, den ich traf, war missmutig und benommen. Die Kassiererin in der Bank, die mir das Geld wechselte, gähnte; sie gähnte einmal in der Minute, sagte sie. »E' lo scirocco.« Die Leute auf der Piazza saßen alle mit aufgestütztem Kinn an ihren Tischen. Im Hinterzimmer vom *Due Colonne* traf ich Clemente, der in abgerissenen violetten Klamotten dort herumsaß. Er fläzte sich in einem Stuhl und ächzte.

»Hast du das angehabt, als dich die Nonne überfahren hat?«, fragte ich. Ich schätzte, sein Unfall war vor ziemlich genau zwei Wochen geschehen, und er wollte diesen Tag würdig begehen oder zumindest jeden daran erinnern. Die erste Mattanza musste bald stattfinden. »Wie willst du mit solchen Schmerzen Thunfische töten?«

»Es ist genau wie mit der Liebe«, sagte er. »In Aktion spürst du keinen Schmerz. Du musst nur dein Blut in Wallung bringen. Der Schmerz kommt später.«

Ich konnte kein Mitleid für ihn aufbringen und er hielt klugerweise den Mund. Alle sahen aus, als hätten sie einen Kater. Der Kürbiskernverkäufer sagte, die Piazza sei am Abend zuvor vollkommen leer gewesen – der Scirocco wirkte sich sogar auf die Geschäfte aus. Sizilianer reagieren empfindlich auf unsichtbare Strömungen. Als ich einmal in Santa Margherita Belice, dem Heimatort meiner Vorfahren, in einer drückend heißen Sommernacht Luft schnappen wollte, bestand mein alter Cousin Calogero darauf, das Fenster zu schließen, weil mich sonst »die Malaria« erwischen würde. Kaum hatte er mir den Rücken gekehrt, öffnete ich das Fenster wieder und atmete die Verderben bringende Nachtluft ein.

Am nächsten Tag brachte mich Clemente in der Camparia in die Werkstatt zur Instandhaltung der Anker. Ich sah ihn nur noch bei der Arbeit. Im trüben Licht nahm er von einem kleinen Salzfass den Deckel ab und zog den fünfundzwanzig Zentimeter großen Rogen eines Schwertfischs heraus. Das ist eine Delikatesse, er wird getrocknet, in dünne Scheiben geschnitten und mit ein bisschen Olivenöl gegessen. Clemente legte den Finger auf die Lippen; niemand sollte von seinem geheimen Lager wissen. Ich dachte an einen Vers in »Gnazù«, einem der alten Arbeitslieder, in der die *rubalattumi*, die Rogendiebe, erwähnt werden.

Der Raìs war nach Tràpani gefahren. Die Tonnarotti

alberten wie Teenager im Netzhaus herum, während sie fünf Pfund schwere Gewichte aus Terracotta alle vierzig Zentimeter am unteren Rand der fünfundzwanzig Meter breiten *ancera* anbrachten. Die Ancera ist das Netz aus Kokosfaser, das sich in der Strömung wie ein wehender Vorhang bläht und die Thunfische von der Bastardella in die Camera della Morte scheucht. Die rosafarbenen Gewichte haben eine Fachbezeichnung, aber die Tonnarotti nennen sie *coglioni*, das ist ein vulgäres Wort für Hoden.

»Dammi acqua!«, schrien die Männer und meinten damit mehr Kordel.

Ihre vertrauten Stimmen hallten von den hochragenden Spitzbögen wider. Mittlerweile konnte ich fast jeder Stimme ein Gesicht zuordnen. Zu jeder gehörte ein Leben und eine Geschichte. Einige arbeiteten außerhalb der Thunfischsaison als Steinmetze. Einer war ein Lkw-Fahrer, der seinen Führerschein verloren hatte und als Tonnarotto arbeitete, um seine Geldstrafe zu bezahlen. Viele von ihnen hatten auf Öltankern und Frachtschiffen angeheuert und die ganze Welt bereist. Bei vielen war schon der Vater Tonnarotto gewesen. Fafarello, der mit der Schwäche für die Anker, hatte früher als Bergarbeiter in Deutschland gearbeitet, hunderte von Metern unter der Erde, um genug Geld für seine Hochzeit zu verdienen. Für einen Mann von dieser sonnigen Insel musste die Fahrt hinunter in den Schacht wie ein Abstieg in die Hölle gewesen sein.

»Una bella vita«, sagte er. »Jedes Mal, wenn ich hinunterfuhr, bekreuzigte ich mich.«

Schwalben flogen aus den Sparren heraus und wieder hinein. Ein Lichtkegel drang durch den Lichtgaden, meine Augen gewöhnten sich an die Dunkelheit, Männer kamen aus der Sonne herein.

Fast jeder auf der Insel hatte einen Spitznamen, der

vom Vater auf den Sohn übergegangen war. Da gab es Cipolla Rossa, die Rote Zwiebel. Occhiuzzi hieß Kleine Augen. Guardamadonnas Haus stand mit »Blick auf die Madonna« direkt neben der Statue der Heiligen Jungfrau auf der Via Roma. Clemente hieß Scaminali, so werden die versehentlich mit gefangenen kleinen und jungen Fische in der Thunfischreuse genannt. In lautes Gelächter brachen die Männer aus, als ich ihnen meinen Spitznamen nannte – Passaluna, was im Dorf meines Großvaters »schwarze Olive« heißt, hier auf der Insel aber »überreife Frucht«.

Zu jedermanns Überraschung kam an diesem Morgen Vincenzo Sercia, die frühere Erste Stimme, ins Netzhaus spaziert. Er war von 1947 bis 1991 Tonnarotto gewesen. Offensichtlich lag er mit dem Raìs in Streit und kam sonst nie auch nur in die Nähe der Camparia. Er hatte kurze, krumme Beine und seine Augen waren rot gerändert. Seine Strickmütze trug er keck über einem Auge. Er wusste alle Strophen der *cialome*, der Arbeitslieder, und sang sie früher zur Mattanza. Ich fragte ihn, wie er die Texte auswendig gelernt habe. Alle Männer drängten sich um ihn, weil sie zuhören wollten.

»Als ich noch ein Kind war, gab es vor der Camparia statt der Plattform aus Beton nur einen abschüssigen Strand«, sagte er. »Die Männer luden hier ihre Netze ab. Dann stand ich dort und hörte Peppe Trumba, einem alten Mann, zu, der vor mir die Prima Voce war. So lernte ich ›Ai-a-mola‹, ohne es mir jemals aufzuschreiben.«

Sercia war siebzehn, als er in der Tonnara anfing. Der Raìs war Gioacchino Ernandes und zu jener Zeit sang der Raìs noch die Lieder. Dann, als Sercia einundzwanzig oder zweiundzwanzig Jahre alt war, sagte der Raìs zu ihm: »Jetzt kannst du singen.«

»Es gab gute und es gab schlechte Jahre.« Er erinnerte

sich an das Jahr 1952, als sie am 29. Mai den großen weißen Hai in der Reuse fanden. Sie mussten einen *carabiniere* holen, der ihn mit einem Maschinengewehr tötete.

»Früher waren wir dreiundsiebzig Tonnarotti und vierundzwanzig *avendizzi.*« Das waren die Hilfskräfte, die am Ende der Saison eingestellt wurden, damit sie halfen, die Netze und die Anker an Land zu bringen.

Die Männer bettelten um ein Lied, damit ich es aufnehmen könne, aber er wollte nicht. Er sagte, um in der Camparia zu singen, bräuchte er die Erlaubnis des Raìs.

Gioacchino hatte mir einmal erzählt, dass er »etwas Gutes für die Menschheit« im Medizinschränkchen der Camparia aufbewahrte. Ich dachte, es sei eine Flasche Wein, aber das stritt er ab. Eines Tages wollte er es mir zeigen. Jetzt ging er, um es zu holen. Die Männer, die schon zur Bar am Dock aufgebrochen waren, kamen plötzlich wieder. Gioacchino brachte eine Holzkiste in der Größe einer Schuhschachtel an, die rot war, mit einem weißen Kreuz darauf, ganz wie ein Verbandskasten. Er setzte sie auf einer Werkbank ab und forderte mich auf, sie zu öffnen. Die Männer stellten sich in drei Reihen um uns herum auf.

»Keine Sorge, es wird dich schon nicht anspringen«, sagte Gioacchino.

Als ich die Kiste öffnete, sprang mir ein riesiger, rot angemalter Holzpenis vor einem Foto aus einem Sexmagazin entgegen, das an den Deckel der Kiste geklebt worden war. Rundherum brüllendes Gelächter. Lachte ich jetzt, war ich eine Schlampe. Lachte ich nicht, war ich prüde. Also richtete ich mich mit einem matten Lächeln wieder auf. »Ich hätte es wissen müssen«, sagte ich. Ich hatte wohl die richtige Mischung getroffen.

»Was ist das leichteste Ding auf der Welt?«, fragte Sercia in die Runde. »Ein Penis! Weil er von allein in die

Höhe steigt.« Carlo stieß mir einen Ellbogen in die Rippen. »Er kennt tausende solcher Witze.« Ich nahm Sercias Zoten eine halbe Stunde lang auf, aber er hielt sich mir zuliebe zurück.

Ich verbrachte eine Mußestunde ganz allein in einer kleinen Bucht an der Südküste, wo die Sandsteinklippen sich über mir wölbten und das Meer in kleine Tümpel auf dem flachen Felsuntergrund floss. Dann radelte ich zurück zur Camparia. Capoguardia Messina war dort mit ein paar Männern, die träge Knoten an einem Tau anbrachten. Als ich durch das Tor ging, grüßte er mich.

»Auguri«, sagte er und wünschte mir damit alles Gute. Aber es war nicht mein Geburtstag.

»Warum ›Auguri‹?«, fragte ich.

»Weil du eine Rose bist, und zwar nicht eine Sommerrose, die verwelkt, sondern eine Winterrose.« Sie hatten getrunken. Immer wieder winkten sie mich in einen kleinen Lagerraum – jemand hatte »Taverna« an seine Tür geschrieben – auf einen kleinen Becher Favignaneser Wein. Aber dann nahmen wir unsere Becher mit in die Sonne.

Messina saß auf einer Taurolle und gab mir meinen dritten Becher. Als ich mich neben ihn auf eine Taurolle setzte, erschien ein gequälter Ausdruck auf Gioacchinos Gesicht.

»Trink das nicht, wenn du den Wein nicht gewohnt bist«, sagte er. Sie achteten auf mich. Ich gab Messina den Becher Wein zurück, der ihn in einem Schluck hinunterstürzte. Auguri.

Eines Tages fuhr ich zur Abwechslung mit dem Fahrrad hinüber nach Punta Lunga, wo ich Rosario traf, den Mann im Bug der Musciara, der seinen freien Tag dazu nutzte, sich um sein Privatboot zu kümmern. Es trug den Namen Unserer Lieben Frau vom Rosenkranz, der Madonna der Fischer, deren Feiertag im Oktober liegt.

Er sagte, dass sich in dieser Jahreszeit öfter Wirbelstürme im Wasser auf dieser Seite der Insel bildeten. In Sizilien wird eine Wasserhose *tromba marina* genannt, »Meereshorn«. »Eine ist noch vor ein paar Jahren an Land gekommen und hat ein leer stehendes Haus am Hafen zertrümmert«, sagte Rosario. Er wies zu einem Haus, das die Wasserhose bis auf die alten Grundmauern abgerissen hatte. »Glücklicherweise wurde niemand verletzt, denn es war ein Feiertag und jeder war zum Essen oder Schlafen zu Hause«, sagte er. Sonst »hätte es an diesem Ort wohl von Fischern gewimmelt, die ihre Boote und Netze in Ordnung gebracht hätten«.

Rosario kannte zwei Methoden, den Wirbelsturm auf dem Meer zum Stillstand zu bringen. »Wenn jemand an Bord ist, der am ersten Freitag im März geboren wurde, muss er seine Unterhose herunterlassen und dem Meereshorn seinen Allerwertesten zeigen. Bootskapitäne versuchen immer, ein Mitglied der Crew zu haben, das an diesem Tag geboren wurde.« Die andere Methode ist komplizierter. »Ein Mann muss an Heiligabend um Mitternacht einen ganz bestimmten Zauberspruch lernen«, sagte Rosario. Er hatte ihn gelernt. Die geheimen Worte müssen dreimal in Richtung Wirbelsturm gesprochen werden, »während man sich mit verkehrt herum aufgesetzter und nach hinten gedrehter Kopfbedeckung bekreuzigt. Dann verschwindet er.«

20

# *Weiße Magie*

Meine sizilianische Großmutter übte sich niemals in weißer Magie, aber diese wurde gewiss in ihrem Heimatort praktiziert. In Santa Magherita gingen die Geheimnisse der Magie von Generation zu Generation von einem Geschlecht zum anderen über; ein Mann konnte seine Künste nur einer Frau beibringen und eine Frau nur einem Mann. Außerdem durften die Geheimnisse nur an einem Karfreitag oder auf dem Totenbett weitergegeben werden. Das lernte ich in Santa Margherita von einer Frau, die an einem Karfreitag von einem *mago* eingeweiht worden war. Wenn ihre Kinder krank waren, schrieb er einen Zauberspruch auf einen Fetzen Pergament, der in einem Ledersäckchen um den Hals getragen wurde. Der Lohn für seine Dienste, ein ganzer Sack Mehl, war so hoch, dass sie beschloss, selbst weiße Magie zu erlernen.

Sizilianische Zauberer sind allgegenwärtig. Ihre düsteren, allwissenden Gesichter starren einem auf der Hauptinsel überall von Plakaten an den Bushaltestellen entgegen. Sie fahren durch Palermos Seitenstraßen und verteilen mit vollen Händen Handzettel. Diese fliegen dann wie die Werbeblätter für Chinesische Schnellimbisse in New York überall herum. Ich sammle sie. Madame Sahara berät Liebeskranke. »Postalische Konsultation. Senden Sie mir dreißigtausend Lire.« Oder mein Lieblingszauberer, Mago Giusa, der einen Schnurrbart wie Geraldo Rivera trägt: »Talismane auf Pergament und Edelmetallen. Schutz gegen Feinde, Flüche und Krankheiten. Die Kraft seines Geistes kennt keine Grenzen.«

Es gibt auch welche, die eigene Fernsehshows haben. Ich habe mir eine in Rosettas Haus angesehen – eine Dame legt live die Tarotkarten. Sozialhilfeempfängerinnen wählen ihre 900er Nummer und warten eine recht einträgliche Zeitspanne, bis sie durchgestellt werden und kostenlos eine Frage stellen dürfen.

Nicht nur die Armen oder Ungebildeten greifen in Sizilien zur Magie. Verheiratete der unteren Mittelklasse, die glauben, ihr Partner sei untreu, gehen hier nicht zur Eheberatung, sondern zahlen mindestens vierhundert Dollar, um den Nebenbuhler verfluchen oder – versöhnlicher – den Missetäter zurück nach Hause holen zu lassen. Ein weit verbreitetes Mittel gegen einen untreuen Ehemann ist das Menstruationsblut der Gattin, das aufgefangen, getrocknet und einen Monat lang jeden Abend über die Pasta des Angetrauten gestreut wird.

In einer Stadt bei Palermo wurden die Weihwasserbehälter in einer Kirche nicht mehr aufgefüllt, berichtete mir eine Freundin, weil der Priester erfahren hatte, dass Anhänger der schwarzen Magie das Wasser für ihre üblen Zwecke gestohlen hätten. Die Kommunikanten bekamen die geweihten Hostien bei der Messe nicht mehr in die Hand gelegt, weil auch diese eingesteckt und in Ritualen der schwarzen Magie missbraucht worden seien, sagte sie.

Ein paar Frauen in Favignana praktizieren weiße Magie. Eines Frühlings, als ich mir kein Haus mehr mieten konnte, landete ich vor Signora Neris Haustür, weil ich ein Zimmer mieten wollte. Ihr frisch getünchtes Haus lag in dem Labyrinth der engen, verwinkelten Gassen hinter der Post, in der Nähe des Hafens. Ich drückte die Klingel und Signora Neri öffnete die Tür. Sie war in den Sechzigern und hatte eine Gestalt wie ein Schneemann, runder Kopf auf rundem Oberkörper auf runden Hüften, aber als Miniaturausführung. Sie bat mich herein.

Der Eingangsraum war ein Esszimmer, das von einer massiven Kredenz mit Glasfront und dem darin befindlichen, nie benutzten Porzellan- und Glasgeschirr glitzerte. Ein polierter Holztisch mit einer Tischdecke aus Häkelspitze unter einer dicken Platte aus durchsichtigem Plastik nahm den größten Teil des Raumes ein. Das wirkliche Leben aber fand in der Küche dahinter statt, wo ein Küchentisch mit Wachstuch und einer Schüssel mit braunen Bananen stand. Das für mich bestimmte Zimmer war früher ein dreieckiger Innenhof gewesen, bis er mit einem Dach versehen worden war. Ein Ausziehbett füllte es fast vollständig aus; darunter waren Kisten und Taschen gestopft worden, die das Leben eines anderen enthielten.

Das Zimmer war voll von Stofftieren, mit einem Bord ringsum voll staubiger Puppen und an den drei Wänden voller Grußkarten und Werbeplakaten von Reiseagenturen – alles also noch genau so, wie die Tochter des Hauses, die geheiratet und ausgezogen war, es zurückgelassen hatte. Ich kämpfte gegen einen Anfall von Klaustrophobie. Der Albtraum beinhaltete außerdem frische Bettwäsche, Mahlzeiten und Küchenbenutzung. Ich sehnte mich heftig nach meinem Haus bei Bue Marino zurück, aber zumindest würde ich jetzt regelmäßig essen, in der Nähe von Camparia und Piazza wohnen und außerdem konnte ich mir das Zimmer leisten, also nahm ich es.

Signora Neri zog die beiden Schubladen der Anrichte heraus, die sie für mich leer geräumt hatte. »Wenn die Polizei Sie fragt, wo Sie wohnen, sagen Sie bitte, Sie seien mein Gast, eine Verwandte aus Amerika«, bat sie. Sonst hätte sie Steuern zahlen müssen. »Und bitte gehen Sie nicht ans Telefon.«

Wir saßen an ihrem Küchentisch. Sie strickte bereits ein Andenken für mich, rosa Babysöckchen, mit einem Durchziehband, an dem Quasten baumelten. Während sie strickte, grummelte und meckerte sie vor sich hin. Ich entdeckte, dass ich ihren schnellen Favignaneser Dialekt verstehen konnte. Sie hatte eine Menge, worüber sie sich beklagen konnte, und ich hörte ihr stundenlang zu.

Mit siebenundzwanzig hatte sie geheiratet, sehr spät für eine Frau ihrer Generation. Ihr Mann war *lampadista* auf einem kommerziellen Fischfangboot gewesen und hatte die Positionslichter gehalten, auf die die Fischschwärme zuschwimmen. Die Crew war wochenlang unterwegs gewesen, manchmal sogar vor der tunesischen Küste. Ihre Verlobung hatte neun Jahre gedauert, während ihre Schwestern, die älteren und die jüngeren, zuerst verheiratet wurden. Signora Neri musste auf ihre Hochzeit warten, »weil meine Mutter mich als Dienstmädchen behalten wollte und mir keine *correda* gab«. Die übliche Mitgift bestand damals aus Bettlaken, Decken, Kissen, Nachthemden und Möbeln, die die Frau in die Ehe einbrachte.

Schließlich nahm ihr Verlobter die Dinge selbst in die Hand: Er arbeitete und sandte ihr Geld, das sie für die Correda beiseite legen konnte. Endlich heirateten sie und alles in ihrem Haus war abbezahlt. Sie sagte, er hätte es nie an Geld fehlen lassen.

»Ich fühlte mich wie eine kleine Dame in meinem Haus und konnte sogar Gutes tun«, erzählte sie. Wenn sie Geld übrig hatte, brachte sie Tüten mit Lebensmitteln – Orangen, Olivenöl und Brot – zu ihren Schwestern und Brüdern. Nach achtundzwanzig Jahren aber starb ihr Mann und sie musste in das Haus ihrer verstorbenen Eltern ziehen. Jetzt war sie bedürftig und ihre ältere Schwester konnte ihr nur ein paar im eigenen Garten gezogene Favabohnen oder Orangen geben, wenn Signora Neri sie besuchte, um ihr Injektionen zu verabreichen. »Sie dürfen nie ans Telefon gehen, weil am anderen Ende meine Schwester sein könnte, und wenn sie wüsste, dass ich Pensionsgäste aufnehme, würde sie denken, dass ich mich an unserem Erbe bereichere«, erklärte sie.

Ihre Schwester hatte eine unverheiratete Tochter, die ihr bei der Hausarbeit half, Signora Neri aber hatte keine Hilfe, nur Bauchschmerzen vor lauter Sorge über ihre Töchter, ihre Rechnungen und die Rechnungen ihrer Töchter. »Die Ärzte können mir nicht helfen«, sagte sie. Sie konnte nicht allein in eine Arztpraxis gehen und ein Hausbesuch, »bei dem der Bauch abgeklopft wurde«, kostete siebzigtausend Lire, also blieb sie, wo sie war, und litt. Das Haus verließ sie nur für die Messe, die jeden Morgen um sieben Uhr stattfand. Den Rest des Tages blieb sie zum Saubermachen und Kochen daheim.

Sie stellte eine Kanne Espresso auf den Herd und schaltete das Radio ein. Es war auf Radio Maria eingestellt, den Sender des Vatikans. Während sie fegte, putzte und bügelte, hörte sie geistliche Musik und Liveshows mit Priestern. Ihre Gesprächspartner waren ihre fünf Katzen, Cesaro, Geri, Kiku, Nicca und Niccareddu, ein wilder, schmutziger und inzestuöser Haufen, der durch das Haus marodierte und es sich auf meinem Bett bequem machte, wenn ich nicht die Tür verriegelte. Cesaro hatte gelernt, wie man den Kühlschrank öffnete, und untersuchte nun seinen hell erleuchteten Inhalt.

Im Mai, dem Monat der Heiligen Jungfrau Maria, übertrug Radio Maria jeden Morgen eine Rosenkranz-Andacht. Signora Neri legte dann die Arbeit nieder, um den Rosenkranz in ihrem Schoß in die Hand zu nehmen. Sie schloss sich nie den Frauen an, die jeden Tag um vier Uhr den Rosenkranz beteten und für die Madonna der Tonnarotti sangen. Um zwölf Uhr mittags, wenn sie die Glocken des Petersdoms in Rom das Angelus läuten hörte, war es Zeit, den Tisch für das Mittagessen zu decken.

Signora Neri war eine glühende Verehrerin der heiligen Rita da Cascia, die an ihrem Feiertag die Rosen segnet und einen Wunsch für jede Rose erfüllt. Eines Morgens gab Signora Neri mir eine Rose und ging mit mir zu der alten Kirche Santa Anna im ältesten Teil der Stadt. Wir waren spät dran und mussten uns an der Rückwand der Kirche aufstellen. Während der Segnung hielten sich hunderte von Frauen Rosen über den Kopf, um die Segnung zu empfangen. Signora Neri hatte ihre beiden Töchter nach der Heiligen benannt, Anna Rita und Margherita. Sie sagte, ich solle meine gesegnete Rose in einem Buch pressen, und verriet nie, was sie sich gewünscht hatte.

Margherita, ihre jüngere Tochter, war mit ihrem frisch angetrauten Ehemann Salvatore, der keine Arbeit hatte, wieder zu ihrer Mutter gezogen. Sie wohnten in dem Zimmer, das ihre Mutter sonst an Gäste vermietet hätte. Anna Rita, ihre ältere Schwester, war auch die meiste Zeit da. Sie war verheiratet und hatte ein Haus jenseits des Berges. Aber sie wollte nicht allein zu Hause sein, also fuhr sie morgens mit ihrem Mann in den Ort und bediente sich den ganzen Tag am Kühlschrank ihrer Mutter.

Signora Neri hatte einen neuen Gasherd in ihrer Küche, doch kochte sie nur auf dem Kocher auf der Veranda.

Wenn Salvatore etwas Fisch mitbrachte, machte sie ihm jedes Mal Couscous, sein Lieblingsgericht. Sie hatte es mit zwölf zu kochen gelernt; jetzt war sie eine Meisterin darin. Sie dünstete das Getreide und den Fisch mit Gemüse in einem dickwandigen Keramikdurchschlag, den sie auf einen Schmortopf setzte. Dann vermengte sie Mehl mit Wasser, formte eine Teigrolle zwischen ihren Händen und wickelte diese um den unteren Teil des Durchschlags, damit der Dampf nicht entweichen konnte.

In Sizilien ist jeder ein Wassergourmet und jeder Haushalt hat sein spezielles Lieblingswasser. Apotheken vertreiben Geraci Siculo in grünen Glasflaschen und empfehlen es den Müttern für ihre Babys. Die einzige Flüssigkeit, die meine Cousine Nella trinken würde, ist das Wasser aus dem Brunnen ihrer Cousine, die auf dem Land lebt. Einige Wassersorten werden als wunderkräftig angesehen. Ich habe in Santa Margherita eine Freundin, die von ihrer kranken Mutter zu einem von der Heiligen Jungfrau gesegneten Brunnen geschickt wird. »Dort wartet immer schon eine Schlange von Leuten«, sagt sie.

Signora Neris Lieblingswasser ist das Regenwasser, das vom Dach des Netzhauses herabrinnt und in die Zisterne darunter fließt. Das Wenigste, was ich tun konnte, war, ihr dieses Wasser zu besorgen. Ich schnallte also ihren Plastikkanister, der fünfzehn Liter aufnehmen konnte, auf meinen Koffertrolley, ließ ihn über die Pflastersteine bis zu dem roten Zapfen im Hof der Camparia holpern und pumpte. Ich legte meine Hände zusammen und fing das Wasser auf, das vom Fundament der Camparia hochfloss. Das Wasser der Tonnara schmeckte nach Stein.

Signora Neri verstand sich auf etwas Alltagsmagie. Sie kannte ein paar Zaubersprüche, die sich im Haushalt als nützlich erweisen können. Eines Tages kam Salvatore zur Mittagszeit nach Hause und klagte über Kopfschmerzen. Seine Schwiegermutter trug einen Stuhl ans Spülbecken. Er setzte sich darauf und stellte die Füße flach auf den Boden. (Wenn man die Beine kreuzt, wirkt die Magie nicht.) Sie füllte eine flache Schüssel mit Wasser, goss eine Verschlusskappe Öl hinein und hielt die Schüssel über seinen Kopf. »Wenn sich das Öl mit dem Wasser vermischt«, sagte sie, »dann kommt der Kopfschmerz vom *malocchio*«, dem bösen Blick eines Menschen, der ihn mit einem Fluch belegt hatte. »Wenn nicht, dann braucht er nur zwei Aspirin.«

Die Öltropfen strebten auseinander wie Zellen bei der Zellteilung und bildeten einen dünnen Film auf der Oberfläche des Wassers. »E' disperso«, urteilte Signora Neri und ging das verfluchte Wasser die Toilette hinunterspülen. Dann wusch sie sich die Hände, trocknete sie ab und legte sie auf Salvatores Kopf, mit den Fingern über jedem Ohr.

»Heiliger Montag, heiliger Dienstag«, sagte sie. Dann bewegte sie ihre Hände zur Stirn und zum Hinterkopf. »Heiliger Mittwoch, heiliger Donnerstag«, und so weiter durch die ganze heilige Woche bis zum »heiligen Ostern, auf dass das Böse von meinem Haus weiche!«

Das war's. Salvatore stand auf und setzte sich wieder seine Mütze auf.

»Wie geht es dem Kopf?«, fragte ich.

»Tutto bene«, antwortete er. Alles in Ordnung. Er ging und die Signora machte sich wieder an ihren Abwasch.

»Da ist jemand nicht gut auf Salvatore zu sprechen«, sagte sie, als sie hörte, dass die Haustür sich schloss.

Rosa vom Friedhof war eine gute Hexe, eine Heilkundige. Sie braute aus Honig, Kräutern und Schnaps einen köstlichen Hustensaft. (Er wirkte!) An dem Tag, als ich mit Gioacchino auf den Friedhof kam, um auf die Gräber der Raìs Blumen zu legen, entwickelte sie eine Schwäche für mich und lud mich zu sich zum Mittagessen ein. Sie lebte mit ihren zwei Söhnen, vier Hunden, sechs Katzen, einem Schwein, einem Beo und wilden Finken, die ihr Sohn Carlo gefangen und in Käfige gesperrt hatte, in einem Haus auf dem Land. Bevor Rosa unser Mittagessen kochte, machte sie die Pasta für das Schwein. Sie füllte einen Eimer mit Spaghetti und gab ihn Carlo, damit er ihn zum Schweinestall in einer Tuffsteingrube brachte.

Ihre Spezialität war es, diejenigen zu heilen, die wegen eines psychischen Traumas die Stimme verloren hatten, zum Beispiel bei einem Erdbeben. Sie erzählte mir, dass sie einen Mann wieder zum Sprechen gebracht hatte, der nach dem Erdbeben von 1968, als der Heimatort meines Großvaters zerstört wurde, dreiundzwanzig Jahre lang nicht gesprochen hatte. Tränke, Gebete, die Berührung ihrer Hände und ihre Liebe zu Gesù waren ihre einzigen Hilfsmittel und sie nahm niemals Geld für ihre Dienste.

»Wann immer Sie Kummer haben, denken Sie an mich, rufen Sie meinen Namen und ich werde Ihnen helfen«, sagte sie einmal zu mir.

Jeder, der den Friedhof besuchte, konnte ihr sonniges Gesicht sehen. Rosa Manuguerra war untersetzt und drall, Mitte sechzig und hatte champagnerblondes Haar, das immer nach einer Auffrischung verlangte. Der Friedhof war ihr Empfangszimmer und der Sonntag, wenn die Familien nach dem Kirchgang kamen, war ihr geschäftigster Tag. Es war eine außerstädtische Piazza, wo die Kirchgängerinnen mit ihren drückenden Schuhen und ihren helmartigen Frisuren, manchmal sogar mit einem Nerz, sich in aller Schicklichkeit treffen und, mit dem Ehemann im Schlepptau, präsentieren konnten. Rosa empfing jeden mit offenen Armen, mit einem Lächeln und einer Beileidsbekundung, wenn der Verlust noch frisch war. Die Frauen gingen mit Eimer und Schwamm zu den Grabsteinen, um den Schmutz zu entfernen.

Rosa war selbst verwitwet. Als ihr Mann starb, hatte die Stadt ihr seine Arbeit gegeben, weil sie zwei Söhne ernähren musste. Obwohl in Favignana im Durchschnitt vier Menschen pro Monat starben, trat der Friedhof nie über seine hohen Mauern hinaus; nach zwei Jahren wurden die Skelette ausgegraben und in ein Ossuarium gebracht, wo sie weniger Platz einnahmen. Der Friedhof war ursprünglich ein Steinbruch gewesen, doch als ein Steinmetz ein auf den Fels gemaltes Kreuz entdeckte, hatte er eine versunkene Kirche freigelegt, die hier gebaut worden war, und darüber wuchs dann der Friedhof. Schwalben flogen durch die Fenster des Kapellendachs und ließen ihren Kot auf die Sitzbänke fallen.

»Schmutzige Tiere«, sagte Rosa. Sie musste ihren Dreck wegmachen.

Rosa war per Gesetz dazu verpflichtet, gerade Gestorbene über Nacht in einem offenen Sarg in einem Steinraum unterzubringen. Das Gesetz war nach einem Zwischenfall in Tràpani in Kraft getreten, erzählte sie. Dort hatte man gedämpftes Rufen auf einem Friedhof gehört, eine gerade gestorbene Frau exhumiert und Kratzspuren am Deckel des Sarges gefunden. Im Augenblick hatte Rosa einen Mann in dem Aufbahrungsraum liegen. »Wollen Sie ihn sehen?«, fragte sie. Ich wollte nicht.

Die Toten beklagten sich nicht über das Unkraut und die wilden Blumen, die auf ihren Gräbern wuchsen, während sich Rosa um die Lebenden kümmerte. Wenn die Menschen hier in der Klemme saßen, gingen sie zu Rosa. Eine Frau Mitte zwanzig mit schimmernd schwarzem Haar strahlte Rosa an und winkte ihr zu, als sie den Friedhof durch das Tor verließ. »Wie geht es?«, rief Rosa gellend über die Grabsteine hinweg.

»Alles ist in Ordnung. Er ist zurück.«

In ihrem gefliesten Büro mit den Plastikblumen in den Vasen und dem heiligen Herz Jesu auf der Kachelwand hinter ihrem Schreibtisch bat ich Rosa, mir das Gebet zu diktieren, das einem den Freund zurückbringt:

*Heiliger Antonius, erhaben und mächtig,*
*zünde ein glühendes Feuer in seinem Kopf,*
*geh zu (Name des Betreffenden) und verbrenne ihm*
*Herz und Kopf.*
*Wenn er sitzt, zünde ein Feuer an,*
*Wenn er steht, schleudere einen Blitz,*
*Er darf keine Ruhe finden*
*Immer muss er an mich denken*
*und zu mir kommen.*

»Dann sprechen Sie ein Vaterunser«, sagte Rosa.

Sie brachte mir auch andere Zaubersprüche bei, bei denen Gebete zu den Heiligen mit heidnischen Elementen vermischt werden. Um Neuigkeiten von einem fernen Geliebten zu hören, sagt man:

*Heiliger Vito von Morreale,*
*zum Gebet kommt ein Verwandter von dir*
*wie ein Bruder, eine Schwester im Fleische.*
*Deine Hunde musst du mir leihen,*
*Du musst (demjenigen) auf die Brust schlagen,*
*aufs Herz, damit er mich liebt,*
*auf die Arme, damit er mich hält,*
*auf den Mund, damit er mich küsst,*
*auf die Füße, damit er zu mir kommt.*

»Dann sprechen Sie ein Ave-Maria und ein Vaterunser«, sagte Rosa.

# 21

# *Il Coppo*

Als ich am nächsten Morgen in der Camparia auftauchte, war Il Coppo schon auf ein Langboot geladen worden. Das flachsfarbene Netz türmte sich einen Meter über dem Schandeck in die Höhe. Es reckte sich zur Morgensonne, kräuselnde Flut, Wellen aus Kette und Schuss, hoch aufgerichtet wie eine Schlange, die zustoßen will.

Trocken und leer wiegt es zwei Tonnen. An den Säumen ist es lose gewebt, die Knoten der einen halben Zentimeter dicken Nylonschnur liegen etwa dreißig Zentimeter auseinander. Zur Mitte hin aber verdichtet sich das Netz und die Schnüre werden dicker, bis sie etwa einen Umfang von drei Zentimetern haben und die Knoten einander berühren, sodass ein Teppich entsteht, der stabil genug ist, die sterbenden Thunfische zu tragen, und dicht genug, um Wasser zu halten.

Ich fragte Clemente, wann die Mattanza stattfinden würde. Morgen vielleicht, sagte er. Aber die Tage vergingen und Il Coppo blieb im Hafen, dräuend wie ein Grabhügel. Es füllte das ganze sieben Meter lange Boot aus.

Ich verbrachte meine Tage mit den Männern der Camparia, sprach mit ihnen, während sie die Netze auf dem sonnigen Hof flickten, das nun leere, höhlenartige Netzhaus reinigten oder neue Eichenteile für alte Anker schmirgelten. Wenn es nieselte, arbeiteten sie in Öljacken und dicken Pullovern, wenn es goss, grillten sie Fisch für das zweite Frühstück im Bootshaus.

Eines Nachmittags kam Vito von der Mittagskontrolle der Reuse zurück und sagte: »Komm mit, wenn wir Il Coppo auslegen.«

»Morgen?«

»Wahrscheinlich. Aber kein Wort darüber.«

Als die Arbeit für diesen Tag erledigt war, gingen wir ins *Due Colonne*, um etwas zu trinken.

Vito sagte, die Parodis hätten sich Anwälte genommen, um gegen Castiglione vorzugehen. Es ging das Gerücht, dass die Parodis am Ende der Saison – am Ende von Castigliones neunjähriger Pachtzeit – die Tonnara zurück haben wollten, und zwar genau so, wie sie sie ihm überlassen hatten, mit den alten Holzbooten, die seetüchtig sein sollten. Castiglione hatte sie durch seine eigenen brandneuen Metallboote ersetzt und die Parodis befürchteten, dass er sie für seine eigene Tonnara in Bonagia verwenden würde, die direkt auf der anderen Seite der Meerenge lag – die einzige Tonnara übrigens, die in Sizilien neben der von Favignana weiterbestand –, und dass er den Parodis nur eine Flotte hinterließe, die nicht seetüchtig war. »Das ist nicht richtig«, sagte Vito.

Vincenzino, der achtzigjährige Ex-Tonnarotto, sagte: »Castiglione ist nicht daran interessiert, in diesem Jahr viele Thunfische zu fangen. Wenn er sechs- oder siebenhundert fängt, genug, um die Fischer zu bezahlen, bekommt er den Rest über Subventionen. Das restliche Geld nimmt er von der Regierung und steckt es in seine Matratze, um ruhig zu schlafen.«

Vito sagte, das Beste für die Tonnarotti wäre, wenn sie eine Kooperative gründeten, um die Tonnara jeweils für fünf Jahre von den Parodis zu pachten. »Aber dazu brauchen wir die Zustimmung des Raìs und der spricht immer nur schlecht von den Männern«, sagte Vito.

Am nächsten Morgen kam ich um sieben zum Dock. Bootsflaggen knatterten, der Wind schäumte die Wellen auf, die Fähre schwankte wie betrunken zum Anlegesteg. An einem ruhigen Tag war es ein Kinderspiel, Il Coppo auszulegen, bei Seegang aber war es schwierig und gefährlich. Die Saison war schon weit fortgeschritten. Als der Raìs beschloss, den Versuch zu wagen und Il Coppo auszulegen, bekamen die Männer einen grimmigen Gesichtsausdruck. Ich wurde nicht an Bord gebeten. Vito zuckte mit den Achseln und breitete die Arme aus, als wollte er sagen: »Ich habe hier nicht zu bestimmen.« Ich fand mich damit ab, mit all den anderen Journalisten an Land zu bleiben, die sich in der Hoffnung zusammengefunden hatten, an Bord gebeten zu werden.

Kurz vor der Mattanza-Zeit wird die Tonnara zu einem Medienspektakel. Einige Reporter kamen im Auftrag italienischer Tageszeitungen und europäischer Zeitschriften, andere waren Freiberufler oder Amateurfotografen, die die Taschen ihrer Khakiwesten mit Filmen voll gestopft hatten und hofften, eine dramatische Aufnahme von Männern, die Thunfische töten, veröffentlicht zu bekommen. Wir alle mussten am Dock warten, aber eine

Crew des japanischen Fernsehens war an Bord der *Nino*, Castigliones großem Arbeitsboot, das den Tross der Tonnaraboote aufs Meer ziehen würde.

Ein japanischer Fernsehsender hatte gleich zwei vollständige Crews für zehn Tage nach Favignana entsandt, um einen Film über die Mattanza zu drehen. Castiglione ließ ihnen die Vorzugsbehandlung angedeihen. Ich erfuhr, dass eine Crew ihren Stützpunkt in Paris hatte. Die andere kam aus Tokio. Sie hatten eine bekannte japanische Schauspielerin im Schlepptau, die klein war, immer leise sprach und anscheinend unbegrenzten Zugang zum dunklen Büro des Raìs hatte.

Sie und der Raìs standen häufig vor dem malerischen Eisentor der Camparia, umringt von Lampen, Kameras und den Auslegern der Mikrofone. Vor der Kamera lächelte er und sagte etwas Charmantes zu ihr. An diesem Morgen hielt die Schauspielerin sich einen Eisbeutel an die Wange. Matteo Campo fragte sie, ob sie Zahnschmerzen hätte.

»Nein«, sagte ein Dolmetscher. »Dadurch wird ihre Haut blasser.« Sie fing an, mir auf die Nerven zu gehen.

Nur die Japaner durften an Bord kommen. Den Tränen nahe sah ich zu, wie Il Coppo ohne mich aufs Meer geschleppt wurde. Dann dachte ich: »Wofür ist Geld da, wenn nicht für Zeiten wie diese?« Ich rannte zum Fischerhafen und suchte nach Sebastiano, dem alten Fischer, der mich aufs Meer gebracht hatte, um *u cruciatu* zu sehen. Er war nicht da, wohl aber ein Freund von ihm.

Wir waren schon fast aus dem Hafen, als ein freiberuflicher Journalist aus Messina und ein Fotograf aus Palermo uns von der Anlegestelle der Fähre aus zuwinkten. Der Rest der Meute rannte zu ihnen. Messino erklärte sich bereit, noch drei von ihnen mitzunehmen. Die Übrigen mieteten sich andere Boote, ein kleiner Festtag für die pensionierten Fischer. Ich bat Messina, der einst auch ein Tonnarotto gewesen war, so zu steuern, dass wir die Sonne im Rücken hatten, als wir zur Reuse kamen. Es war ein gutes Gefühl, auf dem Wasser zu sein; die Gischt belebte meinen Geist. Wir verbrachten eine Stunde im Kampf gegen die kabbelige See an der Reuse, bis der Raìs den Versuch abbrach.

Der Journalist und der Fotograf waren enttäuscht. Sie waren Amateure, die ihre Aufgabe so ernst nahmen, dass sie schon Monate vorher einmal hier gewesen waren, um die Erlaubnis zu bekommen, mit der Ciurma aufs Meer zu fahren. Und es war Freitag. Sollte Il Coppo nicht ausgelegt werden, würde die Mattanza an diesem Wochenende nicht stattfinden und sie würden zurück an ihren regulären Arbeitsplatz müssen und es verpassen.

Am nächsten Morgen war ich um sechs Uhr als Erste am Dock. Die Sonne schien hell, das Meer war ruhig, Santa Caterina leuchtete wie ein Topas. Während ich Aufnahmen machte, entwickelte sich plötzlich geschäftiges, aber lautloses Treiben. Capoguardia Messina, der Älteste in der Ciurma, näherte sich mir von hinten und befahl mir leise, auf das Boot mit dem Netz zu steigen, ein Versteck zu suchen und mich taub zu stellen, falls irgendwelche Journalisten Fragen stellen sollten. Es war sogar die Rede davon, dass hier und jetzt eine geheime Mattanza stattfinden sollte.

Ich stieg ins Boot, bahnte mir einen Weg durch den Netzhügel und nahm auf der Wasserseite Platz, um nicht vom Dock aus gesehen zu werden. Ich presste meinen Rücken gegen Il Coppo und blickte in den Himmel. Von der ganzen Journalistenschar war ich die Einzige, die sie mitnahmen. Ich fragte mich, ob der Raìs wusste, dass ich an Bord war.

Wir legten ab. Ich verschränkte meine Hände hinter

dem Kopf und sah, wie die Küste zurückwich, die grüne Kuppel der Kirche kleiner wurde und die Spitze von Bue Marino in Sicht kam. Als wir die Kammer des Todes erreichten, hielt mir der Raìs eine Hand hin, damit ich in seine Musciara steigen konnte.

Die Männer fingen direkt an, Il Coppo auszuladen. Segelboote und Jachten gruppierten sich um sie herum. Alle hatten von dem Gerücht gehört, dass es eine Mattanza geben würde. Der Raìs schrie dem Kapitän des am nächsten gelegenen Bootes zu, dass es an diesem Tag kein Gemetzel geben würde, aber sie tuckerten trotzdem weiter um die Boote der Tonnarotti herum.

Der Raìs entspannte sich; die Männer wussten, was zu tun war. »Heute bin ich Gast«, sagte er und wies auf die Männer, die das Netz in dem Viereck, das ihre Boote gebildet hatten, wie einen Teppich entrollten. »Dies ist der leichteste Arbeitsgang.« Wo das weiße Netz ausgelegt wurde, färbte sich das ultramarinblaue Meer hellblau, bis das ganze Viereck von innen her wie ein Edelstein leuchtete. Die Mitte des Netzes sank, die Maschen strafften sich, bewegten sich in Schräglage nach unten und verschwanden. Dann hing das Netz da wie eine leere Gebärmutter.

Ich hatte den Raìs noch nie so entspannt gesehen. Die Männer in der Musciara warfen zwei Seemöwen, die über uns in der Luft schwankten, Fischköder zu. Der junge Antonio schmiss der Möwe auf der rechten Seite einen Fisch zu, aber ein älteres Crewmitglied tadelte ihn. »Nein! Füttere nicht die. Füttere die Mutter!« Irgendwie wusste er instinktiv, was auch Joseph Campbell gewusst hatte: »Das Weibliche ist, worum es geht – das Geben von Leben und das Geben von Nahrung.«

Der Raìs öffnete ein Schränkchen und holte sein Fernrohr heraus, eine metallene Röhre in der Größe eines

Papierkorbs mit einem Glasboden. Er lehnte sich über das Schandeck, drückte das Fernrohr ins Wasser und sah hindurch. Er ließ mich auch hineinsehen. In der Kammer des Todes herrschte erhabene, blaue Leere.

Die Männer wussten, dass ich ziemlich aufgebracht gewesen war, als sie mich am Tag zuvor zurückgelassen hatten. Heute fragten sie mich, ob es mir besser ginge. »Wir haben ein paar Fäden gezogen, um dich an Bord zu holen«, sagte Capoguardia Messina.

Die japanische Fernsehcrew tauchte in der Ferne auf ihrem Tourenboot auf, das sie gemietet hatten. Ihre Kameras surrten. Die Schauspielerin formte mit den Händen einen Trichter um ihren Mund und rief, äußerst höflich: »Oggi mattanza?«

»Keine Mattanza heute«, antwortete der Raìs lächelnd. »Sonst hätte ich Sie gerufen.« Er winkte sie heran. Die Seemöwen flogen dicht über seiner ausgestreckten Hand, dachten wohl, er würde ihnen etwas zuwerfen. Die Japaner verstanden diese Geste offensichtlich falsch und entfernten sich. Der Raìs streckte sich auf einer Bank aus und schob einen Arm unter seinen Kopf.

»Ihr könnt mich hier lassen«, sagte er. Seine Männer wussten, dass er nur spaßte. »An Land klingelt jede Minute das Telefon, sodass man noch nicht mal essen kann.« Es war immer ein Journalist oder ein Reiseleiter, der wissen wollte, wann die Mattanza stattfinden würde. Der Raìs schloss die Augen und ich fing an, Aufnahmen zu machen. Er hob den Kopf. »Du machst Fotos von mir, während ich schlafe?«

»Ja. Letztes Jahr hatte ich auch ein paar.« Er legte sich wieder hin. »Schick mir einige von den Bildern, auf denen ich schlafe, damit ich sie meiner Frau zeigen kann. Sie sagt immer, dass ich den ganzen Tag nichts tue, das wird ihr Auftrieb geben.« Er schloss die Augen.

»Rate mal, was die Japaner zu mir gesagt haben. Sie sagten, sie hätten Angst vor mir gehabt. Aber jetzt würden sie mich kennen, sagten sie. Sie hätten nicht gedacht, dass ich so sein könnte. Hast du Angst vor mir?«

»Früher hatte ich Angst. Und manchmal fürchte ich mich immer noch«, antwortete ich.

»Warum?«

»Wenn du wütend wirst, Salvatore …«

Er lachte. »Wenn ich wütend bin, bin ich nicht auf dich wütend. Warum hast du also Angst?«

»Wenn der Kessel kocht, kann man sich verbrennen, falls man in die Nähe gerät.« Ein altes Sprichwort, das ich gerade erfunden hatte. Er lachte. Innerhalb von einer Stunde hatten die Männer ihre Arbeit beendet. Einer schmiss uns ein Tau zu, Rosario warf die Schlinge über den Bug und wir wurden heimwärts gezogen. Ich nahm meine Papiertüte hervor und bot dem Raìs etwas Brot und Käse an. Er lehnte ab und meinte, er wäre nicht hungrig, weil er gerade ein Plätzchen gegessen hätte.

»Zwei«, korrigierte ich ihn. Ich hatte ihn genau beobachtet.

»Talia!«, sagte er auf Sizilianisch zu seiner Crew. »Sieh mal einer an! Sie zählt mit, wie viele Süßigkeiten ich esse.«

Ich versuchte, das Thema zu wechseln. »Heute bist du wie der heilige Franziskus, du rufst die Möwen. Das wird bestimmt ein schönes Foto.«

»Ich habe nicht die Möwen gerufen, sondern die Japaner.«

»Du hast die magische Kraft der Raìs.«

»Du liest zu viele Bücher«, sagte er. »Was ich gerne von dieser Kraft hätte, wären vierhundert große Thunfische.« Er sagte, er würde jetzt nach Hause gehen und zwei Stunden lang ein Schläfchen machen. »Was hältst du davon?«

»Du bist der Boss.«

»Ich bin nirgendwo der Boss«, sagte er. Er setzte sich von der Bank auf den Bootsboden neben meine Füße und nahm meine linke Hand. Dann drehte er an dem Kameenring, den ich am Mittelfinger trug. »Du solltest heiraten«, meinte er.

»Ich würde eine schreckliche Ehefrau abgeben. Ich mag mein Leben, wie es ist. Mir gefällt, dass ich nach Favignana kommen und ein paar Monate mit den Tonnarotti verbringen kann.«

»Ein paar Tonnarotti hier suchen eine Frau.« Er meinte es ernst. »Aber die sind zu jung für dich.«

Im Frühling ging vom Meer ein magischer Zauber aus; es tat mir leid, so schnell wieder an Land zu sein. Eine kleine Menschenmenge wartete am Dock; die Leute starrten mich an, als ich ausstieg. Ein Mann auf einem Fahrrad hielt mich an.

»Was es schön?« Er war eifersüchtig.

»Ja. Alles, was sie tun, ist schön.«

»Beschreiben Sie es mir.« Er fühlte sich betrogen. »Ich komme schon so viele Jahre her …«

»Ich habe nicht zu bestimmen«, sagte ich sanft. »Ich wurde eingeladen.«

»Ich verstehe«, sagte er.

Als ich mein Fahrrad holte und zur Piazza ging, kam Capoguardia Messina zu mir. »Bist du jetzt zufrieden?«

Der Anblick des ins Meer sinkenden Netzes war das Geschenk der Tonnarotti an mich. Ich dankte ihm, aufrichtig, aus vollem Herzen und mit dem Leuchten meiner Augen und er ging glücklich davon.

## 22

# *Die Glocke*

Die kleine, in der Schmiede der Florios gefertigte Glocke der Camparia läutet nur am Abend vor der ersten Mattanza und war seit einem Jahr nicht mehr gehört worden. Das Leben ging seinen üblichen Gang, während wir darauf warteten, dass sie erklang.

Ich belagerte Vincenzo Sercia, die ehemalige Erste Stimme, immer noch mit einem Kassettenrekorder, weil ich hoffte, er würde die Cialome für mich singen. Sercia flüchtete aus den Bars und den Vereinslokalen und hielt stattdessen sein Schwätzchen mit den pensionierten Fischern, die sich in einem der Tuffsteinhäuschen versammelten, das Ausblick auf den Hafen hatte. Die Häuschen, ehemalige Quartiere der Dienstboten und Garagen für die Wagen, bildeten beim Palazzo der Florios ein Viereck.

Sercia und seine Gefährten verbrachten ihre Tage in dem dunklen Raum. Vom Eingang aus hatte man einen phantastischen Blick auf die Camparia, die Fischfabrik und die Strandmauer. Die Männer trugen Baskenmützen, Stehkragenpullover, Schirmmützen und Jacken aus Tweed. Sie saßen im Zwielicht unter der gewölbten, mit Spitzbogen versehenen Decke auf Hockern und groben Holzbänken und schwatzten. Sie beobachteten die Leute, die das Tragflügelboot verließen, die Laster, die auf die Fähre fuhren, die Fischer, die ihren Fang verkauften, die vorbeifahrenden Boote und die Fortschritte in der Camparia. Wenn sie da waren, blieb die Tür stets geöffnet.

Ich kannte keinen von ihnen, aber sie kannten mich und holten mir einen Hocker, als ich sie besuchte. Nach einer Minute hatten sich meine Augen an die Dunkelheit gewöhnt. Fischreusen aus Bambus und Reststücke von Netzen waren an die Wände genagelt. Sercia öffnete den Kühlschrank und bot mir ein kaltes Bier an. Er erzählte wieder seine Witze. Seine Freunde hatten sie alle schon gehört, doch verlangten sie namentlich nach ihnen. Was hier interessierte, war die Kunst des Erzählens. Die Männer hörten gespannt zu und brachen wie auf Kommando in Gelächter aus.

Sie baten Sercia, für mich zu singen. Er wollte nicht, drängte aber einen Freund vor, der dazu bereit war. Bertuzzo war vierundachtzig, hatte ein Gesicht wie ein verschrumpelter Apfel und trug seine blaue Baskenmütze keck über einer Augenbraue. Sercia schickte ihn nach Hause, damit er seine Gitarre holte. Er kam mit einer schwarzen Vinyltasche zurück, zog den Reißverschluss auf und nahm eine fünfzig Jahre alte Gitarre heraus, deren Saiten in all den Jahren nicht ausgetauscht worden waren. In ihren schwarz lackierten Klangkörper war eine kleine

Szene in Perlmutt eingelegt – die Silhouette zweier Männer, die bei Vollmond einer Signorina auf einem Balkon ein Ständchen bringen.

Bertuzzo schlug einen schrägen Akkord an und begann, mit einer dünnen, hohen Stimme zu singen. Liebeslieder aus seiner Jugend. Sizilianische Lieder, die nur noch die Alten kannten. Seine Freunde sangen leise mit und erfanden den Text neu, den sie vergessen hatten. Pasquale Mercurio, ein gut aussehender Vierundsiebziger, erzeugte mit seinem Mund Geräusche, die den Takt hielten, ein schnaufendes F-F-F-F, gestoßen aus dem Blasebalg seiner Lungen. Sercia brachte die Leute zum Schweigen, die zum Zuhören in die Dunkelheit traten. Es war, als würde man in die Zeit vor der Erfindung von Radio und Fernsehen treten, als die Menschen noch wussten, wie sie sich selbst unterhielten.

Als Bertuzzo seine Gitarre niederlegte, erzählten sie sich Geschichten über die alten Tavernen! Wie viele es waren! Sie schlossen die Augen und zählten sie auf, dann beschrieben sie mir, wo sie waren. Sie erzählten mir, dass man in eine Taverne gehen konnte, dort aus einem Aquarium einen Tintenfisch aussuchte, ihn kochen ließ, ihn in kleine Stücke schnitt und eine Zitrone darüber ausdrückte. Man konnte Wein bekommen, verwässerten Wein allerdings, der einige Leute reich machte. Man konnte Karten spielen und wetten und dabei gewinnen oder verlieren und die eigene Frau dadurch in Rage bringen. Immer gab es eine Gitarre, die an einer Wand hing, und stets fand sich einer, der sie vom Haken nahm und darauf spielte. Ein Junge konnte hereinkommen und sich auf den Schoß seines Großvaters setzen und wenn er seinen Kuss bekam, spürte er den kratzigen Bart auf seiner Wange und roch den Wein im Atem des Großvaters. Als sie jung waren, gab es weder Bars noch Pizzerien, nur die dunklen Tavernen, wo sich Fischer und Steinmetze trafen.

Als sie jung waren, waren sie Tonnarotti. Ich fragte, wie die Tonnara damals war.

»Die Parodis gaben den Einwohnern von Favignana jedes Jahr einen Thunfisch, und zwar von der ersten Mattanza des Jahres. Er wurde aufgeschnitten und jede Familie der Stadt bekam ein halbes Kilo«, sagte Sercia. »Jetzt sehen wir noch nicht mal, welche Farbe der Thunfisch hat.« Er stand im Eingang und blickte auf die kalten Schornsteine der Fischfabrik. »Wenn sie den Thunfisch kochten …«, sagte er und versank in Erinnerungen. »Das Aroma … ließ dir das Wasser im Mund zusammenlaufen.«

Wir hatten mittlerweile den 22. Mai, den Tag, an dem im Jahr zuvor die erste Mattanza stattgefunden hatte, aber die Glocke ertönte immer noch nicht. Die Tonnarotti warteten auf ein Wort vom Raìs und der Raìs wartete … ja, worauf? Einige sagten, auf den Gefriertrawler der Japaner, andere sagten, auf Castigliones wichtige Gäste von der Regierung. Vielleicht wartete er einfach nur auf mehr Fische.

Ich hatte gerade die Bücherei verlassen und war mit einem Buch von Raimondo Sarà zur Camparia gegangen: *Tonni e tonnare* (Thunfische und Tonnaras), das von den Traditionen der Tonnara von Favignana handelte. Der Autor war ein ehemaliger Meeresbiologe, ein Thunfischexperte, der fünfzig Jahre lang Feldforschung betrieben und einen reichen Erfahrungsschatz als Leiter des staatlichen Instituts für Fisch und Siziliens Fischereiwirtschaft hatte.

Der Raìs war in seinem Büro, in Hörweite des Eingangs zur Camparia, wo ich Aiello, den Pförtner, mit der Geschichte des einzigen Heiratsantrags amüsierte, den ich je bekommen hatte. Er hatte im Heimatort meines Großvaters stattgefunden, in Santa Margherita Belice, und zwar am Ende eines zweimonatigen Aufenthalts bei meiner Cousine Nella.

Beim Abendessen, lange nach der üblichen Besuchszeit, hörten wir die Türklingel. Ich öffnete und erblickte einen kleinen, etwa siebzigjährigen Mann, der seinen Hut in der Hand hielt und den ich einmal im Bus von Palermo kennen gelernt hatte. Er brachte sein Anliegen vor:

»Signorina, wenn Sie Sizilien nicht verlassen wollen, gibt es einen Mann, der Sie gerne heiraten würde. Er ist reich. Er besitzt viele Morgen Land mit Kaktusfeigen.«

Anscheinend hatte mein Freier mich mit Nella in der Heilig-Kreuz-Prozession gesehen, die klassische Methode in einem Provinzort, nach Heiratskandidaten zu suchen. Nella erriet, um wen es sich handelte – einen wohlhabenden Bauern Mitte siebzig, der bei seinen Schwestern lebte und den sie ihrerseits schon einmal abgewiesen hatte. Sie bog sich vor Lachen. »Er spricht noch nicht mal Italienisch«, sagte Nella, »nur Dialekt. Du könntest ihn nicht mal verstehen!«

Ich dankte dem Mann höflich, lehnte aber ab.

»Denken Sie darüber nach«, sagte er. »Sie müssen sich nicht sofort entscheiden.«

Der Raìs rief mich in sein Büro. Ein distinguierter Mann mit einem Spazierstock saß vor seinem Schreibtisch. »Warum heiratest du nicht und hörst mit dem Schreiben auf?«, fragte der Raìs.

»Siehst du mich als Hausfrau?« Er musste mich wohl so verstanden haben, dass ich dachte, er sei der Meinung, ich könnte keinen Haushalt führen.

»Das ist nur eine Sache der Routine, der Vorbereitung«, sagte er.

Wenn eine Frau in dieser Gesellschaft kein Kind hat, und zwar vorzugsweise einen Jungen, dann ist sie nicht vollkommen. Hinterlässt man in Sizilien eine Lücke im Fortpflanzungszyklus, dann wird man bemitleidet. Ich hatte das schon oft zu spüren bekommen. »Du denkst doch, wenn eine Frau keine Kinder hat, ist sie auch keine ehrbare Frau«, sagte ich.

Der Mann mit dem Spazierstock mischte sich ein. »Das hat er nicht gesagt.«

Ich blickte dem Raìs in die Augen. »Er hat es einmal in der Musciara gesagt. Da hast du von der japanischen Schauspielerin gesprochen. Du sagtest, sie hätte zwei erwachsene Kinder, wie du. ›Sie ist eine Signora, eine Dame‹, sagtest du. Ich habe keine Kinder. Was bin ich also?«

Er entblößte seine Zähne zu einem Grinsen. »Du bist eifersüchtig!«

Jahre später zuckte ich zusammen, als ich erfuhr, dass *signora* sowohl »Dame« als auch ganz einfach »verheiratete Frau« heißen kann. Aber damals rief mich Aiello und bewahrte mich vor weiteren Peinlichkeiten.

Antonio, der Kapitän eines Schleppers, wollte hinaus zur Reuse, sagte er, und mir einen lebenden Thunfisch zeigen, der mit seinen Flossen in die Reuse geraten war. Ich legte das Buch aus der Bibliothek auf dem Schreibtisch des Raìs ab und bat ihn mit einem Blick um die Erlaubnis, zu gehen. Er wies mich wortlos aus seinem Büro.

Im Motorboot fuhren wir mit Girolamo, dem Taucher, der den Thunfisch losschneiden sollte, aufs Meer. Die Mannschaft wirkte zufrieden. Girolamo zog sich an Bord um, aber wir kamen zu spät: Der Thunfisch war bereits erstickt. Girolamo schnitt seinen Körper frei und band ein Seil um seine Schwanzflosse: Mit großer Mühe zogen die Männer ihn an Bord. Ich lehnte mich übers Schandeck, um zu sehen, wie er aus dem Wasser kam – silbrigblau, marmorn, metallisch glänzend, gut vierhundert Pfund schwer. Die Männer lächelten glücklich bei dem Gedanken, dass noch mehr solcher Exemplare in der Reuse schwimmen konnten.

Als Alberto einen Enterhaken in den Fisch stieß, hörte ich einen summenden Ton, ähnlich wie beim Schlag gegen eine reife Wassermelone. Der Ton hallte in meinen Ohren nach und plötzlich spürte ich körperlich, was die Mattanza für die Tonnarotti bedeutete. Das lebende Fleisch, das in ihren Händen gestorben war oder gerade starb. Alberto sah, wie ich mit offenem Mund über meinen Fotoapparat hinweg auf den Fisch starrte. »Pesce fresco«, sagte er stolz. Frischer Fisch. »Deshalb dieser Ton.«

Zurück an Land hieß es, morgen gäbe es eine Mattanza, aber niemand wollte es glauben, bis die Glocke erklang. Ich traf Gioacchino, der ein Netz flickte. Er war niedergedrückt, weil Castiglione nicht zulassen wollte, dass Touristen bei der Mattanza zusahen. Es ging um die Haftung bei der Versicherung, aber Gioacchino hatte Freunde eingeladen, die eigens von Mailand hergeflogen waren, um zuzusehen. Er war bedrückt.

»Nach einer Mattanza ist alles schöner. Die Mattanza ist eine schwere Belastung«, sagte er.

Zwei Tage darauf würde Gioacchino dreiundfünfzig werden.

»Nach der Mattanza springe ich immer in die Kammer des Todes und trage die noch lebenden, kleineren Thunfische auf meinen Armen zum Langboot.« Er wiegte in seinen Armen ein unsichtbares Baby, so wie die Madonna der Tonnarotti den Thunfisch mit dem türkisfarbenen Auge wiegt. »Bei den Thunfischen habe ich alle Gefühle empfunden. Ausnahmslos alle.«

Der Raìs rief mich noch einmal in sein Büro und nickte zum Mann mit dem Spazierstock. »Der Herr möchte dir eine Frage stellen.«

»Signorina«, sagte der Herr. »Ich würde Sie gerne fragen, warum Sie dieses Buch in das Büro des Raìs gebracht haben?« Er hatte mein Exemplar von *Tonni e tonnare* entdeckt.

»Ich schreibe über die Tonnara und benutze das Buch für meine Recherchen. Warum fragen Sie?«

»Weil ich es geschrieben habe.«

»Sie sind Sarà?«

Jahrelang hatte er im Frühling den Mittelmeerraum bereist und Thunfischreusen von Spanien bis zur Türkei besichtigt, die Temperatur und den Salzgehalt des Wassers gemessen, Tonnarotti befragt und Thunfische mit Markierungen versehen, gewogen und präpariert. Jetzt hatte er sich zurückgezogen und schrieb Bücher. *Tonni e tonnare* war das erste Buch, das für die breite Öffentlichkeit gedacht war; er sagte, er schriebe gerade an einem anderen über die Ursprünge der Thunfischjagd in vorchristlicher Zeit. Der Name für Kanaan, das gelobte Land, sagte er, käme vom hebräischen Wort für Thunfisch – *thun* – und werde folgendermaßen geschrieben: Er ging hinüber zum Holztor der Camparia. Mit seinem Finger zeichnete er einen Hieroglyphen darauf, eine schmale Raute mit einem Strich für die Rückenflosse. Es sah genauso aus wie die Narbe auf Clementes Schulter. Clemente tauchte in einem ärmellosen T-Shirt aus dem »Taverna«-Lagerraum auf. Ich bat ihn, sich umzudrehen und Sarà den Fisch zu zeigen, der in seine Haut eingeritzt war. »Sehen Sie sich das an«, sagte ich.

Sarà lächelte Clemente zu. »Ja, das kenne ich schon.«

Sarà wusste die seltsamsten Geschichten über die Tonnara. In einer Tonnara im Mittelmeer beten die Fischer nicht die Litanei, sagte er. Stattdessen haben sie ein Gefäß mit vielen Namen von Heiligen am Eingang ihres Hofs und ziehen jeden Morgen in der Thunfischsaison den Namen des Tagespatrons heraus. Er kannte auch einen Raìs, der in schlechten Jahren einen Mann bestellte, welcher ganz in Weiß bei der Bocca di nassa ins Meer tauchen musste, um die bösen Geister abzuschrecken, die die Thunfische davon abhielten, in die Reuse zu schwimmen. Er erzählte mir von einer Saison etwa dreißig Jahre zuvor, als kein Thunfisch in die Reuse von Favignana schwimmen wollte und der Raìs daraufhin die Ortshure mitnahm, die über den Eingang der Reuse urinierte. Er hoffte, mit diesem Ritual und ein bisschen Glück würden die Thunfische doch kommen.

Am Ende des Tages war Castiglione gekommen und hatte sich einverstanden erklärt, Touristen bei der Mattanza zusehen zu lassen, wenn sie ein Formular unterschrieben, das ihn von der Haftung entband. Der Raìs schickte Gioacchino zum Tabakladen Papier kaufen und Castiglione diktierte die Konditionen. Ich wollte als Erste unterschreiben, aber der Raìs sagte, das sei nicht notwendig.

»Du bist eine Tonnarotta, ein Mitglied der Mannschaft.«

Um halb fünf trottete die Ciurma auf den Hof und sah zu, wie Castiglione nach dem Seil griff, das von der Glocke herunterhing, und daran zog. Es klang wie Feueralarm.

»Gepriesen auf ewig sei der Name Gesù!«, schrie Occhiuzzi.

»Gesù!«, antworteten die Männer. »Gesù! Gesù!«

Domani mattanza.

# 23

# *La Mattanza*

Es war der 23. Mai. Der Scirocco blies, das Meer war rau, nicht gerade ein guter Tag zum Töten, aber der Raìs schien es hinter sich bringen zu wollen. Nachdem ich meinen Cappuccino in der Bar del Corso auf der Piazza Europa, der Stammbar der Fischer, getrunken hatte, trat ich hinaus auf die Straße. Clemente und Angelo kamen die Via Roma hinunter, Angelo auf seinem alten Motorrad, sein Vater auf einem Fahrrad und dahinter fuhr ein Lieferwagen voller japanischer Kameramänner, die die Ausleger der Mikrofone aus dem Fenster hielten und ihre Kameras surren ließen. Ich ging hinüber zur Camparia.

Die japanische Schauspielerin zitterte vor Kälte, also gab der Raìs ihr seinen schweren, orangefarbenen Regenmantel. Sie krempelte viermal die Ärmel um. Ich ging an Bord eines Touristenbootes und wir steuerten in einer wunderschönen, langsamen Prozession hinaus aufs Meer.

An der Reuse schien heiß die Sonne und die Geräusche waren gedämpft. Die Palmwedel bogen sich im Wind. Die Ciurma tötete 290 Thunfische, alles vier- und fünfjährige, keiner schwerer als 60 Pfund. Für die Filmcrew war es enttäuschend. Vielleicht hatte Clemente Recht und die großen waren schon weitergezogen.

Als es vorbei war, tauchte Clemente in die Todeskammer und schwamm hinüber zu Margo, die das Kind mitgebracht hatte. Er kletterte, tropfnass vom Blutbad, an Bord und nahm Callista in seine Arme.

Als wir zurück zum Hafen gezogen wurden, fragte ich einen japanischen Kameramann auf Französisch, unserer Verkehrssprache, warum sie eine Schauspielerin mitgebracht hatten, wenn sie einen Dokumentarfilm drehten.

»Das ist eine typisch japanische Masche«, sagte er. »Wir wollen, dass die Schauspielerin im Film eine Art Beziehung zum Raìs aufbaut, damit die japanischen Zuschauer auch emotional angesprochen werden.«

Bis zum enttäuschenden Fang dieses Morgens war der Film als ein neunzigminütiges Special, also als größere Produktion, geplant, erzählte er. »Aber jetzt glaube ich nicht, dass er länger wird als fünfzehn Minuten.«

Die Filmcrews waren zehn Tage am Ort gewesen und würden morgen nach Paris oder Tokio aufbrechen; ihr Budget war erschöpft und es gab keine Möglichkeit zu bleiben und die nächste Mattanza zu filmen, die wahrscheinlich zehn Tage darauf stattfinden würde. Für sie war es vorbei. Aber ich würde bleiben, und zwar mindestens für eine weitere Mattanza, wenn nicht gar für zwei.

»Die Fischer erzählen nur Gutes von Ihnen«, sagte der Kameramann.

Zurück an Land berichteten die Tonnarotti mir, dass es in jedem Jahr eine Mattanza mit kleinen Fischen gäbe, normalerweise allerdings sei es die letzte der Saison. Trotz der Enttäuschung schienen die Tonnarotti ruhiger und es würde noch mehr Mattanzas in diesem Jahr geben. Alle Fischer sind Spieler und Spieler sind Optimisten.

Die Tonnarotti fragten mich: »Hat es dir gefallen?« Und ich griff zu einer Notlüge, bejahte bei jedem, ausgenommen Clemente, die Frage. Während der Mattanza hatte ich die Linse meines Fotoapparats abgedeckt, als ich sah, wie klein die Thunfische waren. Es schien mir ein Verbrechen zu sein, angesichts der Giganten der vergangenen Jahre so kleine zu fangen.

Am gleichen Nachmittag fuhr ich mit dem Raìs aufs Meer, um die Reuse nach Neuankömmlingen zu untersuchen. Die Japaner packten ihre Ausrüstung zusammen, die italienischen Journalisten waren nach Palermo oder Messina aufgebrochen, um ihre Flugzeuge nach Rom und Mailand zu bekommen, aber ich war immer noch da, in einem Boot mit dem Raìs, unter der warmen Frühlingssonne.

Rosario sang das Gebet. Der andere Schlepper fuhr an die Musciara heran und hatte Gioacchino an Bord, der sich mit nackter Brust am Bug ausgestreckt hatte. Michele Pattì, ein Ruderer, sagte, Gioacchino hätte mit seiner Sommerpflegekur begonnen, um braun und attraktiv zu werden, bevor die Saison begann, damit er für die Touristen in Form war. Die Männer zählten abwechselnd unter der Plane die Thunfische. Vito schnitt auf einer rosafarbenen Terracottafliese Fischköder, die er in einem Verschlag aufbewahrte, und tauchte seine Angelschnur ins Wasser.

»Ich werde jetzt schlafen«, sagte der Raìs und rollte sich im Stauraum der Musciara zusammen. »Wenn du mich fotografierst, bringe ich dich um.« Ich war froh, dass er mich nicht mehr als Gast behandelte. Trotzdem deckte ich die Linse meines Fotoapparats ab. Er schloss die Augen und blinzelte dann unter seinen Augenlidern hervor.

»Du bist zu ängstlich«, sagte er. Sein Kopf ruhte in der Krümmung seines Arms, er war zusammengerollt wie ein Kind und döste friedlich in der Sonne vor sich hin.

Das war meine Chance. »Ich hätte gerne die Erlaubnis, während der Mattanza aufs Langboot zu gehen, um die Lieder aufzunehmen«, sagte ich kühn.

»Du kannst auf jedes Boot, auf das du willst.«

Dann ging der Raìs unter die Plane, um Thunfische zu zählen. Ich zählte mit ihm. Die Netze erstreckten sich in die Tiefe und verschwanden. Sonnenstrahlen fielen schräg durch die Maschen. Das Netz blähte sich von der Strömung von Osten und war so gespannt wie die Haut auf dem Bauch einer Schwangeren. Die Tonnarotti hielten nach dem Fisch Ausschau wie Verliebte, mit Entzücken in den Augen, begierig, auch nur einen Blick zu erhaschen. Vielleicht erkannten sie sich im Objekt ihrer Begierde selbst wieder.

Ich wunderte mich, dass so kurz nach einem Gemetzel neue Thunfische in die Reuse schwammen. »Man könnte doch denken, sie wüssten irgendwie, dass gerade ein Massaker stattgefunden hat«, sagte ich.

»Das Meer vergisst schnell«, meinte Michele Pattì. Die Strömungen hatten das Meer vom Blut gereinigt. Der Südwind hatte sich gelegt. Drei Mitglieder der Crew machten ein Nickerchen. Das Boot wiegte sich am Busen des Meeres. Ein Späher im nächsten Boot rief herüber, dass ein Fisch in die Camera Grande geschwommen war.

Ich fragte den Raìs: »Gibt die Regierung Castiglione Geld?«

»Wer erzählt denn so etwas? Castiglione wartet seit

1989 auf das Geld der Regierung, seit dem Zeitpunkt, als er ein neues Vascello gebaut hat.« Das Vascello war das Langboot, von dem aus die Tonnarotti die Thunfische töteten. Die Regierung hatte versprochen, die Hälfte der Kosten für die Materialien zu übernehmen, sagte der Raìs, aber »die Regionalverwaltung hat bis heute nicht gezahlt«.

»Warum gründen die Tonnarotti nicht eine Gesellschaft und pachten gemeinsam die Tonnara?«

»Und wer würde ihnen den Thunfisch abkaufen?«, fragte der Raìs.

»Castiglione«, sagte ich.

»Glaubst du?«

»Dann eben die Japaner«, sagte ich.

»Wer würde für die Kühlung sorgen?«

Darauf hatte ich keine Antwort, aber ich dachte zweierlei.

Erstens: Wo ein Wille ist, ist auch ein Weg. Und zweitens, dass der Raìs das Ganze zweifellos schon sorgfältig durchdacht hatte.

»Wer wird uns das Geld leihen?«, fragte der Raìs mich.

»Eine Bank. Die Regionalverwaltung. Oder Finanzierung aus eigener Tasche«, antwortete ich. Der Gedanke hing in der Luft, dann wechselte der Raìs das Thema.

»Die Japaner geben heute Abend eine Party, aber ich werde wohl nicht hingehen«, sagte er.

»Die Schauspielerin wird enttäuscht sein«, meinte ich.

»Sie ist verheiratet. Sie hat zwei Kinder.«

»Trotzdem wird sie enttäuscht sein.«

»Ich bin verheiratet. Ich habe zwei Kinder.«

Rosario erzählte mir, die Schauspielerin hätte, als die Japaner sich offiziell vom Raìs verabschiedeten, auf Englisch gesagt: »I like you.«

»Like. Was bedeutet das?«, fragte der Raìs mich.

»Tu mi piaci«, antwortete ich. »Du gefällst ihr.« Die Männer johlten und der Raìs wurde rot.

»Ich sagte zu ihr, dass sie mir nicht gefallen würde«, sagte er.

»Das glaube ich nicht.«

»Du glaubst mir nicht?«

»Nein.«

Ich sagte zum Raìs, dass ich zwischen den Mattanzas für ein paar Tage nach Santa Margherita Belice fahren würde.

»Hast du dort einen Freund?«, fragte er.

»Nein.«

»Du solltest heiraten.«

»Warum?«

»Eine Familie gründen. Das ist gut.«

Dieses Gespräch führte zu nichts. Ich griff unter meinen Sitz und zog meine braune Papiertüte mit dem Mittagessen heraus, gelbliches Brot mit dicker Kruste und Provola-Käse, aber ich hatte mein Messer nicht dabei. »Hat jemand ein Messer?«, fragte ich. Dic halbe Mannschaft schlief.

»Tiene, Teresa.« Der Raìs setzte sich auf und gab mir sein Taschenmesser. Als ich fertig war, wischte ich die Klinge an meiner Jeans ab und klappte sie zu. Der Raìs döste, aber als ich das Messer in seine geöffnete Hand fallen ließ, schnappte sie zusammen wie das Maul eines Thunfischs.

Er nahm mich oft mit aufs Meer. Er sagte, ich würde Glück bringen. Ich sagte, ich hätte Piero, dem Fischer aus Mondello, nie Glück gebracht.

»Wenn du Pech bringst, lassen wir dich beim heiligen Petrus«, sagte der Raìs. Genau in diesem Moment fing Rosario ein paar Fische.

»Vielleicht bringe ich doch Glück«, meinte ich.

Rosario nahm die Fische vom Haken. »Das ist doch kein Glück«, sagte er.

»Was ist dann Glück?«

»Wenn Thunfische in die Reuse schwimmen.«

Innerhalb von ein paar Minuten schwammen zehn oder fünfzehn riesige Thunfische in die Camera Grande. Der Mann unter der Plane sah sie und meldete es mit gedämpfter Stimme, weil er das Gesicht ans Glas gepresst hielt. »Sono entrati!« Der Raìs drehte sich zu mir um und sagte: »Teresa, morgen musst du hier sein.« Dann verjagte er den Mann von der Plane und nahm seinen Platz ein. Der Raìs sagte, er habe zwölf oder dreizehn Fische gesehen. Rosario, der durch das Rohr mit dem Glasboden sah, behauptete, er habe zwanzig oder einundzwanzig gesehen. Die Männer in der *Jupiter* sagten, sie hätten zwanzig oder dreißig gesehen. Der Raìs hielt vergeblich nach ihnen Ausschau.

»Wo sind sie denn?«, brüllte er unter der Plane hervor. Er war wütend und rief, dass die Männer in der *Jupiter* nicht wirklich dreißig Fische gesehen hätten. »Sie müssen sich verstecken«, schrie er.

Bei der zweiten Mattanza am 2. Juni fingen sie siebenundachtzig kleine bis mittelgroße Thunfische. Heute sollte die dritte Mattanza stattfinden.

Ich hatte wieder meinen Thunfischtraum gehabt. Darin war ich eine von ihnen. Ich schwamm mit den Riesenfischen in wattiger Stille an den Wänden der Kammer des Todes entlang, bestand nur aus Augen und Muskeln und die sanft geneigten Rauten des Netzes waren nichts als ein verschwommenes Feld im Hintergrund. Dann zog sich das Netz zusammen, einmal, zweimal, dreimal, ein Vibrieren wie ein Muskelkrampf, der uns zusammendrückte, während wir langsam und widerwillig in die Richtung hinaufstiegen, aus der der Gesang kam. Als ich ins helle Tageslicht stieß, wachte ich auf.

Es war schon spät. Das Farbviereck, das mir als Uhr diente, war schon die Wand hinuntergeglitten. Es war bereits weit nach Rot, als ich die Decke abwarf. Also übersprang ich mein Frühstück und radelte wie der Blitz in den Ort.

Eine Menschenmenge hatte sich lange vor sieben Uhr vor der Camparia versammelt. Die Presse war zahlreich vertreten. Bill Allard, der Fotograf von *National Geographic*, war da und Giò Martorana aus Bagheria schoss Schwarzweißbilder für sein Fotoessaybuch *Tonnara*. Luciano Bovina, ein Dokumentarfilmer aus Bologna, hatte einen Autor und einen Fotografen mitgebracht, der für ihn Filmbilder machte. Der *Giornale di Sicilia* war vertreten und ein freiberuflich arbeitender Fotograf aus Norditalien, außerdem Antonio Noto, der Buchhändler und beste Fotograf der Insel. Und ein polyglottes Fernsehteam war da: Die Produzentin sprach amerikanisch, ihr Boss griechisch und englisch und die Crew unterhielt sich auf Deutsch. Hunderte von Touristen wimmelten herum.

Innerhalb von fünfzehn Minuten waren wir an der Reuse. Pensionierte Fischer verdienten sich ein paar tausend Lire, um die Nachzügler zum Schauplatz des Geschehens zu bringen. Sie drängten ihre Fracht über das Schandeck in unser ohnehin schon überfülltes Langboot. Die Sonne knallte. Ich hatte den besten Aussichtspunkt über der Kammer des Todes für Bill Allard und mich beansprucht. Ich sollte für ihn ein paar Bildunterschriften schreiben. Die Jugendlichen an Bord waren außer Rand und Band, füllten Mützen und Plastiktüten mit Meerwasser und spritzten dann damit herum. Die Fotografen schrien und schützten ihre Apparate mit T-Shirts. Giò bat die Kinder um etwas Respekt.

»Wofür seid ihr denn hergekommen?«

»Um Spaß zu haben.«

Giò befahl ihnen, sich zusammenzunehmen. Das Warten dauerte fünf Stunden. Ich hatte mir ein Buch mitgebracht, *On the Road*, um mir die Zeit zu vertreiben. Es war ein seltsames Gefühl, auf der Ladefläche eines Trucks durch den mittleren Westen Amerikas zu fahren, aufzublicken und Seemöwen zu sehen, das Geflecht eines altehrwürdigen Netzes unter meinem Sitz zu spüren. Es schien mir nicht angemessen, genauso wenig wie Stricken in der Kirche, also klappte ich mein Buch zu.

Die Strömungen gingen in die falsche Richtung; der Schwarm konnte nicht in die Kammer des Todes getrieben werden. Das Treibnetz, die Ancera, entrollte sich nicht richtig. Die Thunfische, die in die Kammer des Todes gescheucht worden waren, wandten sich um und schwammen zurück in die Bastardella.

Der Raìs brach die Mattanza ab, eine nahezu unerhörte Begebenheit. Außerdem *brutta figura*, weil Castiglione Gäste mitgebracht hatte. Sechshundert Menschen waren enttäuscht, der Raìs und seine Männer eingeschlossen. Kurz nach Mittag wurden wir zurück an Land gezogen, wo jeder rasch aufbrach, auf der Suche nach etwas zu essen, einem kalten Bier und einer Toilette.

Die Ciurma versammelte sich wieder vor dem Tor der Camparia und wartete auf das Zeichen für die Mittagspause. Der Raìs ging niedergeschmettert und mit großen Schritten zu seinem Büro und wies sie hinaus, ohne die Augen zu heben. Auf den Booten hatte Clemente seinem Sohn Angelo durch den Gestank und das Knattern der kleinen Motoren hindurch zugerufen: »Wenn du dir ein bisschen Geld verdienen willst, komm heute Nachmittag um fünf in deinen Mattanza-Klamotten hierher.«

Clemente erklärte mir, dass es sich um leicht verdientes Geld handeln würde. Das polyglotte Fernsehteam konnte es sich nicht leisten, bis zur nächsten Mattanza zu warten, und hatte jedem Mitglied der Ciurma, das für Aufnahmen einer getürkten Mattanza erscheinen würde, hunderttausend Lire geboten, den Lohn für drei Tage.

Natürlich kamen sie alle. Sie mussten nur so tun, als würden sie Il Coppo hinaufziehen, und singen. Der Raìs hatte ihnen erlaubt, das Vascello als Requisit zu benutzen, solange es im Hafen blieb. Während der Aufnahmen fuhr die riesige weiße Fähre im Hintergrund zu ihrem Ankerplatz im Hafen. Die Tonnarotti brüllten vor Lachen, weil dadurch offensichtlich wurde, dass die Reuse eine Attrappe und nicht auf dem Meer war. Sie sangen ihre Lieder, während sie an einem schlaffen Netzabschnitt zogen. Sie schrien, als würde der Thunfisch darin auftauchen, und gaben dem Kameramann, was er für sein Geld sehen wollte. Der kleine, alte Momino hatte die glänzende Idee, das alberne Netz beiseite zu legen und auf den Brettern des Bootes aufzustampfen, um das donnernde Flossenschlagen der Thunfische zu imitieren. Der Regisseur schrie zum Kapitän des Schleppers: »Drei Meter in diese Richtung! Zwei Meter in diese Richtung!«

An diesem Abend stand Bill Allard zusammen mit Clemente an der Bar des *Due Colonne*.

»Wie lange noch wird es die Tonnara geben?«, fragte Bill ihn. Ich übersetzte und Bill schrieb die Antwort auf die Serviette unter seinem Drink.

»Die Tonnara wird es geben, solange es Thunfische gibt«, sagte Clemente.

Am 8. Juni flaute der Wind ab und das Meer war ruhig. Morgen Mattanza, sagten die Leute.

Am nächsten Tag warteten nur wenige Menschen an

der Camparia. Es war mitten in der Woche und die meisten mussten arbeiten, zudem hatte der Reiz des Neuen nachgelassen und es waren nur noch wenige Touristen da. Ein Großteil der Fotografen, enttäuscht von den wenigen und kleinen Fischen und von der abgebrochenen Mattanza ein paar Tage zuvor, war abgereist. Möglicherweise war dies die letzte Mattanza in diesem Jahr, mit größter Wahrscheinlichkeit aber meine letzte Mattanza für dieses Jahr. Die meisten, die sich dort versammelt hatten, waren Einwohner von Favignana, Freunde und Verwandte der Tonnarotti. Es würde ein Gemetzel im kleinen Kreis geben.

Ich wollte schon in das Vascello der Touristen steigen, als Gioacchino mich anwies, in sein Boot zu gehen; sie würden mich zur Kammer des Todes mitnehmen, um die Fische beim Passieren des Eingangs zu beobachten. Nach der abgebrochenen Mattanza hatte Angelo mir erzählt, er hätte einen riesigen weißen Thunfisch gesehen, der durch den Eingang in die Kammer des Todes geflitzt sei, doch dann hätten sich die aufgeschreckten Fische umgewandt und wären zurück in die Bastardella geschwommen. »Vielleicht siehst du ihn ja«, sagte er.

Im seichten, grünen Wasser unter dem Monte Santa Caterina bildete sich die Meereskarawane. Die Männer warfen sich von Boot zu Boot die Leinen zu, der Raìs rief Kommandos, die Leute auf dem Vascello winkten Freunden am Dock zu. Die Tonnarotti versuchten, inmitten der Landratten zu arbeiten, baten sie höflich, sich in Bewegung zu setzen, höflich, sich hinzusetzen, und höflich, beiseite zu gehen.

Dann verstauten sie ihre Gaffs, nahmen ihre Positionen ein und standen aufrecht am Ruder und am Bug. Die Boote bewegten sich in zwei langen Reihen langsam aufs Meer hinaus. Kaum hatten sie den Hafen verlassen, rief der Kapitän der Musciara des Raìs: »Una salve regina alla Madonna di Tràpani!«

Die Tonnarotti nahmen ihre Mützen ab. Wer seine Kopfbedeckung während der Litanei aufbehielt, lief Gefahr, sie vom Kopf gefegt und ins Meer geworfen zu bekommen, egal ob er jung oder alt war. Wir zogen hinter dem heiligen Petrus vorbei, während die anderen Boote das Viereck über der Kammer des Todes formten.

Gioacchino brachte mich zur *Saturno*, Mominos Boot, das Wache über dem Eingang zur Kammer des Todes hielt. Kaum hatten wir am Ankerseil der Bastardella festgemacht, beeilte sich die Crew der *Saturno*, die Bänke mit einer Plane abzudecken, löste die Taue, die die Eingangsklappe geschlossen hielten, und ließ sie auf den Meeresboden sinken. Hinter uns ruderten Männer in zwei kleinen Booten die gesamte Länge der Reuse mit der straff gespannten Ancera von Ost nach West ab und trieben den gefangenen Thunfisch in die Kammer des Todes. Ich hatte mit Angelo meinen Posten unter der Plane eingenommen.

Das Meer war aufgewühlt und wimmelte von schwimmenden Teilchen. Ich sah fünf Thunfische, Rauten in stumpfem Schwarz, gemächlich durch das Tor schwimmen. Angelo rief etwas und die fünf Männer in der *Saturn* zogen mit aller Kraft an dem schweren, nassen Netztor, um es dreißig Meter durch das Wasser zu hieven. Doch die fünf Thunfische schwammen über die Klappe hinweg, bevor der Eingang vollständig geschlossen war. Sie flitzten unter unserer Nase vorbei.

»Wenn sie ihre Flossen kippen, gehen sie ab wie verrückt!«, sagte Angelo. Er konnte kaum an sich halten. »Ein ganz großer ist darin. Ein weißer. Ich habe ihn aus der Nähe gesehen.« Er hoffte, der Große würde zu ihm kommen. Angelo ist Arringatore und arbeitet mit der

*Speta*, dem kürzesten Gaff, in der Mitte des Tötungsteams, an genau derselben Position also, die auch sein Vater stets innehatte.

»Mir tun die kleinen leid«, sagte er. »Sie haben ein schreckliches Ende.«

Aus der Ferne hörten wir die Menge jedes Mal jubeln, wenn die »Pförtner« mit durchgebogenem Rücken, zusammengebissenen Zähnen und rudernden Armen die Klappe hochzogen, bevor die Fische umkehren konnten. Sie konnten sie in weniger als dreißig Sekunden hochziehen, aber normalerweise reichte das nicht. Ihre Kollegen feuerten sie lautstark an, aber der Wind verwehte ihre Stimmen bis zum Fuß des Berges.

Es dauerte fünfundvierzig Minuten, die Fische in die letzte Kammer der Reuse zu treiben. Die *Saturno* nahm ihren Platz im Viereck ein. Zu meiner großen Freude brachte mich Gioacchino zum Vascello, auf dem die Männer töten und die Thunfische sterben würden. Dieses Mal würde ich das Opfer vom Altar aus sehen.

Ich saß im Heck, fühlte mich wie ein unbefugter Eindringling auf heiligem Boden und versuchte, so wenig Platz wie möglich einzunehmen. Aber schließlich hatten die Tonnarotti mich hierher gebracht. Keiner von ihnen erwähnte den Raìs oder fragte nach, ob ich seine Erlaubnis hätte, als sie mich von Boot zu Boot reichten.

Berto bereitete drei Längen Tau vor. Für jeweils zehn Fische würde er einen Knoten darin anbringen. Gioacchino hatte ihn angewiesen, genau zu zählen, weil Castigliones Zahlen nicht immer mit denen der Fischer übereinstimmten und ihre mageren Zulagen von der Anzahl der Fische abhingen, die sie töteten.

Der Raìs schickte den Taucher los, um nach Löchern oder Schwertfischen im Netz zu suchen. Als Girolamo auftauchte, übergab er dem Raìs seine Sauerstoffflaschen und wurde an Bord der Musciara gezogen. Die Mannschaft ruderte das kleine, graue Boot rund um das Viereck und nahm Tonnarotti von anderen Booten auf. Fünfundzwanzig Männer traten in das kleinste und älteste Boot der Flotte. Sie wirkten wie Flüchtlinge. Als sie das Boot betraten, nahmen sie langsam und mit konzentrierter Miene ihre Positionen ein. Rosario befestigte die Musciara am Ankerseil des Raìs, das sich quer über die Kammer des Todes erstreckte; es schwamm in der Mitte des Vierecks.

Der Raìs blinzelte in die Sonne und zog sich den Regenmantel über. Zum ersten Mal würde ich das Gesicht des Raìs sehen, während er die Mattanza leitete. Er hielt sich nicht an das alte Ritual, bei dem der Jäger dem Gejagten seinen Namen zuruft. Ein alter Raìs hätte gesagt:

»Steigt auf! Steigt auf im Namen des Herrn! Sugnu Raìs Mercurio e vi saluto!« (Ich bin Raìs Mercurio und grüße euch!)

Im letzten Jahrzehnt dieses Jahrtausends hob Salvatore Spataro nur seine Arme und gab damit lautlos den Befehl, das Netz hochzuziehen. Die Männer stellten sich mit dem Rücken zur Sonne in einer Reihe auf. Ohne große Begeisterung zogen sie Il Coppo an Bord. Sie sangen auch nicht.

Sie lehnten sich versetzt zurück, dass eine Welle von Schultern entstand. Sie zogen ungleichmäßig und mit unnatürlicher Ruhe. Ich beobachtete nicht, wie die Thunfische an die Oberfläche kamen, sondern lehnte mich an den Mast und blickte auf die Rücken der Männer. Clemente hatte sein zerfetztes Glückshemd mit dem Blitz auf der Brust an. Gioacchino trug ein neues, rotes T-Shirt und die löchrigen Shorts, die er schon seit vielen Mattanzas hatte.

Ich sah die Thunfische, wie die Männer sie sahen, mit

dem Gesicht nach oben, mit den Enterhaken im summendem Fleisch, jeder eine muskulöse Wucht aus dem Meer. Sie wogen jeder einige hundert Pfund, ein paar von ihnen waren riesig. Clemente und Gioacchino arbeiteten gemeinsam. Sie hoben einen Riesen empor; er peitschte seinen Schwanz krampfartig hin und her und schwamm am Ende ihrer Enterhaken in der Luft. Ich sah kein Gefühl im bewegungslosen, schwarzen Auge, aber der Fisch hatte sich kupfergold gefärbt. Ein Thunfisch nach dem anderen schnappte nach Luft und schlug wild um sich, dann glitt er benommen und geschlagen in den Frachtraum. Zappelnd bluteten sie aus und starben zu meinen Füßen.

Die Tonnarotti sagen, wenn ein Mann rückwärts in sie hineinfiele, würde ihm nichts geschehen, weil seine Berührung die Thunfische in Trance versetze. »S'inniu«, sagen sie auf Sizilianisch. Er vergeht; der Geist hat den Körper verlassen.

An diesem Tag töteten sie 167 Fische, den weißen allerdings nicht. Er war mit einer Gruppe von zehn weiteren in der Bastardella geblieben, die sich weigerten, die Schwelle zur Kammer des Todes zu passieren. Die Tonnarotti warfen eimerweise zerstoßenes Eis auf die silbernen Körper und bedeckten sie dann mit einer Plane. Das Vascello mit den Thunfischen wurde nach Tràpani geschleppt; die Insulaner sahen noch nicht mal die Farbe des Thunfischs.

Später traf ich Antonio Casablanca, der an einem Tisch vor dem *Due Colonne* saß. Er zog sich sein blutbespritztes Hemd über den Kopf und überreichte es mir. Dann sank er in seinem Stuhl zusammen und starrte über seinen Campari hinweg ins Leere.

# 24

# *La Salpata*

Am 11. Juni sollte noch eine weitere Mattanza stattfinden, aber in der Nacht davor zerriss ein großes Schiff einen Teil von La Costa, dem Sperrnetz im Osten.

»Es war ein Öltanker!«, rief Angelo. Er regte sich schnell auf. »Er war so groß wie Formica!« Dies war ein letzter Schlag am Ende einer schlechten Saison mit einem dürftigen Fang und vorwiegend kleinen Fischen.

Die Männer konnten nun wenig mehr tun, als über die harte Arbeit zu klagen, die ihnen bevorstand und die durch den Unfall noch schwieriger geworden war. Die halbe Ciurma hatte ihren freien Tag, der Raìs war zur Kontrolle der Reuse aufs Meer gefahren und die wenigen Männer, die an Land geblieben waren, bereiteten im kühlen, höhlenartigen Netzhaus alles darauf vor, dass es mit den Netzen gefüllt werden konnte, sobald sie eingeholt wurden.

Ich saß in einer Nische auf einer staubigen Palette. Die Säule in meinem Rücken trug zwei schwarze, große Handabdrücke, das war ein arabischer Talismann, der Unglück abwenden sollte. Neben die Handabdrücke war in groben, schwarzen Pinselstrichen »1983« hingemalt worden und darunter »854 tonni«, die kurze Zusammenfassung einer schlechten Saison. An der Wand der leeren Nische befand sich, wie eine Ikone in einer Seitenkapelle, das Bild von einem Segelschiff. Diese Netzhausmalereien – erschaffen von Jägern – lagen wie die Höhlenmalereien von Levanzo im Verborgenen; sichtbar waren sie nur im Frühling, wenn sich die Netze im Meer befanden. Bald würden sie wieder verborgen sein.

Um die Arbeiter zu unterhalten und mich vom Gedanken an meine Abreise abzulenken, beschrieb ich die Taverne, die ich einmal besitzen würde. Sie würde in der Via Roma bei der Piazza liegen, unebene Fliesenböden und Nischen mit Holzbänken haben und nur schwach beleuchtet sein, damit der Schmutz nicht so auffiel. Eine Gitarre und ein paar Tamburine würden von Haken an der Wand hängen. Fischer im Ruhestand würden zwanzig Prozent Nachlass bekommen. Jetzt brauchte ich nur noch einen Namen für die Kneipe. Es gab schon ein Restaurant, das U Raìs hieß, und ein anderes mit dem Namen Musciara. Capiletto schlug Da Teresa vor, aber ich wollte, dass der Name etwas mit der Tonnara zu tun hatte. Matteo Campo stellte seinen Besen ab, setzte sich und stützte das Gesicht in die Hände, um nachzudenken.

»Wir können es ja La Camparia nennen!« Er hatte sogar einen Werbeslogan, der sich auf Sizilianisch reimte: »La Camparia – cu mangia e cu talia.« Was zu essen und was zu sehen. Die Männer verließen einer nach dem anderen ihre Arbeit und setzten sich zu Matteo und mir. Zuerst stellten sie die Speisekarte zusammen. Gekochter Tintenfisch war ein Muss. »Und *fave bollite*«, sagte Matteo. Favabohnen, gekochte Kartoffeln, gegrillte Artischocken, hart gekochte Eier und einmal die Woche Pasta mit Knoblauch. »Und mit gepanschtem Wein kannst du reich werden«, sagte Giuseppe. Er wusste den richtigen Mann, der mich darin unterweisen konnte.

Er versprach, dass die Männer zur großen Eröffnung Topfpflanzen mitbringen würden, und die anderen nickten zustimmend. Wir beschworen diese Taverna im kühlen Gewölbe unter den Spitzbögen herauf, bis Matteo einen Anfall von Arbeitsmoral bekam und langsam aufstand.

»Du kannst mich zum Fegen anstellen«, sagte er. So hatte ich Topfpflanzen und einen Hausmeister, das war schon mal ein Anfang. Aber das Kratzen seines Besens war ein Geräusch voller Hoffnungslosigkeit und meine Tagträume wirbelten mit dem feinen Staub und den Fischschuppen in die Luft.

Das Ende der Mattanza-Saison lag in der zweiten Juniwoche, und danach würde die *salpata*, das Lichten der Anker, beginnen. Als die Schiffsschraube des russischen Öltankers achthundert Meter von La Costa aufriss, hatte sie das Stahlseil zerstört und die kostbaren alten Anker die halbe Strecke bis nach Marsala geschleppt. Der Raìs musste das Desaster im Wasser unberührt lassen, damit die Versicherungsgesellschaft und die Polizei es überprüfen konnten, aber ein paar Anker mussten doch aus dem Wasser geborgen werden, bevor sie ganz verloren gingen. In diesem Jahr begann die Salpata früh.

Ich saß in einem Boot, dessen vier Männer die Aufgabe hatten, zehn Anker mit einer Winde hochzuziehen. Die lang gezogenen Wellen schwebten über unserem Kopf und schwankten unter uns wie plumpe Riesen. Wie in Trance schloss ich die Augen und legte meinen Kopf auf eine Bank. Ich verstand, wie Christus in einem Sturm auf dem Meer schlafen konnte. Franco rüttelte mich an der Schulter.

»Wenn du schlafen willst, hättest du an Land bleiben sollen«, sagte er. Die Männer wollten, dass ich bei ihnen wach blieb. Franco fühlte sich unbehaglich, »denn wir haben nur wenig Thunfisch gefangen und vor uns liegt eine Menge Arbeit. Also treiben wir uns gegenseitig an, um es hinter uns zu bringen.«

Aber ich war so schläfrig, dass ich meine Augen kaum aufhalten konnte. »Das Meer lullt mich ein«, sagte ich und legte mich wieder hin. Franco bedeckte mich mit einem Umhang.

Ich konnte nicht lange genug bleiben, um zuzusehen, wie die Reuse abgebaut wurde, aber die vierte und letzte Mattanza des Jahres 1994 sollte ich noch miterleben. Ein riesiger weißer Thunfisch schwamm immer noch in der Reuse. Die Sonne schien heiß, kein Lüftchen ging. Stefano, der Barmann, kam mit seinem Vater aus Neapel, der mir Biscotti und einen Fingerhut heißen Espresso anbot, während wir langsam aufs Meer gezogen wurden.

Der Raìs hatte seinen jüngeren Sohn Gaspare und seine halbwüchsigen Freunde an Bord der Musciara geladen. Gaspare trug eine Goldkette mit dem größten Haifischzahnanhänger, den ich je gesehen hatte. Die Männer in der Musciara nahmen die Mützen ab, Rosario rief die Litanei und bat den heiligen Petrus noch einmal um einen guten Fang. »Möge Gott es gewähren«, schrie die Mannschaft wie aus einem Munde.

Die Sonne legte ein welliges Band über die Dünung.

Dann sank eine Nebelbank auf uns herab und verhüllte Sizilien. Alles um uns herum verschwand, zu sehen waren nur noch die Boote, die Netze, die Fischer und die Zuschauer. Der Nebel band uns aneinander. Er dämpfte unsere Stimmen und bündelte unsere Konzentration auf das Viereck des Todes zwischen uns. Um zehn Uhr morgens waren alle Fische in die Camera della Morte geschwommen. Vierzig Fischer, fünf Teams zu je acht Mann, beugten sich, um Il Coppo hochzuziehen, und begannen zu singen.

Doch schon bei der ersten Strophe tauchten plötzlich vier Helikopter auf. Wie die apokalyptischen Reiter schwebten sie über unseren Köpfen, dann umkreisten sie die Kammer des Todes. Aus zwei von ihnen lehnten sich Kameramänner heraus. Der Lärm, das abscheuliche Schlagen der Propeller, war ohrenbetäubend; er übertönte den Gesang. Die Frau neben mir zeigte ihnen mit mir zusammen die sizilianische Version des Stinkefingers: den Arm. Alle auf dem Vascello schrien und gestikulierten, bis die Helikopter abzogen.

Der Gesang drang nun wieder durch den Nebel: »Ein Versprechen ist eine Verpflichtung! Dieser Gott muss uns helfen und zu unserer Erlösung ruhige See und Rückenwind gewähren, um einen sicheren Hafen zu finden und einen Platz abseits vom Sturm.«

Als der letzte Thunfisch gefangen war, stakste Gioacchino knietief im Wasser über das Netz und sammelte die kleinen *vope* ein, die sich im dichten Gewebe des Coppo verfangen hatten. Er stopfte sie in seine nassen Taschen, um später damit die wilden Katzen zu füttern.

Um halb zwei waren die Männer wieder an der Arbeit in der Camparia. Antonio Casablanca und Giuseppe Aiello schnitten Rinderschmalz in Scheiben, um es für das Fetten der Rutschen zu erhitzen. Die dunkelblauen

Boote würden bald aufs Trockendock kommen und weiße Jachten ihre Liegeplätze einnehmen. Am nächsten Tag musste ich abreisen. Antonio Casablanca erzählte, dass die Salpata am nächsten Morgen richtig beginnen würde. Ich konnte mit ihnen fahren und rechtzeitig zurück sein, um die Nachmittagsfähre zu nehmen.

Anker lichten und abreisen, die letzten beiden Punkte auf meiner Liste.

Im Hof der Camparia fragte Gioacchino mich: »Fährst du wirklich morgen ab?«

»Ja.«

»Dann warte hier«, sagte er und fuhr mit dem Rad davon. Er kam mit einem dunkelroten Samtsäckchen zurück. Er hielt es in einer Hand und schüttete den Inhalt in die andere. Hinaus fiel eine dicke, goldene Kette, die von einem monströsen Haifischzahn in einer herzförmigen Goldfassung beschwert wurde. Er war zweimal so groß wie der von Gaspare. Gioacchino streifte sich die Kette über den Kopf und ließ den elfenbeinfarbenen Zahn auf seiner nackten Brust baumeln. Er drückte sein Kinn auf die Brust und stellte sich in Positur. Ich machte ein Foto davon: Gioacchino mit Zahn und Herz.

Am Abend packte ich und am nächsten Morgen war ich früh am Dock; ein paar Männer luden bereits einen Teil vom Costa Alta ab, das vom Tanker beschädigt worden war. Das Netz schnarrte über den Asphalt, als es aus dem Meer kam, und zischte, sobald die Männer es an Land zogen. In der Sonne dampfte es wie nasser Tang. Clemente und Ferdinando sangen ein paar Liedtakte und erfanden dazu Strophen, die ihre Kollegen aufs Höchste amüsierten. Ich bemerkte, dass die Musciara des Raìs noch am Kai festgemacht war, und fragte mich, wer jetzt die Fische zählte.

»Wenn die Salpata beginnt, kontrolliert der Raìs nicht

mehr die Reuse«, sagte Clemente. Die Männer bauen zuerst die Sperrnetze ab und lassen die Reuse bis zuletzt stehen. Wenn im letzten Moment der Saison noch Fische darin sind, kann der Raìs eine allerletzte Mattanza anordnen, *una mattanza di salpata*, oder er kann sie freilassen.

Ich hatte ein Gespräch mit Clemente.

*Un'avventura* ist das italienische Wort für eine kurze Romanze, ein Abenteuer. So nannte Clemente es, als es zwischen uns aus war.

»Warum hast du mich angelogen? Du sagtest doch, du würdest für Margo nichts mehr empfinden. Was ist passiert?«

»Ich habe mich wieder in sie verliebt.«

»Was hat sich denn geändert?«

»Es war die Distanz.«

Abwesenheit verstärkt den Reiz des Geliebten. Ich ließ ihn ziehen – nicht gerade würdevoll – und wir blieben Freunde. Clemente ist schon etwas ganz Besonderes.

An diesem Morgen befand ich mich an Bord des *Portopalo*, das Gioacchino befehligte, und zwar weit draußen vor der Nordküste von Favignana. Das Schiff hatte Orlandos Schwert zerbrochen. Gioacchino wies auf eine Markierung. »Die letzten Schwimmer sind hier«, sagte er und machte sich daran, Ordnung in das verhedderte Netz zu bringen.

In diesem Jahr fingen sie 763 Thunfische, 133 davon in der vierten Mattanza. Außerdem waren während der gesamten Saison 77 Thunfische im Netz erstickt. Die Tonnarotti sahen sich selbst mit dem Thunfisch dahinschwinden.

Ich schloss eine Kopie von Fadwah Tuqans Gedicht in den Wandsafe hinter einem Bild in meinem Esszimmer, damit der nächste Mieter es fand. Dann gab ich dem Hauswirt die Schlüssel zurück und ließ mich von ihm in den Ort bringen. Stefano spendierte mir einen Drink und Clemente packte meinen Koffer auf den Rücksitz seines winzigen Fiats und fuhr mich zum Hafen. Ich winkte vom Oberdeck; er winkte zurück und fuhr fort. Während die Insel ihren Frühlingstraum weiterträumte, ging ich zurück in eine andere Welt, in ein kleines, grünes Tal weit weg vom Meer.

## 25

# *Zwischenspiel*

Favignanas nackter, rosa Stein wich wie ein halb verblasster Traum aus meinem Bewusstsein. Vermont ist grün, hat waldige Hügel und üppige Wiesen. Im Sommer umspülen klare Bäche die knotigen Baumwurzeln, die mit samtweichem Moos bewachsen sind. Am Morgen benetzen Tautropfen das Gras. Im Herbst wachsen Pilze in allen Formen und Farben. Untersetzte rote Giftpilze glühen wie Kohlestückchen in den Höhlungen eines verrotteten Baumstumpfs. Ein Muster aus gelbstieligen, gelartigen Schlegeln mit jägergrünen Hüten glitzert im Lehm am Bachufer. Die Ahornbäume leuchten gelb, rot und orange und verkünden den baldigen Tod des Sommers. Vermonts Straßen sind verstopft von den »Farbrauschsüchtigen«, die die Bäume aufleuchten sehen wollen, bevor sie ihre Blätter abwerfen.

Im Winter fahren meine Freundin Jackie und ich auf Skiern durch ihre schneebedeckten, mit Kiefernadeln und Gletscherflöhen gesprenkelten Ländereien. Wir träumen davon, Stoffe nach den Strukturen und Farben der Natur zu entwerfen: Seidenschals mit dem irisierenden Schimmer der Stämme europäischer Ahornbäume; Tapeten aus der rosafarbenen Birkenrinde; Kaschmir im samtigen Braun und Grau der Pilze, die auf der schattigen Seite gefällter Bäume haften.

In jenem Januar, als es so kalt war, dass ich mir einen Frühling nicht mehr vorstellen konnte, kaufte ich mir ein Ticket nach Favignana. Zehn Tage auf meiner Insel. Favignana im Winter aber war so trübselig, wie mir Occhiuzzi einst prophezeit hatte: »Vier Katzen auf der Piazza, ein paar Bierdosen, die umherrollen.« Kein Thunfisch, keine Touristen und viel Regen.

Ich mietete mir ein kleines Apartment in der Via Mazzini, gegenüber von Zu Isidoros Fahrradladen. Am späten Nachmittag wurde es schon dunkel. Von meinem Fenster im zweiten Stock aus sah ich auf die Lichter der schmiedeeisernen Straßenlampen, die das nasse Kopfsteinpflaster reflektierte.

Im Winter bleiben die Einwohner von Favignana im Haus, spielen Karten und kochen. Gioacchino spielt einmal die Woche mit den Gefängnisinsassen Basketball und teilt Autogrammkarten mit Unterschrift aus, die ihn und Clemente beim Thunfisch töten zeigen.

An wolkenlosen Tagen wärmte die Sonne die Steine an den Hofwänden der Camparia, deren große Holztüren verschlossen und von dem schmiedeeisernen Tor versperrt waren. Aber eines Tages waren sie doch offen. Der Raìs saß allein im Dämmerlicht des Netzhauses und fing gerade ein neues Netz an. Er versiegelte die ausgefransten Enden von Nylonseilen über der Flamme einer einzigen weißen Kerze. Schon wandten sich die Gedanken des Orts langsam der nächsten Thunfischsaison zu. Draußen im Licht erhoben sich perlgraue Möwen vom Dach des Bootshauses und stemmten sich gegen den Wind. Der Berg, den ich im letzten Sommer rosa und grau zurückgelassen hatte, war nun von grünem Vlies überzogen. Die ausgedörrten Heuwiesen, die im Mai abgeerntet worden waren, waren im Januar grün. Und auf der Südseite der Insel, unter der Festung, wuchs üppig und kniehoch ein Feld mit weißen und dunkelroten Wildblumen.

Ich hatte vergessen, dass das *Due Colonne* im Winter dienstags geschlossen hatte, und als ich ankam, war die Tür verriegelt und die Stühle steckten ineinander. Ich fühlte mich ausgeschlossen. Meinen Kaffee trank ich allein in der Bar del Marinaru am Hafen und sah zu, wie die Fähre entladen wurde. Als der letzte Fahrgast sie verlassen hatte, war die Show vorbei. Ich radelte zum Fischmarkt und schaute zu, wie ein Kalmar starb.

Sein gallertartiger Körper wurde von kleinen Wogen wechselnder Farbschattierungen überzogen, seine aus Bildpunkten zusammengesetzte Haut pulsierte in rollenden Wellen rot und veilchenblau, kastanienbraun und grasgrün, mit von Violett zu Rot abgestuften Ringen, die seinen Körper so langsam wie Honig hinunterflossen. Der Kalmar spulte sein ganzes desparates Repertoire ab, all die Muster und Farben, die ihm noch blieben. Am Ende färbte er sich blau, dann schwarz.

Eines Tages traf ich Rino, Clemente und Angelo, die im Hinterzimmer des *Due Colonne* um einen Gaskocher mit einem Topf kochendem Wasser herumstanden. Die

Türen waren wegen der Kälte geschlossen, die Fenster beschlagen. Clemente wollte einen Tintenfisch zum Frühstück kochen. Rino hatte Messer und Servietten und schnitt ein paar Zitronen auf, deren Duft den ganzen Raum erfüllten.

»Das ist die Schönheit des Lebens auf Favignana«, sagte Clemente. »Schreib das auf.«

Im folgenden Frühling sah ich in einer Nacht, wie ein Mann meine Freundin verprügelte. Katria war wie ich eine Frau, die allein an einem stillen Plätzchen auf Favignana wohnte. Ich konnte von meinem Haus das ihre in der Ferne sehen. Ich hatte sie im *Due Colonne* am Ende der Saison von 1994 kennen gelernt und wir waren sofort Freundinnen geworden. Wir hatten unsere Gläser erhoben: »Fünfundfünfzig Tage in der Camparia und ich werde lebendig«, sagte ich.

»Fünfundfünfzig Tage in der Camparia und du wirst wiedergeboren«, sagte sie. Katria war eine vermögende Frau und doch bescheiden und großzügig. Sie hatte von ihrer Großmutter das Kochen gelernt und tauchte oft mit einer Tüte Lebensmittel vor meiner Haustür auf, um spontan zu feiern. Sie war Mitte dreißig und immer noch unverheiratet, doch hatte sie mit der Tradition gebrochen und ihre Familie auf dem Festland verlassen, um hier allein in einem Haus zu leben, das ihr Vater ihr gekauft hatte. Sie war schon seit vielen Jahren hier und liebte die Insel noch mehr als ich.

Zusammen gingen wir schwimmen, sonnten uns und brachen mit spitzen Messern Muscheln von den Felsen, die wir aus der Schale aßen. Wir verbrachten stille Nachmittage lesend in abgelegenen Buchten, die nur sie kannte. Sie erzählte mir nie, dass ihr Freund sie misshandelte.

Mommo war verheiratet. Er war ein Tonnarotto gewesen; jetzt arbeitete er schwarz auf dem Bau oder manchmal auch als Totengräber, meistens aber bediente er sich bei Katria. Seiner Frau erzählte er, sie seien nur Freunde. Wir aßen und tranken zusammen in meinem oder ihrem Haus; sie brachte mir Kassetten mit neapolitanischer Musik, zu der wir mitsangen. Eines Abends, als sie eigentlich für Mommo und seine Freunde kochen sollte, gingen sie und ich stattdessen aus und tranken ein paar *limoncellos* zusammen. Und es machte einfach zu viel Spaß, um damit aufzuhören. Als Katria das Geld ausging, fuhr sie nach Haus, um noch etwas zu holen. Ich blieb im Wagen.

Mommo wartete im Haus. Ich hörte Geschrei und das Krachen von Gegenständen. Ich rannte hinein. Er schlug sie über dem Haaransatz, sodass die Verletzungen nicht zu sehen waren; er wusste, dass ihr Vater sie am nächsten Tag besuchen wollte. Er schlug sie so heftig, dass der goldene Ring, den Katria ihm geschenkt hatte, ihm vom Finger rutschte und quer durch den Raum flog. Sie wurde bestraft, weil sie sich zu unabhängig gezeigt hatte.

Ich erinnerte mich, dass die Schlüssel im Wagen steckten. Während sie versuchte, seine Fäuste abzuwehren, rannte ich hinaus, sprang hinters Steuer, drehte den Schlüssel und fuhr betrunken los, um die Carabinieri zu wecken. Es war nach Mitternacht. Ich stand am Tor und schrie: »Er bringt sie um! Kommt schnell!« Hinter einem Fenster im zweiten Stock ging ein Licht an und zwei Polizisten lehnten sich aus dem Fenster hinaus. »Mommo und Katria! Er bringt sie um!« Im Nu waren sie unten, zwei gut aussehende Männer in Zivilkleidung. Sie sagten, das passiere regelmäßig. Einer der beiden steuerte den Wagen und fuhr uns zurück zu Katrias Haus.

Die beiden Polizisten zogen ihn von ihr weg, aber während sie ihn festhielten, trat Mommo mir mit dem Fuß gegen den Arm. Er drohte, er würde mich umbringen. »Deine Leiche stopf ich in den Abwasserkanal!«

Am nächsten Tag erstattete ich Anzeige. Die Carabinieri waren glücklich. »Sie sind sehr mutig«, sagte der eine, der meinen Bericht vom Abend zuvor aufnahm. Er zeigte mir die Akte, die sie über Mommo angelegt hatten und die fünf Zentimeter dick war. Aber mit keiner der Anzeigen waren sie durchgekommen, denn die Zeuginnen wollten plötzlich nicht mehr aussagen.

Es war nicht Mommo, der mich bat, die Anzeige zurückzuziehen. Er schickte Katria. Sie kam zu mir und flehte mich mit Tränen in den Augen an.

»Teresa, bitte überleg es dir noch einmal.«

»Du bist besser ohne ihn dran«, sagte ich.

»Wenn du die Anzeige nicht zurückziehst, wird mein Vater es erfahren und mich zwingen, Favignana zu verlassen. Willst du mir das alles wirklich wegnehmen?«

Am Ende konnte ich es nicht. Favignana war schon Katrias Insel gewesen, bevor es meine wurde; es stand mir nicht zu, sie ihr wegzunehmen. So wurde Favignana zum Grund ihrer Verdammnis. Katria blieb bei Mommo und ich verlor eine Freundin.

# 26

# *Auferstehung*

Im Frühjahr darauf war die Ciurma verschlossen und niedergedrückt. Wieder war die Rede davon, dass Castiglione möglicherweise den Vertrag für das folgende Jahr nicht erneuern würde. Und wer würde die Tonnara dann betreiben?

Die Königin der Tonnaras war aus den Händen der Araber in die der normannischen Könige übergegangen, dann auf die Adligen, die milliardenschweren Kaufleute und nun auf einen durch Abwesenheit glänzenden Besitzer, der sie einem ansässigen Geschäftsmann verpachtete, welcher möglicherweise kein Interesse mehr an ihr hatte. Wer würde die Tonnara übernehmen? Wer würde sie retten? Sie hatte zwölf Jahrhunderte überlebt; es hatte sich immer jemand mit dem nötigen Vermögen gefunden, Thunfisch zu fangen und noch mehr Geld zu machen. Doch jetzt waren die Fische weniger und kleiner geworden und die Profite schrumpften mit ihnen. Ich verließ Favignana mit einer düsteren Vorahnung.

Im folgenden Winter telefonierte ich mit Gioacchino. Es war Januar und ich blickte durch die vereisten Äste eines dreihundert Jahre alten Ahorns auf den gefrorenen Boden, während ich darauf wartete, dass er abnahm. Ich sah ihn vor mir auf seiner Insel, wie er in seiner riesigen Hand den Hörer verschwinden ließ.

Castiglione hatte den Vertrag nicht erneuert, erzählte Gioacchino. Auf Gioacchinos Drängen hin hatten die Tonnarotti eine Genossenschaft gegründet und sie La Mattanza genannt. Sie machten einen Vertrag mit dem Besitzer, Luigi Parodi, der vorsah, dass sie die Tonnara eigenständig führten und die Gewinne mit ihm teilten. Parodi würde ihnen die Gebäude und die Ausrüstung dafür kostenlos überlassen. Ein paar Tonnarotti hatten ihre Ersparnisse als Sicherheit für einen Bankkredit eingesetzt. Und zum ersten Mal hatte die Ciurma sich ihren Raìs gewählt.

Aus Respekt hatte die Genossenschaft zuerst Salvatore Spataro den Job angeboten, sagte Gioacchino, doch der hatte abgelehnt und sich entschieden, für Castiglione zu arbeiten, in der Tonnara von Bonagia, wo nicht gesungen wurde. Dann erwählten die Männer Gioacchino zu ihrem Raìs, zum Vorsitzenden ihrer Genossenschaft und, wie es aussah, zu ihrem Retter.

»Ich bin der Raìs an Land und auf dem Meer«, sagte

Gioacchino. Ob dieser Veränderung drehte sich mir der Kopf. Dann traf mich die Erkenntnis wie ein Schlag.

»Gioacchino, du bist der achte Raìs dieses Jahrhunderts«, sagte ich. Ich sah seine riesige Gestalt aufrecht in der Musciara stehen, umgeben von den Gischtsäulen des Meeres. Und dann sah ich seinen Grabstein und die vier Buchstaben über seinem Namen und ich glaube, das sah er auch.

Er würde die Königin wieder auf die Beine bringen, aber wie lange würde sie stehen können?

Die ganze zweite Winterhälfte hindurch beobachtete ich, wie der unerwartet aufgetauchte Komet Hale-Bopp langsam seine Lichtbahn über den Himmel von Neuengland zog. Als ich im April nach Favignana zurückkehrte, hatte sich sein strahlender Schweif getrübt und war undeutlicher geworden. Der Komet bewegte sich, unserer nicht achtend, blitzschnell fort und würde ein paar tausend Jahre nicht wiederkommen. Die Fähre *Simone Martini* fuhr an den Tonnarabooten vorbei, die für die Nachmittagskontrolle mitten im Meer festgemacht hatten. »Solange es Fische gibt, wird es die Tonnara geben«, hatte Clemente gesagt.

Ich ging zur Camparia und setzte meine Tasche vor dem Büro des Raìs ab. Niemand zu sehen. Zum Mittagessen – Spaghetti mit scharfen Pepperoncini und Favabohnen – ging ich zu Rosetta und danach zurück zur Camparia. Capoguardia Messina war am Tor. Sein kräftiger vierjähriger Enkel klammerte sich an seine Hosenbeine; der Junge folgte seinem bedeutenden *nonno* mit offensichtlicher Ehrfurcht und Zuneigung überallhin. Messina legte dem Kind die Hand auf den Kopf.

»Dies ist meine letzte Saison«, sagte er. Die Tonnara würde die Erfahrung ihres ältesten Mitarbeiters verlieren. »Nach diesem Jahr verschwinde ich.«

Aiello, der Pförtner, hatte sich schon zurückgezogen, doch unter dem alten Küchenstuhl, wo er immer Wache hielt, hatte er ein leuchtendes Andenken zurückgelassen. Ich bückte mich, um die Zweihundert-Lire-Münze aufzuheben, doch sie war festzementiert. Jemand lachte. Es war der alte Capiletto, der einen Kopf kleiner war als ich und blaue Augen hatte, die durch zwei von Falten umkräuselte Schlitze blitzten. Er hakte sich bei mir unter und führte mich mit offensichtlichem Stolz herum, um mir die Veränderungen zu zeigen.

Castiglione hatte die gepachtete Tonnara gut ausgestattet, doch alles mitgenommen, als er ging. Die dunkle Nische zwischen den Innenhöfen war nun gefüllt mit hunderten von neuen Plastikbojen in Rot, Orange und Gelb, die vom geliehenen Geld der Genossenschaft gekauft worden waren, um die Bojen Castigliones zu ersetzen. Girolamo tauchte zwar immer noch für die Ciurma, doch musste er nun seine eigene Ausrüstung benutzen. Der Turm der Ankersteine, achttausend cremeweiße Blöcke, war nun zweimal so hoch wie im Jahr davor; Castiglione hatte seine kilometerlange Ankerkette mitgenommen und nun brauchten sie die Steine als Gewichte. Es war Tuffstein aus dem letzten Steinbruch von Favignana, der noch in Betrieb war. Capiletto tätschelte einen Steinblock. »Die hier schmelzen nicht«, sagte er.

Stahlseilrollen und die vielen Anker am Strand verrieten mir, dass die Tonnarotti noch nicht damit fertig waren, die Sperrnetze auszulegen.

Die Flotte war wieder schwarz. Die frisch geteerten Boote im Hafen waren die Originalboote von Florio, Dinosaurier aus Holz, die elf Jahre lang auf dem Trockendock gelegen hatten. Parodi hatte die alten Boote zusammen mit der Fischfabrik als Teil eines geplanten Tonnara-Museums an die Region Sizilien verkauft. Aber

Gioacchino hatte die Regionalverwaltung dazu überredet, ihm die Boote für drei Monate kostenlos zu überlassen.

Gioacchino hatte die Museumsstücke in eine seetüchtige Flotte verwandelt. Mit düsterem Glanz warfen sie die Sonnenstrahlen im Wasser zurück. Schwerfällig, gewichtig und geduldig nickten die schwarzen Boote im Hafen.

Auf dem Platz des Pförtners saß nun der alte Raìs Gioacchino Ernandes, der elf Jahre lang keinen Fuß auf den Boden der Camparia gesetzt hatte, die gesamte Amtszeit seines Nachfolgers. Als er mich sah, wedelte er mit der Hand. »Komm her«, sagte er, wie mir schien, majestätisch, und hieß mich willkommen.

»Hast du gesehen, was dieser Mensch der Tonnara angetan hat?« Er meinte Salvatore Spataro.

»Was hat er getan?«

»Alle Boote sind verrottet. Die ganze Ausrüstung ist weg. Die alten Netze durcheinander, die Taue verschlissen.«

»War er, oder Castiglione, verpflichtet, alles in gutem Zustand zu erhalten?«

»Er war der Raìs, er war dafür verantwortlich.«

»Und warum hat er es dann nicht getan? Aus Rache oder weil er nicht für den Job geeignet war?«

»Er war nicht geeignet. Aber er hat es auch aus Rache getan.«

»Aus Rache gegen wen? Er kommt doch auch aus Favignana.«

»Gegen Parodi. Er ist auf der Seite von Castiglione. Sie haben zusammen gearbeitet. Castiglione wollte Parodi ruinieren, um die Tonnara von Favignana zu übernehmen. Jetzt ist Spataro Castigliones Sklave«, sagte er, »ein ganz normaler Tonnarotto in der Ciurma eines anderen

Mannes.« Es war schwer, sich diesen Thronverzicht vorzustellen.

»Er kommt und geht. Aber er kommt nie hier vorbei. Ein Sklave«, sagte Ernandes ziemlich selbstzufrieden.

Dann tauchte Bertuzzo auf, der Achtzigjährige, der mir mit seiner dünnen Stimme und einer Gitarre aus dem Zweiten Weltkrieg alte Lieder im Refugium der ehemaligen Fischer vorgesungen hatte. Bertuzzo war einer derjenigen gewesen, die aus Solidarität zusammen mit Ernandes gekündigt hatten, als Castiglione die Anordnung gab, die Reuse zu verlegen. Andere Ehemalige, Männer, die mehr als ein Jahrzehnt der Tonnara ferngeblieben waren, begannen sich am Tor zu versammeln und tasteten sich vorsichtig auf die Camparia, ihre Alma Mater.

Einer sah sich im Hof um und sagte zu niemand Besonderem, dass er »fünfzig Jahre hier gearbeitet habe, unter vier oder fünf Raìs«, Ernandes, dessen Vater und Salvatore Mercurio eingeschlossen. In diesem Jahr waren selbst die Achtzigjährigen gekommen, um der Tonnara in Zeiten der Not zu helfen und Risse zu flicken und Nähte miteinander zu verbinden.

Aber ich sah auch viele neue Gesichter, Junggesellen ohne auch nur die Spur von Falten, die für die älteren Familienväter eingesprungen waren, welche gekündigt hatten, weil sie sich nicht sicher waren, ob die Genossenschaft sie würde bezahlen können. Die meisten Jungen wussten nicht einmal, wie man einen Knoten zustande brachte; oft standen sie im Weg herum und trieben die alten Arbeiter zur Verzweiflung, aber sie wurden gebraucht und waren eifrig bei der Sache, eine neue Generation, die bereit war, dieses alte Gewerbe zu erlernen.

Das Netzhaus, die Männer, die fleißig im Hof arbeiteten, die Anker am Strand, die glänzend schwarzen Boote –

alles schien mit neuem Leben erfüllt, das aus tiefen Wurzeln emporstieg. Eine Revolution hatte stattgefunden. Zum ersten Mal in der Geschichte gehörte die Hälfte des Ertrags der Tonnara den Fischern selbst. Dies war die Quelle ihres Stolzes.

Eine knorrige Hand hielt vor mir drei Dietriche an einem Ring in die Höhe. »Dies sind die Schlüssel zur Camparia«, sagte der alte Raìs Ernandes, »zum Palazzo und zu dem anderen Haus, das den Parodis gehört. Parodi sagte zu mir: ›Wenn ich nicht da bin, sind Sie für mich Parodi.‹«

»Wie hat der Raìs darauf reagiert?«, fragte ich.

Er sah nicht mich an, sondern über meine Schulter hinweg aufs Meer, wo Gioacchino Cataldo am Horizont auftauchen würde.

»Er ist mir wohlgesinnt. Er sagt, ich bin sein Vater.«

Der neue Raìs war auf dem Meer, um La Coda auszulegen, und würde wahrscheinlich vor Einbruch der Dunkelheit nicht zurück sein, sagte er. Die rechteckige Reuse war schon im Wasser, allerdings ein bisschen näher zum Land hin als in den letzten elf Jahren. Gioacchino konnte das Netz vielleicht nicht vollständig auslegen, »denn es ist kompliziert und es sind viele neue Hände da«, meinte Ernandes.

Am nächsten Morgen traf ich Gioacchino im Büro des Raìs. Er hatte ein tadelloses Dosenetikett der Florios auf seinen Türrahmen geklebt und ein frisches Kruzifix aus Palmwedeln hinter das heilige Herz in seinem Rücken gesteckt, aber sonst schien alles unverändert zu sein. Im Dämmerlicht sah er hinter dem roh gezimmerten Holztisch aus wie ein gefangener Bär.

Er hatte zwei seiner Häuser als Sicherheiten für einen Bankkredit eingesetzt und andere dazu überredet, ihre Ersparnisse dazu zu verwenden, die Tonnara in Betrieb zu halten. Jemand sagte: »Es müsste ein Denkmal für ihn geben, aus Bronze. Denn ohne Gioacchino wäre alles vorbei.«

Aber andere wollten die Sicherheit, dass sie bezahlt werden würden. Sie fürchteten, vielleicht zu Recht, dass sie erst einen Gehaltsscheck sehen würden, wenn die Saison vorüber und alle Ausgaben gedeckt waren, doch in diesem Jahr blieb dann vielleicht nichts mehr für sie übrig. So wie die Dinge lagen, lebten sie von der Hand in den Mund und konnten sich ein derart langfristiges Wagnis gar nicht leisten. Viele waren kurz davor abzuspringen; einige waren es schon. Die Tonnara war zwar eine alte Tradition, doch töteten sie Thunfische, um selbst zu überleben.

Ein Grüppchen von Zweiflern hatte sich vor der Tür zum Büro aufgestellt. Gioacchino ging hinaus und versammelte die Männer um sich. Er erklärte, dass er versuchte, den Vertrag der Genossenschaft mit Parodi unter Dach und Fach zu bringen. Gioacchino hatte die neue Position eines Raìs sowohl »an Land als auch auf dem Meer« inne, was unvereinbar war. Er war ihr Boss und ihr Gewerkschaftsführer. Wieder änderte sich die Welt. Er sprach leise, doch in bestimmendem Tonfall, zerrissen zwischen dem Wunsch, als Gründer einer Genossenschaft zu sprechen, und dem Verlangen nach der Autorität der alten Raìs. Diese hätten keine Klagen geduldet.

Die Tonnarotti arbeiteten bis fast zehn Uhr abends auf dem Meer, um den Rest von La Coda auszulegen. Aber am nächsten Morgen sah ich zwei im *Due Colonne* weit nach der Acht-Uhr-Pause herumlungern.

»Was ist los?«, fragte ich.

»Raue See heute.«

Ich war am Hafen gewesen und das Meer war ruhig.

»Ihr meint weit draußen?«

»Auch an Land«, sagte der Tonnarotto. Die Genossenschaft hatte immer noch keinen Vertrag mit Parodi. Die Männer organisierten eine Versammlung. In der Camparia schob die Ciurma trotzig eine ruhige Kugel und wartet auf den Vertreter von Parodi, der mit einem Vertrag aus Trapàni kommen sollte.

Gioacchino rief die Männer im Hof zusammen und bat sie um ihr Vertrauen und ihre Kooperation. Die Netze mussten rasch ins Meer, wenn sie Fische fangen sollten. Er erinnerte sie daran, dass Castiglione im Jahr zuvor erst im Juli den Vertrag unterzeichnet hatte. Rocco, der mit Gioacchino für eine Genossenschaft gekämpft hatte, hielt eine kleine Ansprache aus dem Hintergrund der Menge.

»Ich arbeite, ob mit oder ohne Vertrag, selbst ohne Bezahlung, denn die Tonnara steckt mir im Blut«, sagte er. Er hielt seinen Arm hoch und zeigte auf eine Ader. Gioacchino beließ es dabei und verschwand eine Weile. Als er zurückkam, arbeiteten die Männer wieder an den Netzen, scherzten und riefen sich Aufforderungen zu: »Acqua! Ferma lì! Molla!«

Das Exemplar von Il Coppo, an dem sie jetzt arbeiteten, hatte seit zwanzig Jahren nicht mehr das Meer gesehen. Sie hatten es aus der aufgegebenen Tonnara von Formica gerettet. Es hatte dieselben Ausmaße wie das alte Exemplar von Favignana, war aber schwerer und hatte ein so dichtes Maschengeflecht, dass selbst das Wasser nicht mehr hindurchkam. Sie rollten es abschnittsweise aus, während Raìs Ernandes und sein früherer Capoguardia es Schulter an Schulter, mit auf dem Rücken verschränkten Händen abschritten und inspizierten. Andere Ehemalige taten es ihnen nach.

»Das ist *ponente*«, das westliche Ende, sagte Pasquale Messina, ein Pensionär, der unter Ernandes gearbeitet hatte. Seine ehemaligen Arbeitskollegen saßen aufgereiht wie Krähen auf der niedrigen Steinmauer unter der Palme an der Tankstelle und sahen zu. Es war die alte Garde in flauschigen Sonntagsstrickjacken, Halbschuhen und sauberen, weißen Socken.

Unter dem Dachgesims des Bootshauses schnitt Vito mit einem Acetylenbrenner verschiedene Längen von einem Nylonseil, während frisch geschlüpfte Schwalben über seinem Kopf in ihren Nestern piepsten. »Die Liebe stirbt nie«, trällerte er. Die Tonnarotti saßen mit gekreuzten Beinen auf dem Coppo, beugten sich vornüber und nähten die Säume. Es war eine friedliche und meditative Arbeit. Dabei unterhielten sie sich über die Hügel und Täler des Netzes hinweg. Eine Wolke duftig wie Organdy trübte das Sonnenlicht. Morgen würden sie die Heiligen errichten und Gioacchino würde es leiten.

Gioacchino band rote Lilien und weiße Calla an das Kreuz, das nun in seiner Musciara lag. Er hatte den Heiligen zwei neue Gesichter hinzugesellt: Padre Pio und Papst Johannes XXIII., zwei einfache Männer vom Lande, die zwar noch nicht heilig gesprochen, wegen ihrer Freundlichkeit und einfachen Herkunft jedoch als Heilige verehrt wurden. Über allen thronte die heilige Anna, die Großmutter von Jesus, Schutzpatronin aller kreißenden Frauen und Frau von Joachim, dessen Namensvetter nun die Tonnara leitete.

Am Eingang der Reuse war das Meer ruhig und seidenglatt. Ich saß in einem kleinen blauen Boot, das Gioacchino gehörte und das er der Flotte ausgeliehen hatte. Alberto ruderte es langsam. Das Wasser, das von seinen Riemen tröpfelte, klang wie Vogelgezwitscher. Gioacchino richtete das Kreuz auf und hielt es fest, während die Männer es sicherten. Zum ersten Mal rezitierte er als Raìs die Worte der Litanei. Ich las die englische Aufschrift auf seinem Sweatshirt und fragte mich, ob er wusste, was die Worte bedeuteten: »We finally made it – Wir haben es endlich geschafft.«

Zum gegebenen Zeitpunkt bat Gioacchino den alten Raìs, die Glocke zu läuten, dann machte er ein Zeichen, dass eine Gashupe betätigt werden sollte, damit es auch auf der Piazza zu hören war: »Morgen Mattanza.« Als sich eine Horde Journalisten um ihn drängte, wurde Gioacchino für das nationale Fernsehen interviewt und im Hintergrund jubelten die Tonnarotti.

»Wir müssen eine Familie sein«, sagte der Raìs. Er hatte den Arm um Ernandes gelegt, der mit ausdruckslosem Gesicht neben ihm stand. »Was wir geschafft haben, ist noch niemandem in so kurzer Zeit gelungen. Alles ist in bestem Zustand. Ich wünsche jedem, dass alles gut geht und wir fünfzehnhundert Thunfische fangen.«

Nach diesem Statement machte er eine kurze Pause, dann sagte er: »Die Tonnara gehört zu Sizilien, zu Italien. Sie ist ein nationales Erbe. Morgen kommen die Touristen, um die Mattanza zu sehen. Wir werden acht bis zwölf Mattanzas abhalten. Wir steigern den Fremdenverkehr um fünfzehn bis zwanzig Prozent.« In einer Nebenbemerkung versprach er der Presse, die Fernsehkameras während der Mattanza in seiner Nähe zu dulden.

»Wir sind zufrieden«, sagte Gioacchino zu den Kameras gerichtet. »Ich tue dies mit Sorgfalt und ruhigem Gewissen. Ich bin ein anständiger Mensch. Ich könnte auch ohne die Tonnara recht gut leben. Ich tue dies für die Insel. Ich bin Cataldo, der neue Raìs. Kommen Sie nach Favignana.«

Gioacchino gab für seine erste Mattanza eine Kleiderordnung für die Tonnarotti aus: keine martialischen Stirnbänder, keine T-Shirts mit Werbeaufdruck. »Wir werden eine altmodische Mattanza abhalten«, sagte er. Raìs Ernandes lud die Ciurma in einem Laden an der Ecke zu einem Eis ein. Dreiundsechzig Hörnchen auf seine Rechnung.

Am nächsten Morgen wurde Raìs Ernandes mit Raìs Cataldo um die Kammer des Todes gerudert, doch direkt vor der Mattanza stieg der Ältere aus und überließ es seinem Nachfolger, das Gemetzel allein zu leiten. In Gioacchinos erster Mattanza töteten sie 113 Fische.

Als es vorbei war, wurde der Thunfisch nicht nach Tràpani geschleppt. Stattdessen schickte Gioacchino ihn zum Ausbluten nach Favignana. Rote Pfützen befleckten die Steine an der Mole, wo ein Kran jeweils drei Thunfische aus dem Vascello hob. Er packte sie am sichelförmigen Schwanz; wie Weinreben hingen sie da. Eine Menschenmenge hatte sich versammelt und sah, dass ihre Thunfische silber und blau waren.

Männer in seidig glänzenden Jacken mit der Aufschrift »Eurofish« luden sie in Kühlwagen, die auf der Fähre die Meerenge überqueren und die Fische nach Marsala bringen würden. Capoguardia Messina stand neben einem Laster und brachte Knoten in einem Seil an, während die Fische aufgeladen wurden, und Leonardo schrieb die Zahlen in ein Buch. Bevor sie losfuhren, konnte U Straviatu, der Fischhändler, einen 176 Pfund schweren Thunfisch erwerben. Später bildete sich auf der Straße vor seinem Laden eine Schlange.

Der Raìs hatte sich umgezogen, trug nun eine saubere grüne Hose und Turnschuhe und fuhr auf seinem Fahrrad herbei, um den Fang zu begutachten. Dies war sein Triumph. Er hatte die Tonnara dem Feuer entrissen und gerade seine erste Mattanza kommandiert. Er hatte zurückgewonnen, was schon verloren war; Gioacchino brachte das Leben spendende Elixir zurück auf die Insel.

Seine Frau erschien in einem hübschen Chiffonkleid. Die Menge drängte sich näher heran. Eingeschüchtert durch die Leute schüttelte sie ihm nur die Hand, während sie ihm gratulierte. Dann lächelte sie zu Gioacchino hinauf und der beugte sich nieder, um ihr einen Kuss zu geben.

# 27

# *Überleben*

Früher gab es ertragreiche Thunfischfallen in Algerien, Korsika, Tunesien, Malta, Dalmatien und in der Türkei. In Portugal wurden sie *armações* genannt; in Spanien *almandrabas*; in Frankreich *madragues*. Der Grund ihrer Aufgabe: zu wenig Fisch, um Profit zu machen.

Früher gab es überall in Sizilien Tonnaras. Ich kann ihre Namen auswendig herbeten:

*Weiße Fontänen; Fluss Noto; Gehe in Frieden; Vindicari; Capo Negro; Guzzo; Capo Bojuto; Magazzinazzi; La Sicciara; Ursa; Carini; Capace; Isola delle Femmine; Mondello;*

*LoMonaco; San Giorgio de' Genovesi; Tonnarazza; Acqua Santa; Capicello; Felice; Salsa; Punta Secca; Punta Raìs; Scopello; Monte Rosso; Gaffi; Puzallo; San Nicola-Malastri; Camanara; Tre Fontane; Tono di Sciacca; Mazzarelli; Porto Palo; Cofano; San Vittore; Nubbia; La Monzella; La Boeo; Cannizzo; Santa Maria la Nuova; Mazzara; Capo Banco; Acireale; San Calogero; Poggio Grosso; Brucoli; Mililli; Magnisi; Costa de' Tuoni; Sant'Elia; Solanto; San Nicolo l'Arena; Castellamare del Golfo; Vergine Maria; Arenella; Formica; Trabucadu; Saline; Pittinuri; Flumentorgiu.*

Verschwunden, alle verschwunden.

1998 war Favignana mittlerweile meine zweite Heimat geworden. Dort kannte ich mehr Menschen mit Namen als in meiner eigenen Heimatstadt. Wenn ich die Insel besuchte, wohnte ich bei Rosetta. Ich ging in Tràpani an Bord des Tragflügelbootes. Ein weißer Dunst hing über dem Wasser. Die Sonne schien heiß, der Himmel war überzogen von tief hängenden weißen Wolken. Ich hatte drei Tage auf Favignana vor mir und hoffte, eine Mattanza zu sehen.

Ein Zeitungsartikel, der einen Monat zuvor in *La Sicilia* erschienen war, hing an der Innenhofwand der Camparia. Dreißig Prozent der Ciurma waren neu, hieß es dort, und rekrutierten sich aus der arbeitslosen Jugend von Favignana. Also waren noch mehr alte Kräfte gegangen.

Die Genossenschaft war immer noch verschuldet, trotz der Subventionen, fünfundsiebzig Millionen Lire vom Staat, fünfundvierzig Millionen Lire von der Provinz Tràpani und dreißig Millionen von der Gemeinde Favignana, »und wir warten immer noch auf das Geld der Regionalverwaltung«, sagte der Raìs in dem Artikel.

Gioacchino machte sich keine romantischen Illusionen, was das Überleben der Tonnara betraf. »Unsere Absicht war es, die Mattanza zu einem Touristenspektakel zu entwickeln, und das ist uns gelungen«, wurde er zitiert.

Rocco war nun Kapitän eines Bootes. Um halb zwei ging ich mit ihm an Bord, um die Reuse zu kontrollieren. Der Schlepper zog uns hinaus aufs Meer und Roccos Crew ruderte uns zu den Heiligen. Das alte, schwarze Boot war ziemlich ramponiert und klebte vom sonnenbestrahlten Teer. Rocco gab mir das Fernrohr. Ich lehnte mich über das Schandeck und drückte es ins Meer, ließ es mit den Wellen tanzen. Die stahlblaue Ursuppe drang durch das rautenförmige Gewebe des Netzes. Eine rote Qualle geriet mir pulsierend ins Gesichtsfeld. Ein kleiner Thunfisch schwamm durch einen Sonnenstrahl.

»Du passt auf, Teresa. Ja? Ich mache jetzt ein kleines Nickerchen.« Rocco rollte sich auf seinem Boot zusammen. »Wenn Thunfische zu sehen sind, sagst du mir Bescheid, okay?«

In diesem Jahr sah ich nur eine Mattanza. Kurz vor sieben erschien ich vor dem Tor der Camparia, abseits der kleinen Menge, die sich versammelt hatte. Die Touristen standen in einem nervösen Grüppchen vor dem langen, schwarzen Vascello und warteten auf die Erlaubnis, an Bord zu gehen. Heute würden sie ihre erste Mattanza sehen. Sie kamen wegen des Nervenkitzels, wollten etwas Großes und Wildes erleben, wenn der Thunfisch seinem Tod ins Auge blickte. Sie kamen, um etwas zu sehen, das ihre Freunde ihnen nicht erklären konnten.

Sie kamen und wussten nicht, dass sie Zeuge eines alten Rituals werden würden, das sie mit ihrer eigenen Vergangenheit verband und mit ihrem gemeinsamen Schicksal. Vielleicht blickten sie auf die Thunfische und sahen sich selbst dort schwimmen, in dieser einen Kammer, wo sie geboren waren, wo sie kämpften, sich paarten und starben.

Ich hielt mich abseits, umgeben von Schönheit. Die Bucht vor dem Bootshaus war unglaublich grün. Das Meer dahinter war ein dunkelblaues Feld, das von geheimnisvollen Strömungen in einem helleren Farbton durchzogen war, Meeresbahnen, die sich jedes Frühjahr gebildet und wieder aufgelöst hatten. Santa Caterina, der festungsbewehrte Berg, stand wie in einer einfachen Yogapose, aufrecht, fest im Boden verankert, den Blick vor sich gerichtet und in den Körper hineinatmend, um alle Gedanken abzuwehren. Zu meiner Linken verbarg die Fischfabrik – bis auf die Schornsteine, die sich über ihr erhoben – alles in ihrem Inneren. Hinter mir befand sich die weiße Sandsteinmauer des Netzhauses, dessen Nischen unter den gewölbten Decken nun leer waren und dessen Steinboden durch die Schritte vieler Füße eine weiche, glatte Patina angenommen hatte. Darunter lag der Raum mit dem Regenwasser.

Der Thunfisch hatte seinen Weg an dieser Insel vorbei genommen, bevor die Camparia gebaut wurde, bevor Roger seine Festung errichtete, bevor die Karthager diese Gewässer befuhren, bevor Favignana einen Namen hatte. Sie mussten kommen. Und sie kommen immer noch, angelockt vom Licht und vom Wasser, seiner Wärme, seiner Klarheit, seinem Salz. Ihre Reihen haben sich gelichtet, seit sie Gibraltar passierten. Sie wurden von Schleppnetzen verfolgt und eingekreist; die ältesten und stärksten von ihnen wurden gefangen. Diese wenigen hier schwimmen in das Gewebe unsichtbarer Fäden. Sie versammeln und paaren sich innerhalb seiner Begrenzungen und trüben das Wasser mit ihren Eiern und Samen, nicht wissend, was ihnen bevorsteht.

Die Reuse war im Wasser; die Fische waren in der sechsten Kammer und die Menschen kamen darauf zu.

Wir gingen an Bord und wurden Teil der alten, düsteren Prozession. Marino rief das Gebet in den Wind. Als er endete, setzten sich die Männer in der Musciara wieder ihre Mützen auf. Der Himmel war weiß, bis auf eine seltsame Wolke, die sich wie eine dunkle Henne über die Festung gesetzt hatte und sie verbarg.

Vincenzo Sercias eigener Sohn Nino, ein neuer Tonnarotto, war die neue Erste Stimme. Er konnte die Lieder auswendig. Die Lieder verliehen ihnen das Recht, den Thunfisch zu töten. Er sang; die Melodie war ein Lamento, die rollende Welle klagenden Gesangs. Der Chor antwortete: »Ai-a-mola, ai-a-mola.« Was bedeutet das? Welche Tür öffnet es? Er sang von der Leben spendenden Jungfrau und von Gott, der Sonne und Mond erschuf, die Menschen und die Fische im Meer.

Die Fische waren schön. Es waren nur fünfzig oder sechzig Exemplare, aber die meisten riesig, keines von ihnen klein. Die Wesen im Wasser sind Symbole des unbewussten Lebens, sagte Campbell, Urkräfte, die gezähmt werden mussten. Jedes von ihnen wog sieben-, achthundert Pfund und tobte und raste; die von ihnen erzeugten Fontänen waren über drei Meter hoch. Die Teams mit den jungen Tonnarotti, in ihrem ersten Jahr zum Töten gedrängt, konnten die Größten unter ihnen nicht anheben. Sie schrien: »Uno, e *due*!«, und zogen, aber die Riesenfische glitten immer wieder zurück ins Meer.

Rocco hatte sein Gaff orangefarben lackiert und den Haken geschärft, bis er mörderisch war wie ein Eispickel. Aber einen Riesen konnte er nicht anheben. Zweimal verlor er ihn vom Gaff und ließ ihn zurück ins Netz fallen, wo die Fische um sich schlugen; Angelo, Clementes Sohn, sprang hinein, um ihn zurückzuholen. Ein anderer

Riesenfisch schwamm mit einem Gaff in seinem Leib davon. Er verfing sich unter der Musciara des Raìs, aber Angelo tauchte, um ihn davon zu lösen. Er watete im Wasser des Netzes, das ihm bis zur Taille reichte, packte den Fisch und brachte ihn keuchend zurück zum Vascello. Die Menge hatte schon applaudiert, aber dieser lebte noch. Rocco und Angelo in der Mitte ihres Tötungskommandos konnten ihn nicht an der Seite des Bootes aufrichten. Um besseren Halt zu bekommen, schlugen sie ihm ihre Enterhaken in die Seite, aber dann riss das Fleisch auf, sie verloren ihn und mussten erneut ihre Gaffs benutzen.

Der Fisch und Raìs Gioacchino konnten diese Tortur nicht länger ertragen. Zuletzt schrie der Raìs die Tonnarotti an. Angelo tauchte wieder, packte den Thunfisch bei den Flossen und zog ihn zum Team seines Vaters. Clemente und Benito hoben ihn beim ersten Versuch ins Boot.

# *Epilog*

Im Frühjahr 1999 konnte ich nicht nach Favignana kommen. Bis ich Gioacchino anrief, um die Neuigkeiten zu erfahren, hatten sich die Blätter des Ahorns vor meinem Fenster schon gelb gefärbt.

Sie fingen 1100 Thunfische, sagte er. Im Durchschnitt wogen sie 110 Pfund. Der größte wog 550 Pfund, 286 Pfund weniger als der größte im Jahr zuvor.

»Wir haben zu spät angefangen. Die größten waren schon weg«, sagte Gioacchino. »Im nächsten Jahr, wenn es dann noch eine Tonnara gibt, müssen die Heiligen am ersten April errichtet werden.«

»Was ist aus Salvatore Spataro geworden?«, fragte ich.

»Er wurde der Raìs von Bonagia. Sie haben fünfzehn Fische gefangen.« Eine ungewöhnlich starke Strömung hatte eines der Boote von Bonagia versenkt, das mit Netzen beladen war. Zwar ertrank niemand, doch Spataro verlor eine ganze Saison und verbrachte den Rest des Frühlings damit, die Anker zu lichten.

»Es gibt doch einen Gott«, sagte Gioacchino.

Ich zählte meine Mattanzas mithilfe einer steifen Kordel aus Kokosfaser, die ich auf dem Hof der Camparia fand und an meinen Rucksack band. Fünfzehn Knoten, jeder davon für einen Frühlingstag in Favignana. An dem Morgen, als ich die Camparia verließ, verfing sich das Seil in den Speichen meines Fahrrads und riss am oberen Ende ab. Die Wucht riss mich nach hinten; ich konnte nicht weiter. All die Jahre, nein, all die Momente, in denen ich mein Gesicht ins Meer gehalten hatte, waren mit einem Mal von mir getrennt.

Ich habe, was bleibt – die gepressten Rosen, den Steinfisch auf einem Bord, ein Stück Pinie auf meinem Schreibtisch. Eine Hand voll Korallenkiesel in einem Korb, ein Gedicht, tausend Bilder. Ich habe eine Scherbe von phönizischem Glas. Ein Stückchen vom Herzen eines Fischers. Und die Karte einer Reuse, in der der Thunfisch schwimmt.

## *Dank für gewährte Hilfe*

Ich danke meinem Vater, Joseph A. Maggio, und meiner Tante Freda Maggio, dass sie mir geholfen haben und sich nicht beirren ließen, als ich meine Stelle kündigte. Dank an meine Schwestern Dorothy Haviland und Marion Zito und ihre Ehemänner Pierce und Andrew, weil sie von Anfang an auf meiner Seite waren. Dank auch an meine Schwester Susan und ihren Mann Robert, die beide verstorben sind: Ich wollte, ihr wäret bei uns.

Weiterhin danke ich meiner Freundin Joyce Marcel, die mich ermutigte, dieses Buch zu schreiben, und es dann sorgfältig redigierte. (Dein Buch ist das nächste, Joyce.) Dank an Randy Holhut, für das Anführen der Meute; an Jackie und Nicholas Toth für ihre physische und psychische Unterstützung; an Margaret Stearns und den verstorbenen Bernard Schulz, dass sie mir ihr Haus zur Verfügung stellten, während ich schrieb. Dank auch an Andrea Sweatt Emmons für Art Night, wo alles begann.

Dank an meine Agentin Sally Brady, die durchhielt, als ich aufgeben wollte; Susan Boltz-MacCarthy für ihren weisen Rat; Jody Alessandro, die mir eine Chance gab; Nancy Newhouse; Erika Goldman; Amanda Cook, meine Lektorin, die diesem Buch seine Form gab; Mary K. Hartley; Judith Anton; und Dank an Jim Lessings Family General Store.

In Favignana danke ich Cristina, Rino, Stefano und der Belegschaft im *Due Colonne*, meinem zweiten Zuhause. Außerdem danke ich Rosetta Messina und ihrer Familie, die mir Einlass in ihr Heim gewährten. Ich danke Antonio Noto, Rosa Manuguerra, Antonio Casablanca, Domenico Messina und der Bibliothekarin Giovanna Venza.

Dank auch an die Belegschaft zweier Bibliotheken in den USA: in der Zweigstelle Dummerston des Vermont Department of Libraries und in der Brooks Memorial Library in Brattleboro.

In Mondello schulde ich Piero Corrao Dank, ferner Professore Michele LoMonaco, der mir Italienisch beibrachte.

Ich danke Raìs Salvatore Spataro und Raìs Gioacchino Cataldo dafür, dass sie mich in ihre Boote ließen und mir Einblick in die gesamte Thunfischjagd gewährten, und Raìs Gioacchino Ernandes, dass er mir für Fragen zur Verfügung stand.

Dank an die Menschen in Favignana, die mir ihre Geschichten erzählten. Tief empfundenen Dank auch an die heutigen und ehemaligen Tonnarotti von Favignana.

Die Namen von Mommo, Katria, von dem Tonnarotto Carlo und von Signora Neri habe ich zum Schutz ihrer Privatsphäre verändert.

# *Dank für gewährte Rechte*

Auszüge dieses Buches wurden in modifizierter Form zunächst im *Ambassador* veröffentlicht, einer vierteljährlich erscheinenden Zeitschrift der National Italian-American Foundation.

Das Foto von der griechisch-sizilianischen Vase, die aus dem vierten Jahrhundert vor Christus stammt und den Titel »Der Thunfischhändler« trägt, wurde mit freundlicher Erlaubnis des Museo Mandralisca in Cefalù, Sizilien, abgebildet.

Aus Lucille Crafts Artikel »20 000 Dollar für einen Fisch?« wurde mit freundlicher Erlaubnis der National Wildlife Foundation zitiert, in deren Zeitschrift *International Wildlife* er ursprünglich erschien.

Das Foto auf 246 verdanke ich dem Fotografen Antonio Noto.

Schließlich erlaubte mir der Verlag Ugo Mursia Editore in Mailand freundlicherweise, aus Gin Rachelis Buch *Egadi: Mare e vita* zu zitieren.

# *Bildnachweis*

Die Urheberrechte aller Fotos liegen, soweit nicht anders vermerkt, bei Theresa M. Maggio und befinden sich auf folgenden Seiten:

9 Das Töten.
11 Meine erste Mattanza, 2. Juni 1986.
20 Raìs Salvatore Spataro streichelt das Meer.
25 Die Kammer des Todes am Morgen der Mattanza.
49 An der Cala Rossa.
62 Das Innere des Netzhauses.
73 »Der Thunfischhändler«, griechisch-sizilianische Vase aus dem 4. Jh. v. Chr. Abgebildet mit freundlicher Genehmigung des Museo Mandralisca, Cefalù, Sizilien.
84 Blick von »La giungla« in der Fischfabrik, wo der Thunfisch früher enthauptet und zum Ausbluten aufgehängt wurde.
91 Das Innere der Fischfabrik mit Kupferkesseln rechts.
100 Ein Ankerboot.
106 Rosetta Messinas Altar für den heiligen Joseph.
114 Aufladen eines Netzes.
122 Grabstein von Raìs Gioacchino Ernandez.
139 Stich einer Thunfischreuse in Tràpani, 1761 von Antonio Bova.
161 Ein Thunfisch in Il Coppo.
172 Ausschnitt vom Kreuz mit den Heiligen.
179 Raìs Salvatore Spataro blickt durch ein Fernrohr auf einen gefangenen Fisch.
187 Gioacchino Cataldo trägt seinen Haifischzahn in einem Herz aus Gold.
195 Ein Werk von Rosario Santamaria: Zu Sarino.
209 Vincenzo Sercia schwingt Reden im Refugium der alten Fischer.

# *Bibliographie*

Ariolo, Angelo, *Le Isole Mirabili*, Turin 1989.

Block, Barbara A., Heidi Dewar, Charles Farwell und Eric D. Prince, »A New Satellite Technology for Tracking the Movements of Atlantic Bluefin Tuna«, in: *Proceedings of the National Academy of Science USA 95*, August 1998, S. 9384–9389.

Block, Barbara A., Heidi Dewar, Tom Williams, Eric. D. Prince, Charles Farwell und Doug Fudge, »Archival Tagging of Atlantic Bluefin Tuna (*Thunnus thynnus thunnus*)«, in: *MTS Journal*, 32, Nr. 31, S. 37–45.

Campbell, Joseph, *Die Kraft der Mythen. Bilder der Seele im Leben des Menschen*, München 2000.

Cataliotto, Alessandro, *Favignana. Memorie, note, ed appunti con speciale riferimento al Castello di S. Giacomo*, Girgenti 1924.

Consolo, Vincenzo, *La Pesca del tonno in Sicilia*, Palermo 1986.

Craft, Lucille, »$ 20,000 for One Fish?«, in: *International Wildlife*, November/Dezember 1994, S. 18.

Dalby, Royce, »Where Fish Are King«, in: *Ad Astra*, Februar 1991, S. 27.

Erickson, Paul, »Tale of Tuna«, in: *Animals*, Juli/August 1994, S. 16f.

Dorfman, Andrea, Gavin Scott, Dick Thompson et al., »Depletion of Fish in World's Seas«, in: *Time*, 4. April 1994, S. 71.

Finley, Moses I., *Das antike Sizilien. Von der Vorgeschichte bis zur arabischen Eroberung*, München 1979, ern. 1993.

Fodera, Vito, *La Madrague Sicilienne de course*, Rom: United Nations Food and Agriculture Organization, Juli 1961.

Garrell, Martin H., »The Pursuit of Bluefin Meets Reality«, in: *Sea Frontiers*, November 1993, S. 18.

Gillett, Robert, »Traditional Tuna Fishing: A Study at Satawal, Central Caroline Islands«, in: *Bishop Museum Bulletin in Anthropology I*, 1987, S. 6, 29 und 30.

Guarrasi, Giuseppe, *Le Cialome delle tonnare*, Favignana 1975 (Selbstverlag).
Hemingway, Ernest, »At Vigo, in Spain, Is Where You Catch the Silver und Blue Tuna, the King of All Fish«, in: *The Toronto Star Weekly*, 18. Februar 1922, S. 15.
Homer, *Die Odyssee*, übersetzt von R. Hampe, Stuttgart 1979.
International Commission for the Conservation of Atlantic Tunas. *Report for Bienial Period 1994–95*, pt.1, vol.1, English version. ICCAT, Madrid.
Jones, F. R. Harden, *Fish Migration*, New York 1968.
Jung, Carl Gustav, *Der Mensch und seine Symbole*, Olten/Freiburg i. Br. 1999.
Liddell, Henry George, und Robert Scott, *A Greek-English-Lexicon*, New York 1883.
MacKenzie, Debora, »Too Little Too Late to Save Atlantic Bluefin«, in: *New Scientist*, 20. November 1993, S. 11.
McKeown, Brian, *Fish Migration*, Beaverton, Oreg. 1984.
Mather, Frank J. III, John M. Mason, Jr., und Albert C. Jones, *Historical Document: Life History and Fisheries of Atlantic Bluefin Tuna.* Technical Memorandum NMFS-SEFSC-370. Miami, Fla.: National Oceanic and Atmospheric Administration, 1995.
Mazzarella, Salvatore, »I luoghi e la memoria«, in: *Kalós Luoghi di Sicilia*, Nr. 17, November/Dezember 1994, S. 9.
Ministero di Agricoltura, Industria, e Commercio, *Atti della commissione reale per le tonnare*, Rom 1889.
Parona, Corrado, *Il Tonno e la sua pesca.* Memoria 68, Venedig 1919.
Partridge, Brian L., Jonas Johansson und John Kalish, »The Structure of Schools of Giant Bluefin in Cape Cod Bay«, in: *Environmental Biology of Fishes*, 9, Nr. 3/4, 1983, S. 253–262.
Proctor, Paul, »Robo-tuna«, in: *Aviation Week*, 7. November 1994, S. 17.
Racheli, Gin, *Egadi: Mare e vita*, Mailand 1986.
Safina, Carl, »Bluefin Tuna in the West Atlantic: Negligent Management an the Making of an Endangered Species«, in: *Conservation Biology*, 7, Nr. 2, Juni 1993, S. 229–233.
Sarà, Raimondo, *Sulla biologia dei tonni* (Thunnus Thynnus L.): *Modelli di migrazione ed osservazioni sui meccanismi di migrazione*

*di comportamento*, Rom 1973 (Bollettino di pesca, di Piscicoltura e di idrobiologia, 28).
– *Tonni e tonnare.* Tràpani, o. J.
Seabrook, John, »Death of a Giant: Stalking the Disappearing Bluefin Tuna«, in: *Harper's*, Juni 1994, S. 48–53.
Smith, Denis Mack, *A History of Sicily: Medieval Sicily 800–1713*, New York 1968.
Sonu, Sunee C., »Japan's Tuna Market.«. NOA-TM-NMFS-SWR-026. Washington, D.C.: U.S. Department of Commerce, National Oceanic and Atmospheric Administration, National Marine Fisheries Service, Southwest Region, September 1991.
Williams, Ted, »The Last Bluefin Hunt«, in: *Audubon*, Juli/August 1992, S. 14–20.
Whynott, Douglas, *Giant Bluefin*, New York 1995.
Zanca, Renato, »Tonni e ricchezza«, in: *Kalós Luoghi di Sicilia*, Nr. 17, November/Dezember 1994, S. 2.
Zinnanti, Mario, *Cenni storici delle Isole Egadi*, Tràpani 1912.